GUIDED WRITING FOR STUDENTS OF INDONESIAN AND MALAY

Second Edition

Malcolm W Mintz

© 1993, 2007 Malcolm W Mintz

Published by: Indonesian / Malay Texts and Resources, Perth, Western Australia

First published 1993 as *Advanced Writing for Students of Malay and Indonesian* under the EPB imprint, SNP Pan Pacific Publishing

All rights reserved. No part of this publication may be reproduced, stored in a retrieval system, or transmitted in any form or by any means, electronic, mechanical, photocopying, recording or otherwise, without the prior permission of the publishers.

Cover design by: MW Mintz

ISBN 978-0-9580383-6-2

Set in Point 10/11 ZapfEllipt Roman BT

Printed by: Uniprint, Perth, Western Australia

Kepada
For

Anna and Jacob Rosenberg

About the Author

Malcolm Mintz received his PhD in Linguistics at the University of Hawaii where he also did a minor in Southeast Asian Studies. Subsequently he spent three years teaching Linguistics at Universiti Sains Malaysia in Penang and, until recently, was employed at Murdoch University where he developed and coordinated a program of Malay and Indonesian language. Currently Dr. Mintz is an Honorary Research Fellow in the Department of Asian Studies, University of Western Australia. Dr Mintz has also taught in the United States, the Philippines and Papua New Guinea. He carries out research on Philippine languages as well as Malay and Indonesian and has published a number of books and articles related to these areas.

Other Indonesian / Malay Books by the same author

A Course in Conversational Malay
A Course in Conversational Indonesian
An Indonesian and Malay Grammar for Students
Readings in Indonesian Culture
Listening Comprehension - Selections from Malaysian and Indonesian History

Your suggestions and comments are welcome

If you have suggestions or comments on how to improve this text so that it will be more useful to you as a teacher or learner, please feel free to contact the author. You may do this by writing to the publisher, or by contacting the author directly at the following address:

    Postal address: School of Social and Cultural Studies
                                  University of Western Australia
                                  Crawley WA 6009 Australia

                                  Telephone and Fax: +61 8 9459 0119
                                  email: info.imtexts@iinet.net.au

PENGHARGAAN
Acknowledgments

I would like to thank Des Alwi for initially supplying the Indonesian equivalents to the text, and Suharsono and Erna Webber for checking the Indonesian part of the text for the second edition. I would also like to thank Habibah Chesi for checking the Malay section and for providing valuable comments on the completed text.

Credits for the photographs, maps and images included in the text, where not original, are as follows:

Tulisan 1

1.3: *Atlas untuk Sekolah Menengah Malaysia.* 1974. Petaling Jaya, Malaysia: FEP International
1.4: http://news.bbc.co.uk/2/hi/science/nature/3237791.stm
1.5: http://www.magnificenttravel.com/istanbul-photo-album-10.htm
1.8: http://www.qwikcast.com/cgi-bin/regionstate.cgi?cregion=ID&dtype=satellite

Tulisan 3

3.4: http://www.fotosearch.com/DGT121/bpe0037/

Tulisan 4

4.5: http://www.jesuswillreturn.com/signs/pic_signs/kobedeprem_19.jpg
4.6: http://www.scienceandart.com/0galleryzodiac.htm
4.7: http://www.nasm.si.edu/research/ceps/etp/etp.htm

Tulisan 5

5.2: http://www.archeo-tarn.com/atlas/clubs/cerac/otzi/otzi1.htm
5.3: http://www.seecforum.unisa.edu.au/ceass/l_img_index.htm
5.7: http://www.worldcityphotos.org/

Tulisan 6

6.2: http://www.kompas.com/koleksifoto/0404/4042110.jpg
6.3: *Atlas untuk Sekolah Menengah Malaysia.* 1974. Petaling Jaya, Malaysia: FEP International
6.5: http://www.auto.outrefranc.com/viewtopic.php?t=423
6.7: http://news.xinhuanet.com/english/2005-02/18/content_2589954.htm

Tulisan 7

7.2: classics.furman.edu/.../ imgs/RCU1/o972027a.jpg
7.3: http://www.f1-photos.net/
7.7: [Kuil] www.mimuw.edu.pl/.../ theworld/Singapore_03.jpg
[Pura] Cockcroft, John. 1969. *Indonesia and Portuguese Timor.* Australia: Angus and Robertson

Tulisan 8

8.4: Thambirajah, M. 1977. *Malaysia Dalam Sejarah 1*. Petaling Jaya: Malaysia: Federal Publications

Tulisan 9

9.2: *Atlas Sekolah Lanjutan*. 1990. Jakarta: PT Pembina Peraga
9.3: Lat. 1989. *Mat Som*. Petaling Jaya, Malaysia: Kampung Boy Sdn. Bhd.
9.4: *26 Peta-peta Jalan dan Pariwisata Indonesia*. nd. Jakarta: CV Pradika
9.5: http://kuantanku.tripod.com/page_d_37.htm
9.6 http://www.digitalglobe.com/tsunami_gallery.html

Tulisan 10

10.2: [Semeru] http://discover-indo.tierranet.com/Volcanoes03.htm
      [Bromo] http://www.rhymer.net/New%20Folder/bromo1.htm
      [Merapi] http://www.langsing.net/gunung/merapi/merapi.html
10.3: http://www.classbrain.com/art_cr/publish/cocos_islands_color_map.shtml
10.7: [Borobudur] http://www.asientour.info/borobudur.htm

Tulisan 12

12.3: http://www.nasm.si.edu/research/ceps/etp/etp.htm
12.4: http://www.indomedia.com/bernas/9902/17/UTAMA/17bernas.jpg

KANDUNGAN ᴹ / DAFTAR ISI ᴵ
Contents

PENDAHULUAN
Introduction ... 1

TULISAN
Writings ... 9

Tulisan 1   Susunan Waktu ᴹ / Urutan Waktu ᴵ
Chronological Order ... 9

Tulisan 2   Susunan Tempat ᴹ / Urutan Tempat ᴵ
Spatial Relations ... 28

Tulisan 3   Penggolongan
Classification ... 42

Tulisan 4   Persamaan dan Perbezaan ᴹ / Persamaan dan Perbedaan ᴵ
Comparison and Contrast ... 61

Tulisan 5   Generalisasi dan Ketentuan ᴹ / Generalisasi dan Kekhususan ᴵ
Generalisations and Specifics ... 80

Tulisan 6   Sebab dan Akibat
Cause and Effect ... 101

Tulisan 7   Pendapat
Opinion ... 120

Tulisan 8   Definisi
Definition ... 139

Tulisan 9   Ramalan dan Sangkaan
Prediction and Inference ... 149

Tulisan 10   Hipotesis ᴹ / Hipotesa ᴵ
Hypothesis ... 168

Tulisan 11   Cadangan ᴹ / Usulan ᴵ
Proposals ... 187

Tulisan 12   Penyangkalan dan Aduan
Refutation and Complaint ... 204

DAFTAR KATA
Glossaries

Daftar Kata 1　**Bahasa Inggris - Bahasa Indonesia**
　　　　　　　　Bahasa Inggeris - Bahasa Malaysia
　　　　　　　　English - Indonesian / Malay　　　　　　　... 227

Daftar Kata 2　**Bahasa Indonesia - Bahasa Inggris**
　　　　　　　　Bahasa Malaysia - Bahasa Inggeris
　　　　　　　　Indonesian / Malay - English　　　　　　　... 237

PENDAHULUAN
Introduction

PENDAHULUAN • *Introduction*

This text contains 12 writing lessons, each comprising a list of terms, *istilah*, and a set of exercises, *latihan*. These lessons show students how to write chronological sequences, indicate spatial relations, classify, compare and contrast, generalise, show cause and effect, express opinion, define, predict, hypothesise, propose and refute. At the end of the text are two glossaries, *daftar kata*. The first glossary is from English to Indonesian and Malay, and the second from Indonesian and Malay to English.

MALAY AND INDONESIAN USAGE

The text presents both Malay and Indonesian usage. Malay usage is presented on the left side of the page and Indonesian on the right.

Malay	Indonesian
Sebagai seorang kanak-kanak yang berumur enam tahun, saya ___ As a six year old child, I ___	*Sebagai seorang anak yang berumur enam tahun, saya ___* As a six year old child, I ___
Selepas hari jadi saya (yang) kelapan, ___ After my eighth birthday, ___	*Sesudah ulang tahun saya (yang) kedelapan, ___* After my eighth birthday, ___

This distinction is also maintained in instruction sequences and in example paragraphs.

Malay	Indonesian
Pilih dua daripada perkara-perkara di bawah ini dan tulis <u>2 DUA</u> buah perenggan, setiap satu sepanjang 100 patah perkataan	Pilih dua dari topik-topik di bawah ini dan tulis <u>2 DUA</u> paragraf masing-masing panjangnya 100 kata ... .

Malay	Indonesian
Perenggan:	Paragraf:
Jenis-jenis Kenderaan dan Keistimewaannya	**Jenis-jenis Kendaraan dan Keistimewaannya**
Kenderaan boleh dibahagikan kepada tiga golongan menurut tempat di mana ia berjalan, iaitu di udara, darat, atau air; tenaga yang digunakan, dan keistimewaan kenderaan bersangkutan.	Kendaraan bisa dibagi menjadi tiga kelompok sesuai dengan tempat di mana ia berjalan, yaitu di udara, darat, atau air; tenaga yang digunakan, dan keistimewaan kendaraan bersangkutan.

The majority of the guided exercises, discussed further below, use data which have been taken from Malaysian and Indonesian newspapers. In these cases, only the language of the original version is presented, and no adjustment has been made to present either a Malay or an Indonesian equivalent.

Manusia beku 4,000 tahun ditemui di puncak gunung

1. Lelaki itu memakai sejenis baju tunik dan seluar dibuat daripada kulit yang dijahit dengan tali kulit yang halus.

2. Di kakinya terdapat sepasang but kulit yang kasar buatannya yang diisi jerami untuk mengelakkan kesejukan.

3. Bulu tebal dari kulit binatang dipercayai digunakan sebagai penutup kepalanya.

4. Lelaki itu memegang kapak yang berhulu logam.

[Mingguan Malaysia 011291]

Islam di Kamboja

1. Kerajaan kuno Cham (Champa) didirikan di tepi timur Vietnam. [Tahun 192 Masehi]

2. Kerajaan itu meluas dari utara kota Hue sekarang sampai ke selatan teluk Camranh.

3. Kerajaan mereka tercatat dalam kitab sejarah Cina di bawah nama Linyi. [Abad ke-3 Masehi]

4. Linyi ditaklukkan oleh Cina yang memperluas wilayah kekuasaannya ke Vietnam.

[Kompas 221291]

PENDAHULUAN • *Introduction*

PRESENTATION OF TERMS

The terms in each lesson relate to the particular writing skill introduced and are presented in three ways: as an individual vocabulary item, in a phrase or in a sentence which also serves to exemplify its use. The following are examples from Lesson 1.

Malay	Indonesian
tak pernah never	*belum pernah* never
Pada permulaan ___ At the beginning of ___	*Pada permulaan / Pada awal* ___ At the beginning of ___
Tugas ___ *pertama(nya) ialah (untuk)* ___, *kemudian* ___, *dan akhirnya* ___. The duty of ___ is first to ___, then ___, and finally ___.	*Tugas* ___ *pertama(nya) ialah (untuk)* ___, *kemudian* ___, *dan akhirnya* ___. The duty of ___ is first to ___, then ___, and finally ___.

These may be drilled by creating original utterances using the term, phrase or sentence given. A specific topic may be presented by the teacher so that the utterances relate to a particular theme, or the students can suggest utterances of their own.

Malay	Indonesian
Pensyarah saya **tak pernah** datang lambat ke kelas.	Dosen saya **belum pernah** datang terlambat ke kuliah.
Pada permulaan kuliah dia sudah sedia untuk mengajar.	**Pada awal** kuliah dia telah sedia untuk mengajar.
Tugas pensyarah **pertamanya ialah untuk** mengajar, **kemudian** menasihatkan para penuntut, **dan akhirnya** membuat kajian sendiri.	**Tugas** dosen **pertama ialah untuk** mengajar, **kemudian** menasehatkan para mahasiswa, **dan akhirnya** melakukan penelitian sendiri.

TYPES OF EXERCISES

The exercises are of two types, guided and free. Guided exercises present the student with data which is to be used in writing a unified paragraph. The student supplies the relevant terms presented in the lesson to complete the exercise. Which of the guided exercises are to be chosen and the order in which they are to be attempted is left to the teacher. In Lesson 1, for example, Exercise 2 presents data from a recipe in a Malaysian newspaper, and Exercise 3 data from a historical selection in an Indonesian newspaper. The student is then asked to add appropriate terms of chronological order to form a paragraph. The following is a part of these exercises and appropriate responses by the student.

Ayam Golek Sambal Kicap

Data: Ayam dibersihkan.
Keluarkan semua isi dalam perutnya.
Bakar untuk menghilangkan bulu-bulu roma.
Potong bahagian yang tidak dikehendaki.
Basuh.

Paragraph:

Mula-mula ayam dibersihkan. **Semasa itu**, keluarkan semua isi dalam perutnya **dan** bakar untuk menghilangkan bulu-bulu roma. **Selepas itu**, potong bahagian yang tidak dikehendaki. **Akhir sekali**, basuh.

[Berita Harian 100577]

Islam di Kamboja

Data:
1. Kerajaan kuno Cham (Champa) didirikan di tepi timur Vietnam. [Tahun 192 Masehi]
2. Kerajaan itu meluas dari utara kota Hue sekarang sampai ke selatan teluk Camranh.
3. Kerajaan mereka tercatat dalam kitab sejarah Cina di bawah nama Linyi. [Abad ke-3 Masehi]

Paragraph:

Pada tahun 192 Masehi kerajaan kuno Cham (Champa) didirikan di tepi timur Vietnam. **Berikutan dengan ini** kerajaan itu meluas dari utara kota Hue sekarang sampai ke selatan teluk Camranh. **Lima ratus tahun kemudian** kerajaan mereka tercatat dalam kitab sejarah Cina di bawah nama Linyi.

[Kompas 221291]

PENDAHULUAN • *Introduction*

In most cases the construction of a guided paragraph will require the proper ordering and classification of the information presented, and the writing of a relevant topic sentence serving as an introduction [see *Outlining*].

For the free exercises, the student is presented with a series of topics and is asked to write either a unified paragraph or essay about one or more of the topics indicated. The number of exercises required, the length of the exercise and whether it is to be a paragraph or essay is left to the teacher. The suggested assignment is two paragraphs or one essay. The following topic from Lesson 3 exemplifies the form of these exercises.

Malay	Indonesian
Golongkan:	**Golongkan:**
Kaum-kaum atau daerah-daerah yang berlainan yang terdapat di sebuah negara.	Kelompok-kelompok atau daerah-daerah yang berbeda yang terdapat di suatu negara.

OUTLINING

Before attempting these free exercises, the student should construct an outline. This should also be completed for the guided exercises where no outline is provided. Sample outlines and paragraphs are given for the basic writing tasks: chronological order, classification, comparison and contrast, generalisation, and cause and effect. In addition, introductory examples are given for spatial relations and definitions, and sample letter formats for letters of complaint. For the writing tasks presented in the later half of the text, opinion, prediction, hypothesis, proposals and refutation, sample outlines are included as one of the exercises. Students are asked to write paragraphs based on these outlines.

In general, a paragraph consists of a topic sentence which serves as an introduction, and a number of supporting sentences. In an outline, the basic content of these sentences is presented as a sequence of major and minor points.

An essay consists of an introductory paragraph which sets out the topic to be discussed and a number of supporting paragraphs, each of which is introduced in turn by a topic sentence. Closing an essay is a concluding paragraph.

The following is part of the outline for a paragraph presented in Lesson 4.

PENDAHULUAN • *Introduction*

Title: **Perbezaan di antara Singapura dan Perth** *Topic Sentence:* Singapura dan Perth berbeza dalam empat cara yang utama: penduduk, cuaca, perdagangan, dan rupa. *Major point 1:* **1. Penduduk** **1.1 Singapura** *Minor point 1:* 1.1.1 4.5 juta orang *Minor point 2:* 1.1.2 Kebanyakan orang Cina **1.2 Perth** *Minor point 1:* 1.2.1 1.5 juta orang *Minor point 2:* 1.2.2 Hampir semua penduduk keturunan Eropah *Major point 2:* **2. Cuaca** **2.1 Singapura** *Minor point 1:* 2.1.1 Cuaca panas lembab sepanjang tahun *Minor point 2:* 2.1.2 Terletak dekat khatulistiwa	*Title:* **Perbedaan di antara Singapura dan Perth** *Topic Sentence:* Singapura dan Perth berbeda dalam empat hal yang utama: penduduk, cuaca, perdagangan, dan rupa. *Major point 1:* **1. Penduduk** **1.1 Singapura** *Minor point 1:* 1.1.1 4.5 juta orang *Minor point 2:* 1.1.2 Kebanyakan orang Cina **1.2 Perth** *Minor point 1:* 1.2.1 1.5 juta orang *Minor point 2:* 1.2.2 Hampir semua penduduk keturunan Eropa *Major point 2:* **2. Cuaca** **2.1 Singapura** *Minor point 1:* 2.1.1 Cuaca panas lembab sepanjang tahun *Minor point 2:* 2.1.2 Terletak dekat khatulistiwa

PENDAHULUAN • *Introduction*

2.2 Perth	**2.2 Perth**
Minor point 1:	*Minor point 1:*
2.2.1 Terdapat empat musim	2.2.1 Terdapat empat musim
Minor point 2:	*Minor point 2:*
2.2.2 Terletak kira-kira 32 darjah ke selatan khatulistiwa	2.2.2 Terletak kira-kira 32 derajah ke selatan khatulistiwa

GLOSSARIES

There are two glossaries at the end of the text. The first glossary, *Daftar Kata 1*, is from English to Indonesian and Malay. Included in this glossary are all of the English words in the terms, *Istilah*, section of each writing lesson and their equivalents in Indonesian and Malay. Also shown is the number of the lesson where the term was first introduced, as well as the number of subsequent lessons where use of the term is also significant.

> **about** (regarding), *mengenai* 4, 7; *tentang* 8, 12; (approximately), *kira-kira, lebih kurang, kurang lebih* 5

The second glossary, *Daftar Kata 2*, is from Indonesian and Malay to English. Included here are all of the Indonesian and Malay words in the text, not only those in the *Istilah* section, but in all sections of each lesson, including the newspaper selections presented as part of the guided writing exercises. Affixed words are listed twice, once under their affixed form, and once under the root form.

> ***berusaha*** to strive to; to make efforts to; to attempt to
>
> ***usaha*** labour, work, effort; business; ***surat izin usaha*** business permit; ***ber<u>usaha</u>*** to strive to; to make efforts to; to attempt to; ***per<u>usaha</u>an*** industry, business; ***anak per<u>usaha</u>an*** subsidiary company; ***peng<u>usaha</u>*** business person, industrialist

TULISAN 1

SUSUNAN WAKTU ᴹ / URUTAN WAKTU ᴵ
Chronological Order

When we write a paragraph or essay in chronological order we arrange events in a particular time sequence.

The specific utterances and terms for chronological order are presented in two groups. In the first group are terms which are used to order biographical or autobiographical information about others or yourself. In the second are more general terms and utterances which may be used to relate a historical sequence of events, or a set of instructions indicating the order in which something should be done. The exercises accompanying this section deal with each of these uses.

ISTILAH

Bahagian 1:
Istilah Bagi Riwayat Hidup Sendiri

☆ *Masa / Waktu saya dilahirkan* ___
When I was born ___

☆ *Sebagai seorang kanak-kanak yang berumur enam tahun, saya* ___
As a six year old child, I ___

☆ *Selepas hari jadi saya (yang) kelapan,* ___
After my eighth birthday, ___

☆ *Sebelum saya berumur sepuluh tahun,* ___
Before I was ten years old, ___

Sebelum saya masuk sekolah, ___
Before I went to school, ___

Bagian 1:
Istilah Bagi Riwayat Hidup Sendiri

Waktu / Ketika saya dilahirkan ___
When I was born ___

Sebagai seorang anak yang berumur enam tahun, saya ___
As a six year old child, I ___

Sesudah ulang tahun saya (yang) kedelapan, ___
After my eighth birthday, ___

Sebelum saya berumur sepuluh tahun, ___
Before I was ten years old, ___

Sebelum saya masuk sekolah, ___
Before I went to school, ___

TULISAN 1 • *Writing 1*

Pengalaman saya (yang) pertama di sekolah (ialah / adalah) seperti yang berikut.
My first experience at school was as follows.

Bila saya belajar membaca, ___
When I learned to read, ___

Semasa saya masih belajar, ___
While I was still studying, ___

☆ *Masa cuti sekolah,* ___
During school holidays ___

☆ *Bila saya berumur 20 tahun* ___
When I was 20 years old ___

Bahagian 2: Istilah Am

☆ *Sekarang* ___
Now ___

☆ *Zaman ini* ___
Nowadays ___

☆ *Waktu ini / Masa ini* ___
At the present time ___

☆ *Semasa / Sewaktu* ___
During / While ___

☆ ___ *sambil* ___
___ while ___ (1 person doing two different things at the same time)

☆ ___ *sementara / sedangkan* ___
___ whereas / while ___ (2 people doing different things)

☆ *Sementara itu* ___
Meanwhile ___

☆ ___ *dan* ___
___ and ___

Pengalaman saya (yang) pertama di sekolah (ialah / adalah) seperti berikut.
My first experience at school was as follows.

Saat saya belajar membaca, ___
When I learned to read, ___

Sewaktu / Ketika saya masih belajar, ___
While I was still studying, ___

Ketika liburan sekolah, ___
During school holidays ___

Ketika saya berumur 20 tahun ___
When I was 20 years old ___

Bagian 2: Istilah Umum

Sekarang ___
Now ___

Zaman ini ___
Nowadays ___

Waktu ini / Saat ini ___
At the present time ___

Sewaktu / Ketika ___
During / While ___

___ *sambil* ___
___ while ___ (1 person doing two different things at the same time)

___ *sementara / sedangkan* ___
___ whereas / while ___ (2 people doing different things)

Sementara itu ___
Meanwhile ___

___ *dan* ___
___ and ___

Chronological Order

- *Sejak* ___
  Since ___

- ___ *sehingga / sampai* ___
  ___ up to, until ___

- ___ *sebelum* ___
  ___ prior to / before ___

- *Sebelum itu,* ___
  Before that, ___

- *Dulu* ___
  Before / Formerly / Last time ___

- *tadi*
  earlier (in the day)

- *nanti*
  later

- *kelak*
  sometime later

- ___ *selepas / setelah* ___
  ___ after ___

- *Selepas itu / Setelah itu,* ___
  After that / Next ___

- *Semasa itu* ___
  At the same time / During that time ___

- ___ *kemudian / lalu* ___
  ___ afterward / next / later ___

- *Lagi pun* ___
  Furthermore ___

  Berikutan dengan ___
  Following on from ___

  ___ *(adalah) seperti yang berikut.*
  ___ are as follows.

  ___ *seterusnya.*
  ___ subsequently / from then on

- *Sejak* ___
  Since ___

- ___ *sehingga / sampai* ___
  ___ up to, until ___

- ___ *sebelum* ___
  ___ prior to / before ___

- *Sebelum itu,* ___
  Before that, ___

- *Dulu / Tadinya* ___
  Before / Formerly / Last time ___

- *tadi*
  earlier (in the day)

- *nanti*
  later

- *kelak*
  sometime later

- ___ *sesudah / setelah* ___
  ___ after ___

- *Sesudah itu / Setelah itu,* ___
  After that / Next ___

- *Sewaktu itu* ___
  At the same time / During that time ___

- ___ *kemudian / lalu* ___
  ___ afterward / next / later ___

- *Lagi pula* ___
  Furthermore ___

  Berikutan dengan ___
  Following on from ___

  ___ *(adalah) seperti berikut.*
  ___ are as follows.

  ___ *seterusnya.*
  ___ subsequently / from then on

TULISAN 1 • *Writing 1*

★ *Bila* ___
When ___

★ *Apabila* ___
Whenever / When ___

★ *sudah*
already

★ *lagi / masih*
still

★ *pernah*
once, have (you) ever

★ *tak pernah* ★ belum pernah
never (EVER) never (not YET)

★ *bekas*
the former

★ *bakal*
the prospective

★ *Pada mulanya / Mula-mula* ___
Firstly / To begin with ___

★ *Untuk* ___, *mula-mula* ___
In order to ___, firstly ___

★ *Pada permulaan* ___
At the beginning of ___

★ *Pada penghabisan* ___
At the end of ___

★ *Pada pertengahan* ___
In the middle of ___

★ ___ *pada masa yang sama.*
___ at the same time.

___ *dan* ___ *berlaku pada masa yang hampir sama.*
___ and ___ happened at almost the same time.

Kapan ___
When ___

Ketika ___
Whenever / When ___

sudah
already

masih
still

pernah
once, have (you) ever

belum pernah
never

bekas / mantan
the former

bakal
the prospective

Pada mulanya / Pada awalnya / Mula-mula ___
Firstly / To begin with ___

Untuk ___, *mula-mula* ___
In order to ___, firstly ___

Pada permulaan / Pada awal ___
At the beginning of ___

Pada akhir ___
At the end of ___

Pada pertengahan ___
In the middle of ___

___ *pada waktu yang sama.*
___ at the same time.

___ *dan* ___ *terjadi pada saat yang hampir sama.*
___ and ___ happened at almost the same time.

Chronological Order

- *langkah*
  step

- *tingkat*
  level

- *tahap*
  stage, phase

- *Langkah yang pertama untuk ___ (ialah) ___. Yang kedua ___, dan yang terakhir ___.*
  The first step in ___ is ___ . The second is ___, and the final (step) is ___.

- *yang terakhir*
  the last

- *Akhirnya / Akhir sekali ___*
  Finally / Lastly ___

- *Tugas ___ pertama(nya) ialah (untuk) ___, kemudian ___, dan akhirnya ___.*
  The duty of ___ firstly is to ___, next ___, and finally ___.

- *punca /sumber*
  source

- *Punca utama ___*
  The primary source of ___

- *___ berpunca dari ___*
  ___ derives from ___

- *Asalnya ___ (ialah) ___*
  The origin of ___ is ___

- *___ berasal dari ___*
  ___ originates from ___

- *(Pada) satu hari ___*
  One day ___

- *Pada tahun / Dalam tahun, ___*
  In the year ___

- *langkah*
  step

- *tingkat*
  level

- *tahap*
  stage, phase

- *Langkah yang pertama untuk ___ (ialah) ___. Yang kedua ___, dan yang terakhir ___.*
  The first step in ___ is ___ . The second is ___, and the final (step) is ___.

- *yang terakhir*
  the last

- *Akhirnya / Terakhir ___*
  Finally / Lastly ___

- *Tugas ___ pertama(nya) ialah (untuk) ___, kemudian ___, dan akhirnya ___.*
  The duty of ___ firstly is to ___, next ___, and finally ___.

- *sumber*
  source

- *Sumber utama ___*
  The primary source of ___

- *___ bersumber dari ___*
  ___ derives from ___

- *Asalnya ___ (ialah) ___*
  The origin of ___ is ___

- *___ berasal dari ___*
  ___ originates from ___

- *(Pada) suatu hari ___*
  One day ___

- *Pada tahun / Dalam tahun, ___*
  In the year ___

13

TULISAN 1 • *Writing 1*

★ *Di antara tahun ___ dan tahun ___*
Between the year ___ and ___

★ *(Pada) awal tahun ___*
Early in the year ___

★ *(Pada) akhir tahun ___*
At the end of the year ___

★ *(Pada) pertengahan tahun ___*
In the middle of the year ___

★ <u>*Tiap-tiap / setiap* dua tahun ___</u>
Every two years ___

★ *Selama ___ tahun ___*
For ___ years ___

★ *Dua tahun (yang) lalu ___*
Two years ago ___

★ *Dua tahun telah berlalu sejak ___*
Two years have passed since ___

★ *Di antara tahun ___ dan tahun ___*
Between the year ___ and ___

★ *(Pada) awal tahun ___*
Early in the year ___

★ *(Pada) akhir tahun ___*
At the end of the year ___

★ *(Pada) pertengahan tahun ___*
In the middle of the year ___

★ *Setiap dua tahun ___*
Every two years ___

★ *Selama ___ tahun ___*
For ___ years ___

★ *Dua tahun (yang) lalu ___*
Two years ago ___

★ *Dua tahun telah berlalu sejak ___*
Two years have passed since ___

LATIHAN 1.1

Tulis sebuah perenggan sepanjang 100 perkataan. Pilih satu perkara dari soalan 1 atau 2. Gunakan istilah susunan waktu yang sesuai dan beri tajuk yang tepat.

Tulis satu paragraf panjangnya 100 kata. Pilih satu topik dari pertanyaan 1 atau 2. Gunakan istilah urutan waktu yang sesuai dan beri judul yang tepat.

Write a paragraph 100 words long. Choose a subject from question 1 or 2. Use the appropriate terms for chorological order and give an appropriate title.

1. Ceritakan pelajaran kamu di universiti atau sekolah menengah sejak mula sampai sekarang.

2. Ceritakan riwayat hidup sejak kamu lahir sampai berumur 15 tahun.

1. Ceritakan pelajaran Anda di universitas atau sekolah menengah sejak awal sampai sekarang.

2. Ceritakan riwayat hidup sejak Anda lahir sampai berumur 15 tahun.

LATIHAN 1.2

Tulis sebuah perenggan di mana kamu menyusun maklumat mengenai resipi di bawah ini dengan menambahkan istilah susunan waktu yang sesuai.

Tulis satu paragraf di mana kamu menyusun keterangan mengenai resep di bawah ini dengan menambahkan istilah urutan waktu yang sesuai.

Write a paragraph in which you sequence the information in the following recipe by adding appropriate terms for chronological order.

Ayam Golek Sambal Kicap

Ayam dibersihkan.
Keluarkan semua isi dalam perutnya.
Bakar untuk menghilangkan bulu-bulu roma.
Potong bahagian yang tidak dikehendaki.
Basuh.

Halia, serai, bawang dan lain-lain rempah digiling kasar sahaja.
Masukkan ramuan ini ke dalam perut ayam.
Jahit ruangan yang terbuka.

Kukus ayam hingga empuk.
Angkat dan panggang.
Direnjis di atasnya minyak sapi.
Apabila kuning, angkatlah.

Buangkan ramuan di dalam perut ayam tadi.
Hidangkan.

[Berita Harian 100577]

LATIHAN 1.3

Susun maklumat di bawah ini dalam sebuah perenggan dengan menambahkan istilah susunan waktu yang sesuai.

Susun keterangan di bawah ini dalam satu paragraf dengan menambahkan istilah urutan waktu yang sesuai.

Sequence the information below in a paragraph by adding appropriate terms for chronological order.

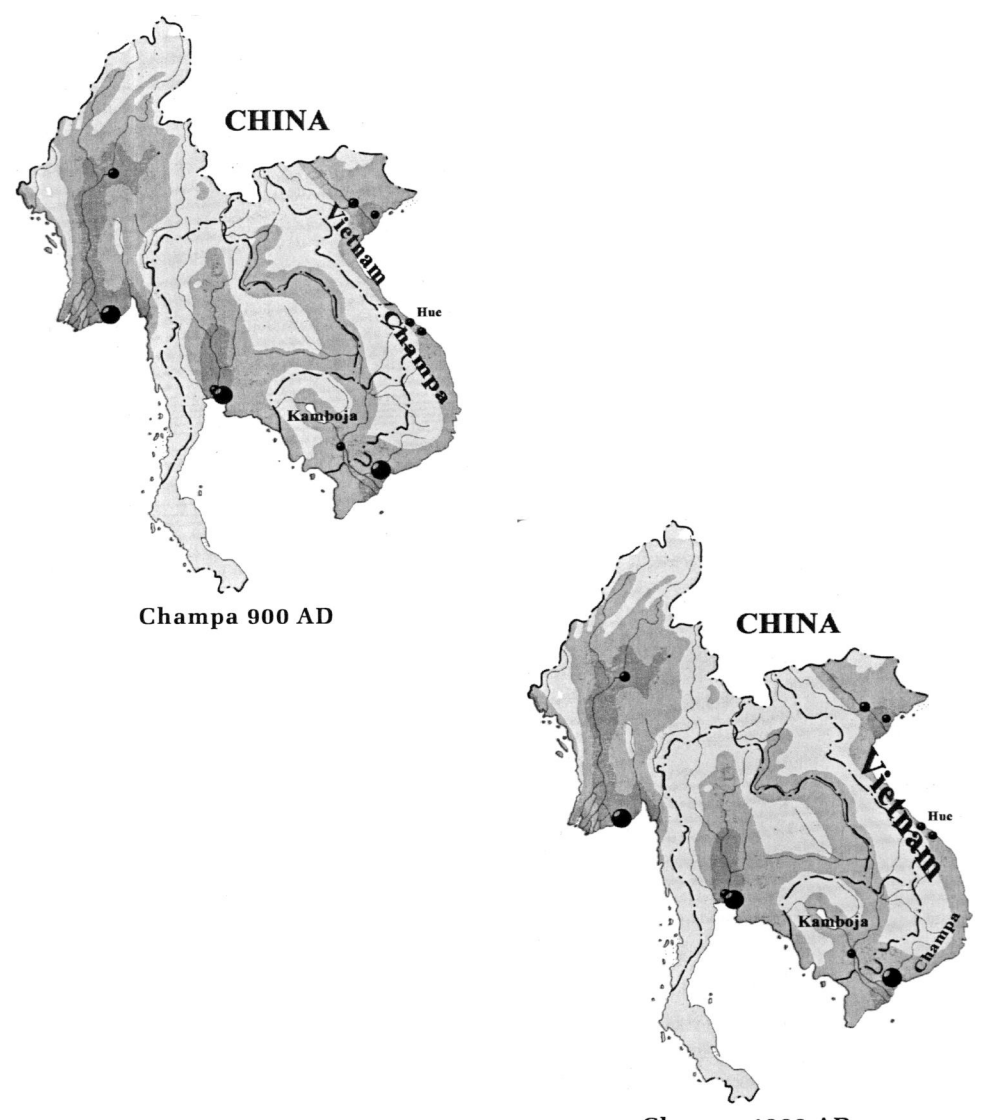

Champa 900 AD

Champa 1300 AD

Islam di Kamboja

1. Kerajaan kuno Cham (Champa) didirikan di tepi timur Vietnam. [Tahun 192 Masehi]

2. Kerajaan itu meluas dari utara kota Hue sekarang sampai ke selatan teluk Camranh.

3. Kerajaan mereka tercatat dalam kitab sejarah Cina di bawah nama Linyi. [Abad ke-3 Masehi]

4. Linyi ditaklukkan oleh Cina yang memperluas wilayah kekuasaannya ke Vietnam.

5. Raja terbesar orang Cham adalah Bhadravarman. [Tahun 400-an]

6. Orang Cham berkali-kali menyerang wilayah Cina. [Sampai tahun 446]

7. Retaliasi Cina dilakukan dengan menghancurkan ibu kota kerajaan Cham.

8. Champa berhasil mengenyahkan dominasi Cina di wilayahnya.

9. Vietnam mendapat kemerdekaannya dari Cina dan berusaha menyaingi supremasi Champa. [Tahun 939]

10. Champa menyerbu kerajaan Khmer di Kamboja. [Abad ke-12]

11. Champa jatuh ke dalam kekuasaan orang-orang Khmer.

12. Champa diserang orang-orang Mogol. [Abad ke-13]

13. Champa menjadi negara vasal Vietnam. [Tahun 1312]

[Kompas 221291]

LATIHAN 1.4

Tambahkan istilah susunan waktu kepada butir-butir di bawah ini untuk menjadikannya sebuah perenggan yang sesuai.

Tambahkan istilah urutan waktu kepada rincian di bawah ini untuk menjadikannya satu paragraf yang sesuai.

Add vocabulary for chronological order to the details below in order to form an appropriate paragraph.

Harimau Tasmania (Thylacine)

Harimau Tasmania Batal Dihidupkan Kembali

1. Sebuah museum di Australia mengumumkan bahwa mereka batal "menghidupkan kembali" harimau Tasmania (thylacine), makhluk seperti serigala dengan belang-belang di punggungnya yang sudah lama punah.

2. Museum Australia mulai riset agar bisa mengkloning hewan itu dari sel seekor anakan harimau Tasmania yang diawetkan di sebuah museum di Tasmania [tahun 1999].

3. Mereka membatalkan proyek karena pengawetan dengan formalin ternyata telah merusakkan sampel DNA yang ada.

4. Para ilmuwan berharap bisa menghidupkan kembali hewan-hewan ini melalui teknik kloning.

5. Mereka berharap anakan harimau yang diawetkan di museum bisa digunakan sebagai sumber DNA.

6. Para peneliti berharap suatu saat ada teknologi yang memungkinkan kloning ini dilaksanakan.

7. Teknik untuk memperbaiki DNA yang rusak akan berkembang, dan bila saatnya tiba, harimau Tasmania yang telah punah akan dapat dihidupkan lagi.

[Kompas 160205]

LATIHAN 1.5

Tambahkan istilah susunan waktu kepada butir-butir di bawah ini untuk menjadikannya sebuah perenggan yang sesuai.

Tambahkan istilah urutan waktu kepada rincian di bawah ini untuk menjadikannya sebuah paragraf yang sesuai.

Add terms for chronological order to the details below in order to form an appropriate paragraph.

Sultan Suleyman Mosque

Paket Umrah - PT. Fath Indah Travel Service Ltd.

1. Jemaah terbang dari Surabaya ke Jeddah dan Istambul (1 Desember).

2. Di Bandara Jeddah, transfer ke pesawat yang menuju ke Istambul.

3. Di Istambul, jemaah akan menyaksikan beberapa arsitektur Islam yang mengagumkan (tiga hari).

4. Mengunjungi Hippodrome Square, The Blue Mosque dan Aghia Sophia (pagi hari pertama).

TULISAN 1 • Writing 1

> 5. Mengunjungi Topkapi Palace dan Grand Bazaar serta Sultan Suleyman Mosque (sore hari pertama).
>
> 6. Makan di restoran yang terletak di Konyali Or Borsa (siang hari pertama).
>
> 7. Terbang kembali ke Jeddah (4 Desember).
>
> 8. Dari Jeddah terbang ke Madinah (1 hari) dan Mekah untuk melakukan umrah (1 hari).
>
> 9. Terbang ke Jeddah lagi (7 Desember).
>
> 10. Langsung pulang ke tanah air.
>
> * *Jemaah:* those performing a collective pilgrimage
>
> * *Umrah*: to make a brief pilgrimage to Mecca outside the season of the tradition-al pilgrimage, performing only particular parts of the full ritual. Because the pilgrimage is brief, it is usually combined with visits to other sites in the region.
>
> *[Jawa Pos 131194]*

LATIHAN 1.6

Tulis sebuah perenggan di mana kamu menyusun butir-butir perlawanan bola sepak yang diberikan di bawah. Tambah istilah susunan waktu yang sesuai.

Tulis satu paragraf di mana Anda menyusun rincian perlawanan bola sepak yang diberikan di bawah. Tambah istilah urutan waktu yang sesuai.

Write a paragraph in which you sequence the details of the following soccer match, adding appropriate terms for chronological order.

Arsenal belasah Everton 7-0

Ringkasan:

Dennis Bergkamp menjaringkan satu gol dan membantu menghasilkan tiga jaringan manakala Robert Pires meledakkan dua jaring dan Robin van Persie, Edu, Patrick Vieira dan Mathieu Flamini masing-masing dengan satu jaringan.

Butir-butirnya:

1. Bergkamp mencipta jaring pertama, menyilangkan bola buat Robin van Persie untuk membuka jaringan selepas sembilan minit.

2. Pires menambah jaring kedua pada minit ke-11 menanduk bola melepasi penjaga gol Everton, Richard Wright, yang membuat kemunculan pertama selepas tiga bulan.

3. Bergkamp mengumpan bola kepada Vieira bagi jaringan ketiga pada minit ke-37.

4. Henry mengumpan bola kepada Pires untuk meletakkan Arsenal di depan 4-0 selepas 50 minit.

5. Arsenal dianugerahkan penalti pada minit ke-70 apabila pertahanan Everton, Lee Carsley, dihukum menampan bola dengan tangan. Henry memberikan peluang itu kepada Edu yang menyempurnakan penalti itu.

6. Bergkamp meledakkan jaringan pada minit ke-77, mengawal bola tinggi dan menewaskan Wright.

7. Flamini menambah jaringan terakhir Arsenal pada minit ke-85.

Kesudahannya:

Arsenal mengesahkan tempat kedua di belakang juara, Chelsea, Selasa lalu apabila pasukan tangga ketiga, Manchester United, tewas 3-1 kepada the Blues (Chelsea).

[Berita Minggu 150505]

LATIHAN 1.7

Tulis sebuah perenggan di mana kamu menyusun langkah untuk menjaga kulit muka. Merujuk kepada butir-butir yang disediakan di bawah dan tulis ayat pengenalan yang sesuai.

Tulis satu paragraph di mana Anda menyusun langkah untuk menjaga kulit muka. Lihat rincian yang disediakan di bawah dan tulis kalimat pembukaan yang tepat.

Write a paragraph in which you sequence the steps in maintaining a good complexion. Refer to the data presented below and write an appropriate topic sentence.

Jaga kulit muka dengan betul

1. Mengikut cara menjaga kulit muka dengan cara yang betul dan sesuai dapat membantu wanita yang mempunyai masalah tentang kulit.

2. Muka hendaklah dicuci sebersih-berishnya sekurang-kurangnya dua kali sehari dengan menggunakan pencuci yang bersih.

3. Toner digunakan untuk menyegarkan kulit dan menghapuskan daki-daki yang masih tinggal melekat di kulit setelah dicuci.

4. Gunakan moisturiser ataupun pelembab selepas toner dan sebelum anda menggunakan mekap.

5. Foundation hendaklah digunakan di atas moisturiser ataupun bedak hendaklah disapu di atasnya.

6. Pakai pewarna pipi, eyeliner, eye shadow dan akhir sekali lipstik selepas menyapu bedak.

7. Kita juga hendaklah mencuci muka dengan memakai mask untuk mengeluarkan segala kekotoran yang terkumpul dalam kulit muka (seminggu sekali ataupun sebulan sekali).

[Utusan Malaysia 120279]

LATIHAN 1.8

Di bawah ini terdapat susunan sepuluh gambar satelit Asia Tenggara. Pilih satu kawasan tertentu di daerah ini, contohnya, Sumatera, Jawa, Kalimantan, Papua, Semenanjung Malaysia atau Filipina, dan tulis sebuah perenggan yang menunjukkan bagaimana penutupan awan berubah dari satu gambar ke gambar yang lain. Gunakan tarikh setiap gambar sebagai rujukan dan susun perenggan ini dengan menggunakan istilah susunan waktu yang sesuai.

Di bawah ini terdapat sepuluh foto satelit Asia Tenggara. Pilih satu lokasi tertentu di daerah ini, contohnya, Sumatera, Jawa, Kalimantan, Papua, Semenanjung Malaysia atau Filipina, dan tulis satu paragraf yang menunjukkan bagaimana penutupan awan berubah dari satu foto ke foto lainnya. Gunakan tanggal setiap foto sebagai urutannya dan susun paragraf ini dengan menggunakan istilah urutan waktu yang sesuai.

Below is a sequence of ten satellite photographs of Southeast Asia. Focus on one particular area of the region, for example, Sumatra, Java, Borneo, Papua, Peninsular Malaysia or the Philippines, and write a paragraph indicating how the cloud cover changes from one photograph to another. Sequence your paragraph using relevant terms for chronological order, referring to the photographs by the date they were taken.

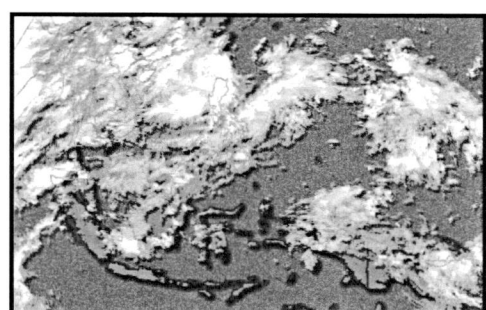

15 Ogos ^{M} / Agustus ^{I}

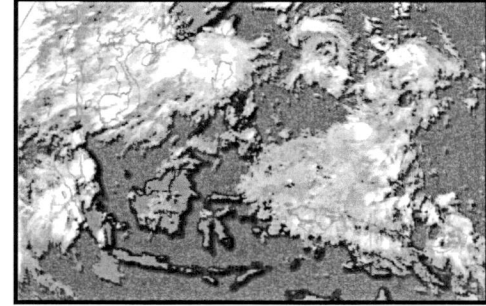

16 Ogos ^{M} / Agustus ^{I}

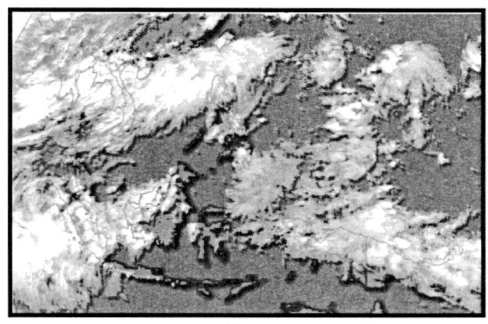

17 Ogos ^{M} / Agustus ^{I}

TULISAN 1 • *Writing 1*

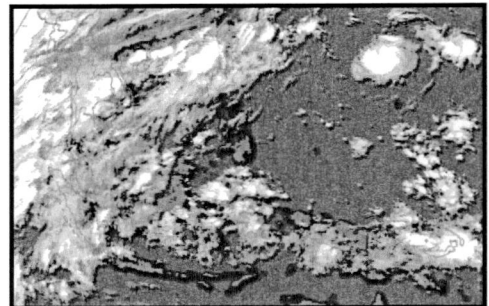
19 Ogos ^M / Agustus ^I

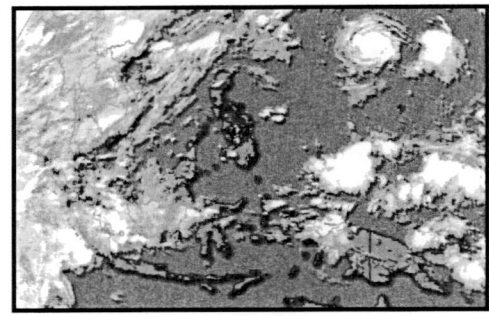
21 Ogos ^M / Agustus ^I

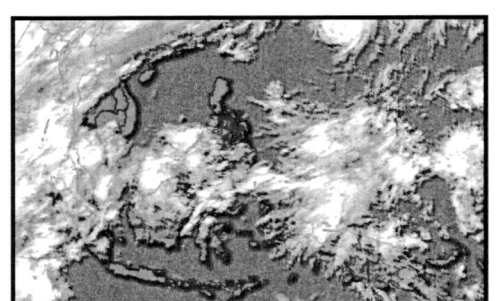
23 Ogos ^M / Agustus ^I

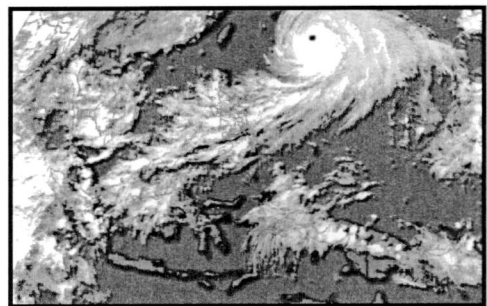
3 September

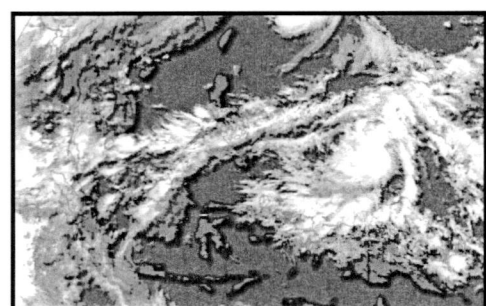
5 September

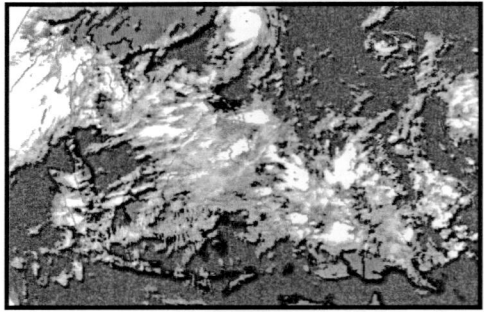
10 September

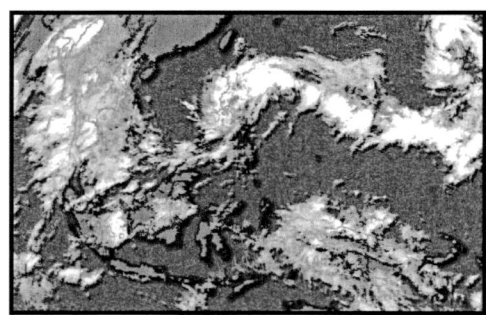
20 September

LATIHAN 1.9

Tulis sebuah perenggan sepanjang 100 patah perkataan. Pilih satu perkara dari soalan 1 atau 2. Beri tajuk yang tepat untuk perenggan itu dan gunakan istilah susunan waktu yang sesuai. Tulis ayat pengenalan yang sesuai.

Tulis satu paragraf panjangnya 100 kata. Pilih satu topik dari pertanyaan 1 atau 2. Beri judul yang tepat untuk paragraf itu dan gunakan istilah urutan waktu yang sesuai. Tulis kalimat pembukaan yang tepat.

Write one paragraph 100 words long. Choose one subject from question 1 or 2. Give the paragraph an appropriate title and use appropriate vocabulary for chronological order. Write an appropriate topic sentence.

1. Gambarkan berlakunya kebakaran atau rompakan, kemalangan, pembunuhan, pertengkaran, perarakan, permainan dan lain-lain.

2. Beri arahan untuk membuat sesuatu, misalnya: menanam pokok, bunga atau sayur; menukar tayar yang bocor, memasak sesuatu, membeli sesuatu, mendirikan rumah dan lain-lain.

1. Gambarkan terjadinya kebakaran atau perampokan, kecelakaan, pembunuhan, pertikaian, parade, permainan dan lain-lain.

2. Beri petunjuk untuk membuat sesuatu, misalnya: menanam pohon, bunga atau sayur; menukar ban yang kempes, memasak sesuatu, membeli sesuatu, mendirikan rumah dan lain-lain.

TULISAN 1 • *Writing 1*

CONTOH *EXAMPLE*

Garis Kasar *Outline*	**Garis Besar** *Outline*
Arahan untuk belajar	**Petunjuk untuk belajar**

Untuk belajar secara berkesan: | Untuk belajar secara tepat:

1. Cari tempat yang sunyi

1.1 Tempat yang jauh dari orang lain
1.2 Tempat di mana tidak boleh dengar radio atau TV
1.3 Muzik atau orang lain yang bercakap tentu mengganggu

2. Sediakan semua yang perlu

2.1 Keperluan ini termasuk buku, kertas dan alat-alat tulis
2.2 Keperluan yang tertinggal atau salah dipilih menghalang pelajaran kita

3. Sediakan meja dan kerusi

3.1 Meja mesti cukup tinggi
3.2 Kerusi mesti sedap diduduki.
3.3 Kita cepat letih kalau meja dan kerusi tidak sesuai

4. Baca satu muka surat dari buku

5. Tulis catatan tentang apa yang penting

6. Baca semula catatan yang ditulis

---

1. Cari tempat yang sunyi

1.1 Tempat yang jauh dari orang lain
1.2 Tempat di mana tidak terdengar radio atau TV
1.3 Musik atau orang lain yang bercakap-cakap tentu mengganggu

2. Sediakan semua yang perlu

2.1 Keperluan ini termasuk buku, kertas dan alat-alat tulis
2.2 Keperluan yang tidak lengkap atau salah dipilih menghalang pelajaran kita

3. Sediakan meja dan kursi

3.1 Meja sebaiknya cukup tinggi
3.2 Kursi sebaiknya enak diduduki
3.3 Kita cepat letih kalau meja dan kursi tidak cocok

4. Baca satu halaman dari buku

5. Tulis catatan tentang apa yang penting

6. Baca kembali catatan yang ditulis

Chronological Order

Perenggan:

Arahan Untuk Belajar

Untuk belajar secara berkesan, mula-mula cari tempat yang sunyi. Tempat itu patutlah jauh dari orang lain di mana tidak boleh dengar radio atau T.V. Semasa belajar mendengar muzik atau orang lain bercakap tentu mengganggu kita. Kemudian, sediakan semua yang perlu termasuk buku, kertas, dan alat-alat tulis. Keperluan yang tertinggal atau salah dipilih menghalang pelajaran kita. Selepas itu, sediakan meja tulis dan kerusi yang sesuai. Meja mesti cukup tinggi dan kerusi sedap diduduki. Meja dan kerusi yang tidak sesuai membuat kita cepat letih. Semasa belajar, baca satu muka surat dulu sebelum menulis. Kemudian tulis catatan tentang apa yang penting. Akhir sekali, baca semula catatan yang ditulis.

Paragraf:

Petunjuk Untuk Belajar

Untuk belajar secara tepat, mula-mula cari tempat yang sunyi. Tempat itu sebaiknya jauh dari orang lain di mana tidak terdengar radio atau T.V. Sewaktu belajar mendengar musik atau orang lain bercakap-cakap tentu mengganggu kita. Kemudian, sediakan semua yang perlu termasuk buku, kertas, dan alat-alat tulis. Keperluan yang tidak lengkap atau salah dipilih menghalang pelajaran kita. Setelah itu, sediakan meja tulis dan kursi yang cocok. Meja sebaiknya cukup tinggi dan kursi enak diduduki. Meja dan kursi yang tidak cocok membuat kita cepat letih. Ketika belajar, baca dulu satu halaman sebelum menulis. Kemudian tulis catatan tentang apa yang penting. Terakhir, baca kembali catatan yang ditulis.

TULISAN 2

SUSUNAN TEMPAT ᴹ/ URUTAN TEMPAT ᴵ
Spatial Relations

Spatial relations refers to the relative location of various places, objects or areas: whether something is near or far from something else, whether it is in front or behind, to the north or south, on the left or right side, etc.

Also included in this section are various terms of description such as "straight" or "curved", and location such as "boundary", "intersection", "position" and "surface". Related, as well, are terms which serve to move a person or thing from one place to another. These include terms such as "to head toward", "to cross", "to go via", etc. This last set of terms also requires that movements be expressed in a set chronological order or sequence of time.

These various aspects of spatial order are included in the exercises which follow.

ISTILAH

★ *di mana*
where, at which

di mana
where, at which

di dalam mana
in which

di dalam mana
in which

★ *dari mana*
from where, from which

dari mana
from where, from which

★ *ke mana*
to where, to which

ke mana
to where, to which

★ *di bawah*
under, beneath

di bawah
under, beneath

★ *di atas*
on top, above, over

di atas
on top, above, over

Spatial Relations

- *di dalam*
  inside (of)

- *di luar*
  outside (of)

- *di*
  in, at, by, on

- *di tepi*
  beside, next to (people, alongside buildings, along a river, the coast, a road)

- *di pinggir*
  at the perimeter, at the edge

- *di hujung*
  at the end

- *di belakang*
  behind, in back of

- *di depan*
  in front of

- *di tengah*
  in the middle of

- *di antara ___ dan ___*
  ___ between ___ and ___

- *di sekitar*
  around, in the area of

- *di seberang*
  on the other side (of roads, rivers)

- *di sebelah*
  on the side of

- *di sebelah <u>kiri</u> / <u>kanan</u>*
  on the left / right

- *di dalam*
  inside (of)

- *di luar*
  outside (of)

- *di*
  in, at, by, on

- *di tepi*
  beside, next to (people, alongside buildings)

  di samping
  beside, next to (a river, the coast, a road)

- *di pinggir*
  at the perimeter, at the edge

- *di ujung*
  at the end

- *di belakang*
  behind, in back of

- *di depan*
  in front of

- *di tengah*
  in the middle of

- *di antara ___ dan ___*
  ___ between ___ and ___

- *di sekitar*
  around, in the area of

- *di seberang*
  on the other side (of roads, rivers)

- *di sebelah*
  on the side of

- *di sebelah <u>kiri</u> / <u>kanan</u>*
  on the left / right

TULISAN 2 • Writing 2

di sebelah sana
on the other side (of)

di sebelah lain dari
on the other side of

di sebelah sini
on this side of

di sebelah sini
on this side of

di sepanjang
along, throughout

di sepanjang
along, throughout

☆ *di seluruh*
throughout

di seluruh
throughout

☆ *utara*
north

utara
north

☆ *selatan*
south

selatan
south

☆ *timur*
east

timur
east

☆ *barat*
west

barat
west

☆ *tenggara*
southeast

tenggara
southeast

☆ *barat daya*
southwest

barat daya
southwest

☆ *timur laut*
northeast

timur laut
northeast

☆ *barat laut*
northwest

barat laut
northwest

☆ *bahagian utara*
the northern part

bagian utara
the northern part

☆ *bahagian tengah*
the middle part

bagian tengah
the middle part

☆ *bahagian dalam*
the interior

bagian dalam
the interior

☆ *bahagian luar*
the exterior

bagian luar
the exterior

Spatial Relations

bahagian atas the upper part	*bagian atas* the upper part
bahagian bawah the lower part	*bagian bawah* the lower part
dekat near	*dekat* near
jauh far	*jauh* far
Beberapa meter dari ___ Several metres from ___	*Beberapa meter dari* ___ Several metres from ___
jarak distance	*jarak* distance
Pada jarak ___ *terdapat* ___ At a distance of ___ is ___	*Pada jarak* ___ *terdapat* ___ At a distance of ___ is ___
<u>*Berhampiran / Berdekatan* dengan</u> ___ Adjacent to / In the vicinity of ___	<u>*Berhampiran / Berdekatan* dengan</u> ___ Adjacent to / In the vicinity of ___
Bertentangan dengan Across from / Opposite ___	*Berhadapan dengan* ___ Across from / Opposite ___
___ *(adalah) selari dengan* ___ ___ is parallel to ___	___ *(adalah) sejajar dengan* ___ ___ is parallel to ___
___ *memotong / berpotongan dengan* ___ ___ intersects with, cuts across ___	___ *memotong / berpotongan dengan* ___ ___ intersects with, cuts across ___
___ *sehingga / sampai* ___ ___ up to, as far as, until ___	___ *sehingga / sampai* ___ ___ up to, as far as, until ___
had limit	*batasan* limit
sempadan boundary	*perbatasan* boundary
selekoh bend, curve	*belokan* bend, curve

TULISAN 2 • Writing 2

berselekoh
curved, winding

lurus
straight

bertindih
overlapping

persimpangan
intersection (as of a road), junction

bulatan
roundabout, circle

permukaan
surface

garis
line

sudut / penjuru
corner (as of a room)

ruang
space

tempat
place

pasang
pair

titik
point

titik permulaan
starting point

titik pertengahan
midpoint

titik penghabisan
end point

berbelok-belok
curved, winding

lurus
straight

tupang-tindih / berhimpitan
overlapping

perempatan
four-way intersection, junction

pertigaan
three-way intersection, T-junction

bundaran
roundabout, circle

permukaan
surface

garis
line

sudut / penjuru / pojok
corner (as of a room)

ruang
space

tempat
place

pasang
pair

titik
point

titik awal
starting point

titik tengah
midpoint

titik akhir
end point

Spatial Relations

☆ ___ *ada / berada di* ___
___ exists / is at ___

☆ ___ *terletak di* ___
___ is located at ___

___ *terdapat* ___
___ is found ___

Letaknya ___
The location of ___

Kedudukan ___
The position of ___

☆ *terus*
straight ahead

☆ *jalan terus*
walk straight

☆ *belok / pusing*
to turn (as *turn right*)

☆ *patah balik*
to turn around, turn back

☆ *melalui / menerusi*
via, through; to go by way of

☆ *menuju ke / mengarah ke*
to head towards

☆ *arah*
direction

☆ *menyeberang*
to cross (a river, street)

☆ *melintas*
to cross (a road, a river)

___ *ada / berada di* ___
___ exists / is at ___

___ *berlokasi di* ___
___ is located at ___

___ *terdapat* ___
___ is found ___

Letaknya ___
The location of ___

Kedudukan ___
The position of ___

terus
straight ahead

jalan terus
walk straight

belok / putar
to turn (as *turn right*)

putar kembali
to turn around, turn back

melalui / melewati
via, through; to go by way of

menuju ke / mengarah ke
to head towards

arah
direction

menyeberang
to cross (a river, street)

melintas
to cross (a road, a river)

TULISAN 2 • Writing 2

LATIHAN 2.1

Gambarkanlah sebuah peta yang menunjukkan tempat-tempat yang diberikan di bawah.

Gambarkan suatu peta yang menunjukkan tempat-tempat yang diberikan di bawah.

Draw a map which shows the places presented below.

1. Ada dua jalan lebar. Jalan yang datang dari arah utara bermula di sempadan bandar raya. Jalan itu panjang dan lurus.	1. Ada dua jalan lebar. Jalan yang datang dari arah utara bermula di perbatasan kota. Jalan itu panjang dan lurus.
2. Di garis sempadan itu ada papan yang mengatakan "Selamat Datang".	2. Di garis perbatasan itu ada papan yang mengatakan "Selamat Datang".
3. Jalan satu lagi yang berselekoh datang dari arah timur dan bersimpangan dengan jalan tadi kira-kira lima kilometer ke selatan sempadan tersebut.	3. Jalan lainnya yang berbelok-belok datang dari arah timur dan bersimpangan dengan jalan tadi kira-kira lima kilometer ke selatan perbatasan tersebut.
4. Ada bulatan di tengah-tengah persimpangan dua jalan itu. Di titik pertengahan bulatan itu ada tiang bendera.	4. Ada bundaran di tengah-tengah perempatan dua jalan itu. Di titik tengah bundaran itu ada tiang bendera.
5. Ada beberapa rumah yang terletak di sepanjang kedua-dua belah jalan yang masuk dari utara dari sempadan sampai ke bulatan.	5. Ada beberapa rumah yang terletak di sepanjang kedua pinggiran jalan yang masuk dari utara dari perbatasan sampai ke bundaran.
6. Terdapat dua tiga kereta di depan sebuah rumah di sebelah barat jalan itu.	6. Terdapat dua tiga mobil di depan salah satu rumah di sebelah barat jalan itu.
7. Ada sebatang pokok di ruang belakang sebuah rumah di sebelah timur jalan yang masuk dari utara.	7. Ada pohon di ruang belakang salah satu rumah di sebelah timur jalan yang masuk dari utara.
8. Ada dua pasang lampu isyarat bertentangan yang terletak berhampiran dengan bulatan tadi, satu pasang di sebelah utara, dan satu lagi di sebelah selatan.	8. Ada dua pasang lampu lalu lintas saling berhadapan yang berlokasi berhampiran dengan bundaran tadi, satu pasang di sebelah utara, dan satu pasang lainnya di sebelah selatan.

Spatial Relations

9. Dekat hujung barat jalan yang masuk dari timur ada perhentian bas.

10. Sebuah pondok telefon terletak di sebelah selatan dekat hujung timur jalan yang masuk dari timur.

11. Ada sebuah lori menuju ke utara yang berhenti beberapa meter dari lampu isyarat di sebelah selatan bulatan tadi.

12. Ada sebuah bas mengarah ke timur yang sedang pusing ke kanan di sebelah utara bulatan tersebut.

9. Dekat ujung barat jalan yang masuk dari timur ada perhentian bis.

10. Telepon umum terletak di sebelah selatan dekat ujung timur jalan yang masuk dari timur.

11. Ada sebuah truk menuju ke utara yang berhenti beberapa meter dari lampu lalu lintas di sebelah selatan bundaran tadi.

12. Ada sebuah bis mengarah ke timur yang sedang berputar ke kanan di sebelah utara bundaran tersebut.

LATIHAN 2.2

Gambarkan dengan menggunakan kedudukan geografis bahagian pulau-pulau atau propinsi Indonesia yang mempunyai kepadatan penduduk (orang sekilometer per segi) tersebut di bawah.

Gambarkan dengan menggunakan lokasi geografis bagian pulau-pulau atau propinsi Indonesia yang mempunyai kepadatan penduduk (orang per kilometer per segi) tersebut di bawah.

Identify by geographical location the provinces or parts of the islands with the population density (persons per square kilometre) indicated below.

1.	Kalimantan	51	-	100	(B)
2.	Sulawesi	51	-	100	(B)
3.		101	-	151	(C)
4.	Papua	0	-	50	(A)
5.	Jawa	501	-	1000	(E)
6.		Lebih dari 1000 orang			(F)
7.	Sumatera	0	-	50	(A)
8		51	-	100	(B)
9.		101	-	150	(C)
10.		151	-	500	(D)
11.	Nusa Tenggara	51	-	100	(B)
12.		101	-	150	(C)

TULISAN 2 • *Writing 2*

CONTOH

Kawasan Pulau Timor yang kepadatan penduduknya seramai 101 hingga 150 orang sekilometer per segi berada di bahagian barat daya.

Kawasan Pulau Timor yang kepadatan penduduknya 101 hingga 150 orang per kilometer per segi berada di bagian barat daya.

Kepadatan Penduduk Setiap Propinsi Per Km^2

A	0	-	50
B	51	-	100
C	101	-	150
D	151	-	500
E	501	-	1000
F	Lebih dari 1000 orang		

LATIHAN 2.3

Katakanlah kita memandu kereta dari Kota Bharu ke Johor Bahru. Tulis sebuah perenggan di mana kamu menyatakan arah yang dituju, tempat-tempat yang dilalui dan sebagainya. Perjalanan ini hendaklah disusun mengikut susunan waktu yang sesuai.

Katakanlah kita mengendarai mobil dari Kota Bharu ke Johor Bahru. Tulis satu paragraf di mana Anda menyatakan arah yang dituju, tempat-tempat yang dilewati, dan sebagainya. Perjalanan ini harus disusun mengikuti urutan waktu yang sesuai.

Assume that we are driving from Kota Bharu to Johor Bahru. Write a paragraph in which you mention the directions you follow, the places you traverse, and so on. This trip should be arranged in appropriate chronological order.

Semenanjung Malaysia

TULISAN 2 • Writing 2

LATIHAN 2.4

Tulis sebuah ringkasan sepanjang 200 perkataan tentang apa yang dibuat En Ahmad hari Khamis lalu. Beri butir-butir tertentu tentang ke mana dia pergi, letaknya tempat yang ditujunya, di mana dia berjalan (misalnya melalui jalan yang mana), dan apa yang dibuatnya setelah sampai. En Ahmad berjalan kaki dan tidak membawa kereta. Gunakan peta yang disediakan.

Permulaan ringkasan yang mengandungi butir A-D disediakan di bawah.

Tulis ringkasan sebanyak 200 kata tentang apa yang dilakukan Pak Amad Kamis lalu. Beri rincian tertentu ke mana saja dia pergi, letak tempat yang ditujunya, di mana dia berjalan (misalnya melewati jalan yang mana), dan apa yang dilakukannya setelah sampai. Pak Amad berjalan kaki dan tidak membawa mobil. Gunakan peta yang disediakan.

Permulaan ringkasan yang mengandung rincian A-D disediakan di bawah.

Write a summary of 200 words about what Mr. Ahmad/Mr. Amad did last Thursday. Give specific details about where he went, the location of the places he was heading toward, where he walked (for example, via which streets), and what he did after arriving. Mr. Ahmad/Mr. Amad went on foot and did not drive. Use the map provided.

The beginning of the summary using details A-D follows.

Jadual En Ahmad Pada Hari Khamis

A 8.45   makan pagi di rumah
B 9.15   hantar anak-anak ke sekolah
C 9.30   pulangkan buku di perpustakaan
D 10.15 kerja di bank

Ringkasan yang mesti disambungkan
The summary which you must continue

Pada pukul 8:45 En. Ahmad makan pagi di rumahnya. Kemudian, pada pukul 9:15 dia menghantar anak-anaknya ke sekolah di persimpangan Lorong Chulia dengan Lorong Hijau. Dia melalui Lebuh Pantai sampai ke Jalan Chulia, dan di situ dia belok ke kiri. Selepas anak-anaknya selamat masuk ke sekolah En. Ahmad pergi ke perpustakaan di Lebuh Pasar dekat Pejabat Pos untuk pulangkan buku yang dipinjam minggu lepas. Dia jalan terus melalui Taman Bunga. Kerana perpustakaan belum lagi dibuka, En. Ahmad terpaksa menunggu lama dan sebab itu pukul 10:15 baru dia

Jadwal Pak Amad Pada Hari Kamis

A 8.45   makan pagi di rumah
B 9.15   antar anak-anak ke sekolah
C 9.30   kembalikan buku di perpustakaan
D 10.15 kerja di bank

Ringkasan yang mesti dilanjutkan
The summary which you must continue

Pada jam 8:45 Pak Amad makan pagi di rumahnya. Kemudian, pada jam 9:15 dia mengantar anak-anaknya ke sekolah di perempatan Jalan Jenderal Sudirman dengan Jalan A. Yani. Dia melewati Jalan Kartini sampai ke Jalan Jenderal Sudirman, dan di situ dia belok ke kiri. Sesudah anak-anaknya masuk dengan selamat ke sekolah Pak Amad pergi ke perpustakaan di Jalan Kajaolabo dekat Kantor Pos untuk kembalikan buku yang dipinjam minggu yang lalu. Dia jalan terus melewati Taman Bunga. Karena perpustakaan belum dibuka, Pak Amad harus menunggu lama dan sebab itu jam

Spatial Relations

masuk ke tempat kerja. Tempat itu sebuah bank tidak jauh dari sekolah tempat anak-anaknya belajar, jadi dia terpaksa patah balik dan melalui Taman Bunga tadi semula.

Sekarang kamu dikehendaki menyambungkan ringkasan di atas dengan menggunakan butir-butir 1 sampai 10 yang terdapat di bawah. Tujuan latihan ini ialah untuk menunjukkan kebolehan kamu menggunakan istilah susunan tempat dan waktu dalam sebuah ringkasan yang lancar dan sesuai.

10:15 baru dia masuk ke tempat kerjanya. Tempat itu sebuah bank tidak jauh dari sekolah tempat anak-anaknya belajar, jadi dia terpaksa putar kembali dan melewati Taman Bunga tadi sekali lagi.

Sekarang Anda harus melanjutkan ringkasan di atas dengan menggunakan rincian 1 sampai 10 yang terdapat di bawah. Tujuan latihan ini ialah untuk menunjukkan kemampuan Anda untuk menggunakan istilah urutan tempat dan waktu dalam sebuah ringkasan yang lancar dan sesuai.

Now you must continue the summary above by using details 1 through 10 found below. The aim of this exercise is to show your ability to use terms of spatial and chronological order in a summary that is fluent and appropriate.

1	12.00	makan di restoran		1	12.00	makan di restoran
2	1.00	berjalan-jalan di taman bunga		2	1.00	berjalan-jalan di taman bunga
3	1.20	beli setem		3	1.20	beli prangko
4	1.30	kerja semula di bank		4	1.30	kerja kembali di bank
5	4.10	gunting rambut		5	4.10	potong rambut
6	4.30	bayar bil elektrik		6	4.30	bayar rekening listrik
7	4.40	beli tiket teater		7	4.40	beli tiket teater
8	4.50	minum kopi		8	4.50	minum kopi
9	5.30	beli barang-barang		9	5.30	beli barang-barang
10	6.00	sampai di rumah		10	6.00	sampai di rumah

PETA:

1. Kedai barang-barang runcit	1. Toko barang-barang eceran
2. Restoran	2. Restoran
3. Kedai kopi	3. Warung kopi
4. Teater	4. Teater
5. Pejabat Pos	5. Kantor Pos
6. Perpustakaan	6. Perpustakaan
7. Rumah En Ahmad	7. Rumah Pak Amad
8. Sekolah rendah	8. Sekolah dasar
9. Bank	9. Bank
10. Taman bunga	10. Taman bunga
11. Kedai gunting rambut	11. Toko potong rambut
12. Lembaga Elektrik	12. Kantor Listrik

TULISAN 2 • Writing 2

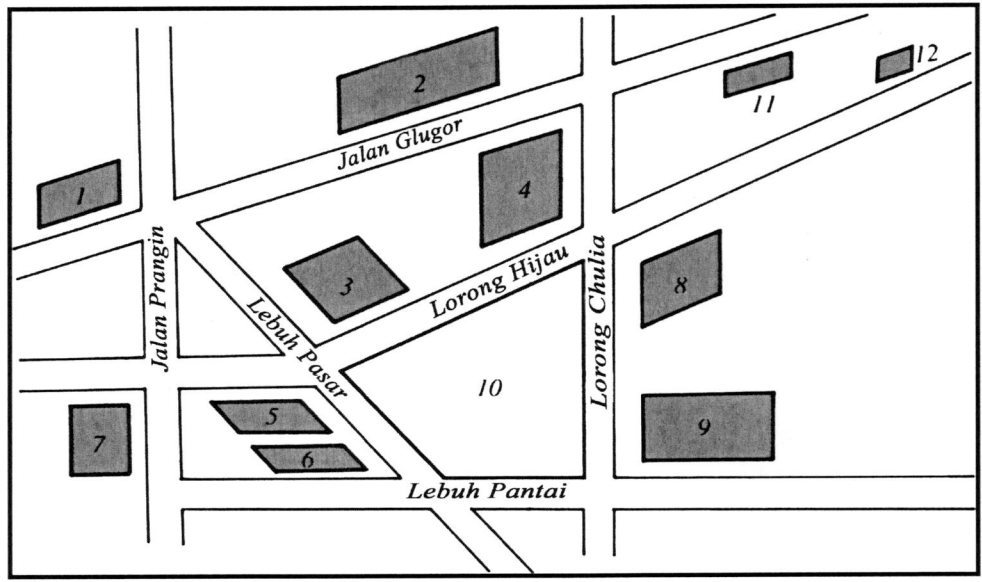

Malaysia

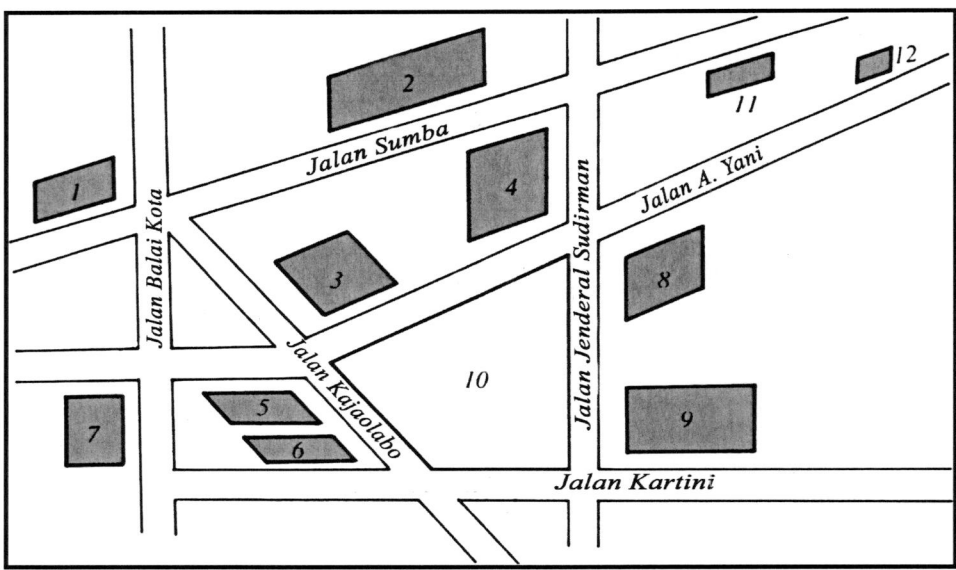

Indonesia

LATIHAN 2.5

Tulis sebuah perenggan di mana kamu menghuraikan perkembangan teka silang kata melalui keenam tahap yang diberikan. Gunakan istilah susunan waktu serta susunan tempat untuk menunjukkan tempat masing-masingnya perkataan yang ditambah.

Tulis satu paragraf di mana Anda melukiskan perkembangan teka-teki silang melalui keenam tahap yang diberikan. Gunakan istilah urutan waktu serta urutan tempat untuk menunjukkan masing-masing tempat dan kata-kata yang ditambah.

Write a paragraph in which you describe the development of the following crossword puzzle through the six stages which are shown. Use vocabulary for chronological order as well as spacial relations, indicating the respective locations of each of the words which is added.

TULISAN 3

PENGGOLONGAN
Classification

Classification involves grouping various items or concepts according to shared similarities or contrasting differences. When we classify, we impose a particular type of order on the information we are analysing. The order we impose may vary depending on the particular elements we wish to emphasise.

For example, we may classify a disease in terms of the particular stages involved in its progression [see Latihan 3.1]. We may, however, also choose to classify the same information in terms of symptoms, rather than stages.

Radio and television programmes, to take another example, may be classified according to intended audience, an audience classified in terms of age or gender, or occupation or educational background. These programmes may also be classified in terms of type, for example, current affairs, drama, comedy, etc. Another possibility is classifying them in terms of the time of day they are put to air [see Latihan 3.2].

When you write a paragraph or essay of classification you begin by stating what you are classifying and the type of classification you are going to use. This is the significant information which must be included in your topic sentence so that the reader will know how you are going to develop your piece of writing.

ISTILAH

jenis
kind, type

jenis, tipe
kind, type

kaedah
principle, method

kaidah
principle, method

cara
way, manner, method

cara, metode
way, manner, method

bahagian
division, section, part

bagian
division, section, part

Classification

- *kategori*
  category

- *golongan / kumpulan*
  group, category

- *punca*
  source

- *Asalnya ___ (ialah) ___*
  The origin of ___ is ___

- *Asasnya ___ (adalah) ___*
  The basis of ___ is ___

- *daerah*
  region

- *kawasan*
  area

- *wilayah*
  district

- *zaman*
  era, time period

- *sifat*
  quality, attribute, characteristic

- *ciri*
  characteristic

- *unsur*
  element

- *butir*
  item, <u>detail</u>

- *aspek*
  aspect

- *Dari segi ___*
  From the aspect of ___

- *segi*
  ① side
  ② point of view/perspective

- *kategori*
  category

- *golongan / kelompok*
  group, category

- *sumber*
  source

- *Asalnya ___ (ialah) ___*
  The origin of ___ is ___

- *Asasnya ___ (adalah) ___*
  The basis of ___ is ___

- *daerah*
  region

- *kawasan*
  area

- *wilayah*
  district

- *zaman*
  era, time period

- *sifat*
  quality, attribute, characteristic

- *ciri*
  characteristic

- *unsur*
  element

- *rincian*
  item, detail

- *aspek*
  aspect

- *Dari segi ___*
  From the aspect of ___

TULISAN 3 • *Writing 3*

✍ *Dari sudut pandangan ___*

From the viewpoint of ___

✍ *fakta*
fact

✍ *faktor*
factor

Jenis ___ (yang) utama ialah ___
The main kinds of ___ are ___

Jenis ___ (yang) asas ialah ___
The basic kinds of ___ are ___

Punca ___ yang kedua ialah ___
A secondary source of ___ is ___

Punca-punca ___ yang <u>seterusnya / berikutnya</u> ialah ___
Subsequent sources of ___ are ___

Faktor yang pertama mengenai ___ ialah ___
The primary factor concerning ___ is ___

Faktor-faktor yang penting mengenai ___ ialah ___
The important factors concerning ___ are ___

Daerah ___ yang kurang penting ialah ___
The minor / insignificant / unimportant regions of ___ are ___

Golongan ___ yang <u>sama / serupa</u> terdapat di ___
Similar groups of ___ are found in ___

Golongan ___ yang tidak <u>sama / serupa</u> terdapat di ___
Dissimilar groups of ___ are found in ___

Dari <u>sudut pandang / pokok pandangan</u>
From the viewpoint of ___

fakta
fact

faktor
factor

Jenis ___ (yang) utama ialah ___
The main kinds of ___ are ___

Jenis ___ (yang) dasar ialah ___
The basic kinds of ___ are ___

Sumber ___ yang kedua ialah ___
A secondary source of ___ is ___

Sumber-sumber ___ yang <u>seterusnya / berikutnya</u> ialah ___
Subsequent sources of ___ are ___

Faktor yang utama mengenai ___ ialah ___
The primary factor concerning ___ is ___

Faktor-faktor yang penting mengenai ___ ialah ___
The important factors concerning ___ are ___

Daerah ___ yang kurang penting ialah ___
The minor / insignificant / unimportant regions of ___ are ___

Golongan / Kelompok ... yang <u>sama / serupa</u> terdapat di ___
Similar groups of ___ are found in ___

Golongan / Kelompok ___ yang tidak <u>sama / serupa</u> terdapat di ___
Dissimilar groups of ___ are found in ___

Classification

Sifat-sifat bertentangan boleh didapati di antara ___
Opposite / contradictory characteristics can be found among ___

Sifat-sifat yang berlainan boleh didapati di ___
Contrasting / Differing qualities can be found in ___

___ *boleh dibahagikan kepada tiga golongan menurut ___. Di golongan yang pertama terdapat ___*
___ can be divided into three groups according to ___ . In the first group are found ___

Jika kita teliti / perhatikan ___, kita dapati tiga jenis yang jelas. Ketiga-tiga jenis ini ialah ___
If we examine / observe ___, we find three types which are distinct. These three types are ___

___ *terdiri daripada / termasuk ke dalam tiga kumpulan menurut ___. Kumpulan-kumpulan ini ialah ___*
___ consists of / falls into three groups with respect to ___ . These groups are ___

___ *boleh digolongkan ke dalam dua kategori. Kategori yang pertama termasuk ___*
___ can be grouped into two categories. The first category includes ___

___ *boleh dikelaskan menurut ___*
___ can be classified according to ___

___ *boleh dipisahkan dari segi ___*
___ can be divided from the aspect of ___

Sifat-sifat bertentangan bisa didapati di antara ___
Opposite / contradictory characteristics can be found among ___

Sifat-sifat yang berbeda bisa ditemui di ___
Contrasting / Differing qualities can be found in ___

___ *bisa dibagi menjadi tiga kelompok sesuai dengan ___. Di kelompok pertama terdapat ___*
___ can be divided into three groups according to ___ . In the first group are found ___

Jika kita teliti / perhatikan ___, kita dapati tiga jenis yang jelas berbeda / kentara . Ketiga jenis ini ialah ___
If we examine / observe ___, we find three types which are distinct. These three types are ___

___ *terdiri dari / termasuk ke dalam tiga kelompok sesuai dengan ___. Kelompok-kelompok ini ialah ___*
___ consists of / falls into three groups with respect to ___ . These groups are ___

___ *bisa dikelompokkan ke dalam dua kategori. Kategori yang pertama termasuk ___*
___ can be grouped into two categories. The first category includes ___

___ *bisa diklasifikasikan menurut ___*
___ can be classified according to ___

___ *bisa dipisahkan dari segi ___*
___ can be divided from the aspect of ___

TULISAN 3 • *Writing 3*

___ boleh digolongkan bergantung kepada ___
___ can be classified depending upon ___

___ termasuk dalam tiga kategori berdasarkan ___
___ fall into three categories based upon ___

___ tergolong dalam lima kumpulan.
___ are classified in five groups.

Golongan utama ___ wujud di ___ . Golongan-golongan ini adalah ___.
The major classes of ___ are present in ___. These classes are ___

(Pada) umumnya, ___ boleh dibahagikan dalam empat golongan yang utama menurut ___ .
In general / Generally speaking, ___ can be divided into four main groups according to ___

Jika seseorang memperhatikan ___, dua aspek boleh dikenali. Yang pertama ___
If one observes ___, two aspects can be recognised. The first is ___

Cara-cara yang jelas dikenali dalam membuat ___ ialah ___ .
The methods which are clearly recognisable in the making of ___ are ___

___ bisa dikelompokkan tergantung pada ___
___ can be classified depending upon ___

___ termasuk dalam tiga kategori berdasarkan ___
___ fall into three categories based upon ___

___ tergolong dalam lima kelompok.
___ are classified in five groups.

Kelompok utama ___ terwujud di ___ . Kelompok-kelompok ini adalah ___.
The major classes of ___ are present in ___. These classes are ___

(Pada) umumnya, ___ bisa dibagi menjadi empat kelompok utama sesuai dengan ___
In general / Generally speaking, ___ can be divided into four main groups according to ___

Jika seseorang memperhatikan ___, dua aspek bisa dikenali. Yang pertama ___
If one observes ___, two aspects can be recognised. The first is ___

Cara-cara yang bisa dilihat dalam pembuatan ___ ialah ___ .
The methods which are clearly recognisable in the making of ___ are ___

LATIHAN 3.1

Tulis sebuah perenggan menurut golongan butir-butir yang disediakan di bawah. Tulis ayat pengenalan yang sesuai.

Tulis satu paragraf sesuai dengan kelompok rincian yang disediakan di bawah. Tulis kalimat pembukaan yang tepat.

Write a paragraph in accordance with the following classification. Write an appropriate topic sentence.

Polio berjangkit melalui pencemaran dalam makanan

Tanda-tanda penyakit polio

1. Ada dua peringkat:

    Pra-paralitik
    Paralitik

2. Peringkat pra-paralitik ada dua fasa:

    2.1 Fasa 1

    sakit kepala
    demam panas
    keletihan
    mengantuk
    berpeluh
    muntah-muntah
    cirit-cirit

    2.2 Fasa 2

    sakit kepala menjadi lebih kuat
    matanya silau kepada cahaya
    otot-otot dan tulang belakang merasa sakit

3. Peringkat paralitik:

    pergerakan di permukaan otot-otot
    otot merasa sengal-sengal
    kelumpuhan otot-otot

[Utusan Malaysia 301291]

TULISAN 3 • *Writing 3*

LATIHAN 3.2

Golongkan butir-butir yang disediakan di bawah dan tulis sebuah perenggan menurut golongan itu. Tulis ayat pengenalan yang sesuai. Ayat ini hendaklah mengatakan dasar penggolongan yang dipilih.

Kelompokkan rincian yang disediakan di bawah dan tulis satu paragraf sesuai dengan klasifikasi itu. Tulis kalimat pembukaan yang tepat. Kalimat ini harus mengungkapkan dasar penggolongan yang dipilih.

Classify the following information and write a paragraph in accordance with this classification. Write an appropriate topic sentence. This sentence should mention the basis for the classification you choose.

Program TV: Malaysia		Program TV: Indonesia	
6:00	berita pagi	05:30	kuliah subuh (agama)
6:30	motivasi senaman	08:00	lembar wanita
7:30	isu semasa	08:30	nuansa musik
9:00	ringgit anda	09:30	dapur kita (masakan)
10:00	kuali (masakan)	12:30	kesenian tradisional
2:30	tayangan gambar Cina	17:00	berita sore
4:30	sukan perdana	17:30	film seri anak
6:30	siri drama	20:05	drama Selasa
7:30	siri komedi	23:30	lensa olah raga
8:30	global talk show	02:00	MTV unplugged

LATIHAN 3.3

Tulis sebuah perenggan menurut penggolongan yang diberikan di bawah. Tulis ayat pengenalan yang sesuai.

Tulis satu paragraf sesuai dengan pengelompokan yang diberikan di bawah. Tulis kalimat pembukaan yang tepat.

Write a paragraph in accordance with the classification given below. Write an appropriate topic sentence.

Bidang studi menentukan masa depan?

Bidang studi di Perguruan Tinggi

1. Ada dua jenis kelompok

    Bidang studi terapan
    Bidang studi ilmu ilmiah dasar

2. Bidang studi terapan termasuk dua bidang

    2.1 Bidang profesi

    ekonomi jurusan akuntansi
    psikologi
    kedokteran
    teknik arsitektur
    hukum

    2.2 Bidang non-profesi

    ekonomi jurusan studi pembangunan dan manajemen
    sosial politik
    sastra
    pertanian

3. Bidang studi ilmu ilmiah dasar

    matematika
    ilmu pasti alam
    biologi
    filsafat

[Surabaya Post 12691]

LATIHAN 3.4

Tulis sebuah perenggan di mana kamu golongkan mata wang dunia tertentu dan masing-masing negara yang menggunakannya. Mata wang tersebut diberikan menurut satu contoh golongan, iaitu susunan abjad. Kamu hendaklah memilih golongan lain, misalnya menurut tempat di mana ia digunakan, perkembangan bersejarah, jenis mata wangnya atau golongan lain berkenaan. Tulis ayat pengenalan yang sesuai.

Tulis satu paragraf di mana Anda mengelompokkan mata uang dunia tertentu dan masing-masing negara yang menggunakannya. Mata uang tersebut diberikan menurut satu contoh kelompok, yaitu urutan abjad. Anda harus memilih golongan lain, misalnya menurut tempat geografis, perkembangan bersejarah, tipe mata uang sendiri atau kelompok lainnya yang sesuai. Tulis kalimat pembukaan yang tepat.

Write a paragraph in which you classify specific world currencies and the respective countries that use them. The currencies are presented in one type of classification, that is by alphabetical order. You choose another. Consider classification by geographical area, historical development, by the type of currency itself or any other relevant classification. Write an appropriate topic sentence.

Mata wang dunia ᴹ / Mata uang dunia ᴵ

1.	Argentina		peso
2.	Australia		dollar
3.	Bahrain		dinar
4.	Belgium	*[Belgium ᴹ / Belgia ᴵ]*	euro
5.	Canada	*[Kanada]*	dollar
6.	Chile		peso
7.	Cyprus	*[Cyprus ᴹ / Siprus ᴵ]*	pound
8.	Denmark		krone
9.	Egypt	*[Mesir]*	pound
10.	France	*[Perancis ᴹ / Prancis ᴵ]*	euro
11.	French Polynesia		franc
12.	Germany	*[Jerman]*	euro
13.	Hong Kong		dollar
14.	Iceland	*[Iceland ᴹ / Eslandia ᴵ]*	krona
15.	India		rupee
16.	Indonesia		rupiah
17.	Ireland	*[Ireland ᴹ / Irlandia ᴵ]*	euro
18.	Italy	*[Itali ᴹ / Italia ᴵ]*	euro
19.	Jordan	*[Jordan ᴹ / Yordania ᴵ]*	dinar
20.	Lebanon	*[Lubnan ᴹ / Libanon ᴵ]*	pound
21.	Libya	*[Libya ᴹ / Libia ᴵ]*	dinar
22.	Madagascar		franc
23.	Mauritius		rupee
24.	Mexico	*[Mexico ᴹ / Meksio ᴵ]*	peso
25.	Nepal		rupee
26.	Netherlands	*[Belanda]*	euro
27.	New Zealand	*[New Zealand ᴹ / Selandia Baru ᴵ]*	dollar
28.	New Caledonia	*[New Caledonia ᴹ / Kaledonia Baru ᴵ]*	franc
29.	Norway	*[Norway ᴹ/ Norwegia]*	krone
30.	Pakistan		rupee
31.	Philippines	*[Filipina]*	peso
32.	Rwanda		franc
33.	Singapore	*[Singapura]*	dollar
34.	Spain	*[Sepanyol ᴹ / Spanyol ᴵ]*	euro
35.	Sri Lanka		rupee
36.	Sweden	*[Sweden ᴹ / Swedia ᴵ]*	krona
37.	Switzerland	*[Switzerland ᴹ / Swiss ᴵ]*	franc
38.	Tunisia		dinar
39.	United Kingdom	*[England ᴹ/ Inggris ᴵ]*	pound
40.	USA	*[Amerika Syarikat ᴹ/ Amerika Serikat ᴵ]*	dollar

TULISAN 3 • *Writing 3*

LATIHAN 3.5

Di bawah ini diberikan ayat pembukaan 14 makalah dari surat khabar *Republika*. Tulis sebuah perenggan di mana kamu golongkan makalah-makalah itu dengan meletakkannya dalam kategori yang sesuai. Secara ringkas nyatakan mengapa kategori itulah yang dipilih. Beberapa kategori dianjurkan. Tulis ayat pengenalan yang sesuai.

Di bawah ini diberikan kalimat pembukaan 14 artikel dari koran *Republika*. Tulis satu paragraf di mana Anda menggolongkan artikel-artikel itu dengan menempatkannya dalam kategori yang sesuai. Secara ringkas sebutkan mengapa kategori itu yang dipilih. Beberapa kategori disarankan. Tulis kalimat pembukaan yang tepat.

Below you are given the opening sentences of 14 articles from the Republika newspaper. Write a paragraph in which you classify these articles, placing each into an appropriate category. Briefly indicate why you have chosen the classification you have. Suggested categories are given. Introduce your paragraph with an appropriate topic sentence.

Republika						
Hukum	Nasional	Ekonomi	Luar negeri	Hiburan	Olah raga	Elektronika

1. **Ditemukan Satu Kg Kokain di Pesawat**
   JAKARTA-- Sebanyak 84 kapsul berisi kokain dengan berat total satu kilogram ditemukan di bawah bangku pesawat KLM 809 dari Amsterdam tujuan Jakarta.
   [Sabtu, 14 Mei 2005]

2. **Di Moskow, Mereka Mengenang Perang**
   Di ibu kota Rusia itu, sekitar 50 pemimpin dunia berkumpul dan mengenang kemenangan dunia atas tentara pimpinan Adolf Hitler, Nazi, tepat 60 tahun silam.
   [Selasa, 10 Mei 2005]

3. **'Barca Belum Juara'**
   MADRID -- Sergio Garcia, *striker* Barcelona yang musim ini dipinjamkan ke Levante, mungkin memendam segudang kecewa karena tidak bisa tampil saat kedua tim bertemu di Ciudad de Valencia, markas Levante. *[Sabtu, 14 Mei 2005]*

4. **Banjir di Palembang Semakin Luas**
   PALEMBANG -- Banjir yang melanda kota Palembang di sepanjang daerah aliran Sungai Musi semakin meluas, menggenangi ratusan rumah di beberapa kelurahan dengan ketinggian sampai 1,5 meter. *[Rabu, 06 April 2005]*

5. **Pemerintah Terbitkan Dua Seri SUN**
   JAKARTA -- Pemerintah akan menerbitkan dua seri surat utang negara (SUN) pada lelang yang akan dilakukan 17 Mei mendatang. *[Rabu, 11 Mei 2005]*

6. **RI dan Australia Bahas Definisi Nelayan Tradisional**
   BRISBANE -- Definisi tentang nelayan tradisional sedang dibahas kelompok kerja Indonesia dan Australia. Kesepakatan ini penting untuk mengantisipasi pelanggaran wilayah para penangkap ikan. *[Senin, 09 Mei 2005]*

7. **The Interpreter: Thriller Politik di Gedung Megah**
   Film ini juga menampilkan keindahan dan kecanggihan gedung PBB di New York, AS. Untuk memakai gedung PBB yang berpusat di New York City, Amerika Serikat, sebagai lokasi pembuatan film ternyata tidak mudah. *[Minggu, 08 Mei 2005]*

8. **Home Theatre Nirkabel**
   Panasonic meluncurkan tiga home theatre nirkabel. Model SC-HT730, SC-HT830V dan SC-HT930, dirancang sebagai *interface* bagi speaker nirkabel model SH-FX50.
   [Sabtu, 07 Mei 2005]

9. **Rossi akan Hijrah ke Formula 1**
   LE MANS -- Sukses menjadi juara dunia MotoGP empat kali dan masing-masing sekali pada kelas 250 CC dan kelas 125 CC, tampaknya membuat Valentino Rossi percaya diri untuk hijrah sebagai pembalap Formula 1 mulai tahun 2007.
   [Sabtu, 14 Mei 2005]

10. **Jamin Transparansi Melalui Portal e-Aceh**
    JAKARTA -- Untuk menjamin transparansi dan koordinasi yang efektif dalam proses rehabilitasi dan rekonstruksi wilayah Nanggroe Aceh Darussalam (NAD) dan Nias Sumatera Utara, pemerintah dengan dukungan komunitas donor internasional, telah meluncurkan portal e-Aceh.org. *[Selasa, 10 Mei 2005]*

11. **Ketua MA Pimpin Majelis Hakim PK Tommy**
    JAKARTA---Mahkamah Agung (MA) memutuskan untuk merombak majelis hakim yang menangani peninjauan kembali (PK) permohonan terpidana Hutomo Mandala Putra alias Tommy Soeharto dalam kasus pembunuhan Hakim Agung Syafiuddin Kartasasmita. *[Sabtu, 14 Mei 2005]*

12. **Akhirnya Setelah Sempat Tertunda Konser Boyz II Men**
    Selama 1,5 jam, ketiga personel kelompok vokal ini akan membawakan 15 lagu dengan *minus one*. Lagu-lagu *a capella* mereka begitu mencorong.
    [Minggu, 01 Mei 2005]

13. **Banjir Televisi LCD**
    Penetrasi televisi LCD di Indonesia terus meningkat. Semua segmen kini dimasuki produsen. Pangsa pasar televisi *liquid crystal display* (LCD) berlayar lebar di Indonesia, rupanya cukup besar. *[Sabtu, 30 April 2005]*

14. **Sumatec Akuisisi Petro Jaya**
    KUALA LUMPUR -- Sumatec Resources Bhd memasuki bisnis pengembangan lapangan gas dan minyak marjinal melalui anak perusahaan yang dimiliki sepenuhnya, Sumatec Petroleum Development Sdn Bhd. *[Kamis, 11 Mei 2005]*

TULISAN 3 • *Writing 3*

LATIHAN 3.6

Di bawah ini diberikan 36 perkataan yang dipinjam bahasa Melayu dari enam bahasa yang berlainan. Tulis sebuah perenggan yang menggolongkan perkataan itu dalam kumpulan yang sesuai. Tulis ayat pengenalan yang tepat.

Di bawah ini diberikan 36 kata-kata yang dipinjam bahasa Melayu dari enam bahasa yang berbeda. Tulis satu paragraf yang menggolongkan kata-kata itu dalam kelompok yang sesuai. Tulis kalimat pembukaan yang tepat.

Below you are given 36 words which have been borrowed into Malay from six different languages. Write a paragraph in which you classify these words into relevant groups. Introduce your paragraph with an appropriate topic sentence.

Perkataan Pinjaman [M] / Kata-kata Pinjaman [I]

1. bank	[Inggeris [M] / Inggris [I]]	
2. bas	[Inggeris [M] / Inggris [I]]	
3. beca	[Cina]	
4. berus	[Inggeris [M] / Inggris [I]]	
5. botol	[Inggeris [M] / Inggris [I]]	
6. camca	[Cina]	
7. cap	[Cina]	
8. cerut	[Tamil]	
9. dunia	[Arab]	
10. emas	[Sanskerta]	
11. gelas	[Inggeris [M] / Inggris [I]]	
12. gincu	[Cina]	
13. gula	[Sanskerta]	
14. guru	[Sanskerta]	
15. had	[Arab]	
16. hasil	[Arab]	
17. ilmu	[Arab]	
18. jendela	[Portugis]	
19. kapal	[Tamil]	
20. katil	[Tamil]	
21. kedai	[Tamil]	
22. kelas	[Inggeris [M] / Inggris [I]]	
23. kerja	[Sanskerta]	
24. kertas	[Arab]	
25. kerusi	[Arab]	
26. lampu	[Portugis]	
27. loceng	[Cina]	
28. meja	[Portugis]	
29. minggu	[Portugis]	
30. muka	[Sanskerta]	
31. nama	[Sanskerta]	
32. perisai	[Tamil]	
33. peti	[Tamil]	
34. sekolah	[Portugis]	
35. sepatu	[Portugis]	
36. taukeh	[Cina]	

LATIHAN 3.7

Di bawah in diberikan 15 kad dari permainan daun terup Jepun, *hanafuda*. Tulis sebuah perenggan di mana kamu golongkan kad ini dalam kumpulan yang sesuai. Nyatakan alasan mengapa kumpulan-kumpulan itulah yang dipilih. Tulis ayat pengenalan yang sesuai.

Di bawah ini diberikan 15 kartu dari permainan kartu Jepang, *hanafuda*. Tulis satu paragraf di mana Anda menggolongkan kartu ini dalam kelompok yang sesuai. Sebutkan alasannya mengapa kelompok-kelompok itu yang dipilih. Tulis kalimat pembukaan yang tepat.

Below you are given 15 cards from the Japanese flower card game, hanafuda. Write a paragraph in which you classify these cards into relevant groups. Indicate your reasons for choosing the groups you have decided on. Write an appropriate topic sentence.

TULISAN 3 • *Writing 3*

LATIHAN 3.8

Pilih dua daripada perkara-perkara di bawah ini dan tulis 2 DUA buah perenggan, setiap satu sepanjang 100 patah perkataan. Tulis ayat pengenalan yang sesuai. Beri tajuk yang sesuai untuk setiap perenggan ini. Pilih istilah yang berlainan dari daftar istilah penggolongan yang telah diberikan.

Pilih dua dari topik-topik di bawah ini dan tulis 2 DUA paragraf masing-masing panjangnya 100 kata. Tulis kalimat pembukaan yang tepat. Beri judul yang tepat untuk setiap paragraf ini. Pilih istilah yang berbeda dari daftar istilah penggolongan yang telah diberikan.

Choose two of the topics below and write 2 TWO paragraphs, each one 100 words long. Write an appropriate topic sentence. Give an appropriate title for each of these paragraphs. Choose a variety of terms from the list of classification terms given.

Golongkan:

1. Kaum-kaum atau daerah-daerah yang berlainan yang terdapat di sebuah negara.

2. Jenis-jenis restoran yang ada di sebuah bandar raya.

3. Jenis kursus pengajian di sebuah universiti.

4. Jenis-jenis pekerjaan, sukan, kegemaran, dll.

5. Cara-cara masak, makan, dll. yang terdapat di dunia ini.

6. Jenis-jenis perkakas atau alat-alat, pakaian, bahan bacaan, tumbuh-tumbuhan, sayur-sayuran, makanan, binatang, logam, dll.

7. Jenis-jenis negara, bandar, kerajaan, bahasa, musim, dll. yang terdapat di dunia masa ini.

8. Jenis-jenis pengangkutan, perhubungan, perumahan, dll.

Golongkan:

1. Kelompok-kelompok atau daerah-daerah yang berbeda yang terdapat di suatu negara.

2. Jenis-jenis restoran yang ada di suatu kota.

3. Jenis mata pelajaran di suatu universitas.

4. Jenis-jenis pekerjaan, olah raga, kegemaran, dll.

5. Cara-cara masak, makan, dll. yang terdapat di dunia ini.

6. Jenis-jenis perkakas atau alat-alat, pakaian, bahan bacaan, tumbuh-tumbuhan, sayur-sayuran, makanan, binatang, logam, dll.

7. Jenis-jenis negara, kota, pemerintahan, bahasa, musim, dll. yang terdapat di dunia waktu ini.

8. Jenis-jenis pengangkutan, perhubungan, perumahan, dll.

9. Kaedah-kaedah mengajar, memimpin sebuah kerajaan atau persatuan, menjalankan sebuah perniagaan, dll.

10. Punca-punca jenayah, kemiskinan, ketidakadilan, syak wasangka, perselisihan faham antara kaum-kaum yang berlainan, dll.

9. Metode mengajar, memimpin suatu pemerintahan atau persatuan, menjalankan suatu perniagaan, dll.

10. Sumber-sumber kejahatan, kemiskinan, ketidakadilan, syak wasangka, perselisihan paham antara kelompok-kelompok yang berlainan, dll.

CONTOH

Garis Kasar

Jenis-jenis kenderaan dan keistimewaannya

Kenderaan boleh dibahagikan kepada tiga golongan menurut tempat di mana ia berjalan, tenaga yang digunakan, dan keistimewaan kenderaan bersangkutan.

1. Tiga golongan yang utama ialah

1.1 Kenderaan udara
1.2 Kenderaan darat
1.3 Kenderaan air

2. Kenderaan udara

2.1 Yang menggunakan tenaga enjin

2.1.1 Kapal terbang
2.1.2 Roket

2.2 Yang menggunakan tenaga angin

2.2.1 Belon
2.2.2 Pesawat peluncur

2.3 Keistimewaan

2.3.1 mahal
2.3.1 cepat

Garis Besar

Jenis-jenis kendaraan dan keistimewaannya

Kendaraan bisa dibagi menjadi tiga kelompok sesuai dengan tempat di mana ia berjalan, tenaga yang digunakan, dan keistimewaan kendaraan bersangkutan.

1. Tiga kelompok yang utama ialah

1.1 Kendaraan udara
1.2 Kendaraan darat
1.3 Kendaraan air

2. Kendaraan udara

2.1 Yang menggunakan tenaga mesin

2.1.1 Pesawat terbang
2.1.2 Roket

2.2 Yang menggunakan tenaga angin

2.2.1 Balon
2.2.2 Pesawat peluncur

2.3 Keistimewaan

2.3.1 mahal
2.3.1 cepat

3. Kenderaan darat

3.1 Yang menggunakan tenaga enjin

3.1.1 Kereta
3.1.2 Lori

3.2 Yang menggunakan tenaga orang: basikal

3.3 Keistimewaan

3.3.1 murah
3.3.2 biasa didapati

4. Kenderaan air

4.1 Yang menggunakan tenaga enjin: kapal laut
4.2 Yang menggunakan tenaga angin: kapal layar

4.3 Keistimewaan

4.3.1 murah
4.3.2 berjalan jauh

3. Kendaraan darat

3.1 Yang menggunakan tenaga mesin

3.1.1 Mobil
3.1.2 Truk

3.2 Yang menggunakan tenaga orang: sepeda

3.3 Keistimewaan

3.3.1 murah
3.3.2 biasa didapati

4. Kendaraan air

4.1 Yang menggunakan tenaga mesin: kapal laut
4.2 Yang menggunakan tenaga angin: kapal layar

4.3 Keistimewaan

4.3.1 murah
4.3.2 berjalan jauh

TULISAN 3 • Writing 3

Perenggan:

Jenis-jenis Kenderaan dan Keistimewaannya

Kenderaan boleh dibahagikan kepada tiga golongan menurut tempat di mana ia berjalan, iaitu di udara, darat, atau air; tenaga yang digunakan, dan keistimewaan kenderaan bersangkutan. Di golongan yang pertama, kenderaan udara, terdapat dua jenis kenderaan yang menggunakan tenaga enjin, kapal terbang dan roket, dan dua pula yang menggunakan tenaga angin, belon dan pesawat peluncur. Kenderaan seperti kapal terbang, walau pun mahal, boleh digunakan apabila hendak sampai dengan cepat. Di golongan yang kedua, kereta dan lori menggunakan tenaga enjin, dan basikal tenaga orang. Kenderaan ini, walau pun lambat, murah dan senang didapati. Di golongan kenderaan air, kapal laut menggunakan tenaga enjin, dan kapal layar tenaga angin. Kenderaan ini walau pun lambat sampai, tetapi boleh digunakan apabila hendak berjalan jauh dengan perbelanjaan yang murah.

Paragraf:

Jenis-jenis Kendaraan dan Keistimewaannya

Kendaraan bisa dibagi menjadi tiga kelompok sesuai dengan tempat di mana ia berjalan, yaitu di udara, darat, atau air; tenaga yang digunakan, dan keistimewaan kendaraan bersangkutan. Pada kelompok pertama, kendaraan udara, terdapat dua jenis kendaraan yang menggunakan tenaga mesin, pesawat terbang dan roket, dan dua juga yang menggunakan tenaga angin, balon dan pesawat peluncur. Kendaraan seperti pesawat terbang, walau pun mahal, bisa digunakan jika ingin sampai lebih cepat. Pada kelompok kedua, mobil dan truk menggunakan tenaga mesin, dan sepeda tenaga orang. Kendaraan ini, walau pun lambat, murah dan mudah didapati. Di kelompok kendaraan air, kapal laut menggunakan tenaga mesin, dan kapal layar tenaga angin. Kendaraan ini walau pun lebih lambat sampai, tetapi bisa digunakan jika ingin berjalan jauh dengan ongkos yang murah.

TULISAN 4

PERSAMAAN DAN PERBEZAAN ᴹ / PERSAMAAN DAN PERBEDAAN ᴵ
Comparison and Contrast

When we compare or contrast items, we make statements of similarity or difference. These statements, as with statements of classification, may be based on the way things function, the way they look, their use, where they are found, etc. It is important to remember that when you compare and contrast, you make parallel statements; that is, you make similar statements about the items under discussion. You compare colours with colours, size with size, the policies of one government leader with the policies of another. You don't compare sizes with colours, or locations with use, or policies with personal beliefs.

ISTILAH

☆ ___ *sama / serupa* dengan ___
___ is like, similar to ___

☆ ___ tidak *sama / serupa* dengan ___
___ is unlike, dissimilar to ___

☆ ___ *sama* dengan ___
___ corresponds to / is like / is similar to / is the same as ___

☆ ___ *adalah sama.*
___ are similar / are alike / are the same.

☆ ___ *seakan-akan / hampir* sama dengan ___
___ is almost exactly like ___

___ *dan* ___ *mempunyai sifat-sifat yang sama.*
___ and ___ have characteristics in common.

___ *sama / serupa* dengan ___
___ is like, similar to ___

___ tidak *sama / serupa* dengan ___
___ is unlike, dissimilar to ___

___ *sama* dengan ___
___ corresponds to / is like / is similar to / is the same as ___

___ *adalah sama.*
___ are similar / are alike / are the same.

___ *seakan-akan / hampir* sama dengan ___
___ is almost exactly like ___

___ *dan* ___ *mempunyai sifat-sifat yang sama.*
___ and ___ have characteristics in common.

TULISAN 4 • Writing 4

★ ___ *menyerupai* ___
___ resembles / bears a resemblance to ___

★ *persamaan*
similarity

★ *perbezaan*
difference

★ *Ada persamaan di antara ___ dan ___ .
   Persamaan yang utama ialah ___ .*
There are similarities between ___ and ___ . The main similarity is ___ .

★ *Ada persamaan dan perbezaan di antara ___ . dan ___*
There are similarities and differences between ___ and ___

Terdapat perbezaan seperti ___
We find differences such as ___

★ *___ berbeza dari ___*
___ is different / differs from ___

Berbeza dengan ___, terdapat ___
In contrast to ___, (we) find ___

___ dan ___ berbeza dalam tiga cara yang utama. Perbezaan yang pertama ialah ___
___ and ___ are different/differ in three main ways. The first difference is ___

___ dan ___ berbeza dari segi ___
___ and ___ are different from the aspect of ___

___ dan ___ berbeza dalam aspek-aspek yang berikut.
___ and ___ differ in the following aspects.

___

★ ___ *menyerupai* ___
___ resembles / bears a resemblance to ___

persamaan
similarity

perbedaan
difference

*Ada persamaan di antara ___ dan ___ .
Persamaan yang utama ialah ___ .*
There are similarities between ___ and ___ . The main similarity is ___ .

Ada persamaan dan perbedaan di antara ___ dan ___
There are similarities and differences between ___ and ___

Terdapat perbedaan seperti ___
We find differences such as ___

___ berbeda dengan ___
___ is different / differs from ___

Berbeda dengan ___, terdapat ___
In contrast to ___, (we) find ___

___ dan ___ berbeda dalam tiga hal pokok. Perbedaan pertama ialah ___
___ and ___ are different/differ in three main ways. The first difference is ___

___ dan ___ berbeda dari segi ___
___ and ___ are different from the aspect of ___

___ dan ___ berbeda dalam aspek-aspek yang berikut.
___ and ___ differ in the following aspects.

Comparison and Contrast

___ *memang / sungguh* berbeza dari ___   ___ *memang / sungguh* berbeda dengan ___

___ is indeed different from ___   ___ is indeed different from ___

Perbezaan yang paling jelas di antara ___ dan ___ ialah ___ .
The most noticeable difference between ___ and ___ is ___

Perbedaan yang paling kelihatan di antara ___ dan ___ ialah ___ .
The most noticeable difference between ___ and ___ is ___

Perbezaan ___ di antara ___ membuat / menjadikan ___
The difference in ___ among ___ makes ___

Perbedaan ___ di antara ___ membuat / menjadikan ___
The difference in ___ among ___ makes ___

Perbezaan di antara ___ dan ___ boleh diterangkan dengan ___ .
The difference between ___ and ___ can be explained by ___

Perbedaan di antara ___ dan ___ bisa dijelaskan dengan ___ .
The difference between ___ and ___ can be explained by ___

Walau pun ___ dan ___ nampaknya serupa, tetapi kedua-duanya pada dasarnya memang berbeza.
Although ___ and ___ appear similar, the two are indeed essentially different.

Walau pun ___ dan ___ tampaknya serupa, tetapi keduanya pada dasarnya memang berbeda.
Although ___ and ___ appear similar, the two are indeed essentially different.

Bezanya ___ dan ___ dapat dibincangkan dari segi ___
The differences between ___ and ___ can be discussed from the viewpoint of ___

Bedanya ___ dan ___ bisa dibahaskan dari segi ___
The differences between ___ and ___ can be discussed from the viewpoint of ___

Berbanding dengan ___, ___ mempunyai ___
Compared to ___, ___ possess ___

Berbanding dengan ___, ___ mempunyai ___
Compared to ___, ___ possess ___

___ diperlukan sama banyak untuk ___ berbanding dengan ___
___ is just as essential for ___ compared to ___

___ diperlukan seperti pentingnya untuk ___ berbanding dengan ___
___ is just as essential for ___ compared to ___

___ tidak begitu diperlukan untuk ___ dibandingkan dengan ___
___ is not as essential for ___ as / compared to ___

___ tidak begitu diperlukan untuk ___ dibandingkan dengan ___
___ is not as essential for ___ as / compared to ___

63

TULISAN 4 • Writing 4

Kalau kita bandingkan ___ dan ___, kita dapati ___
If we compare ___ and ___, we find ___

Fakta yang lebih ketara mengenai ___ jika dibandingkan dengan ___ ialah ___ tidak berkaitan / tidak ada kaitan dengan ___.
The most outstanding fact about ___ when compared to ___ is that ___ is unrelated to ___.

☆ ___ *(adalah) berlainan.*
___ differ.

☆ ___ *(adalah) berkaitan.*
___ are related.

___ *dan ___ adalah tidak berkaitan pada dasarnya.*
___ and ___ are essentially unrelated.

___ *dan ___ serupa / berlainan pada dasarnya.*
___ and ___ are basically similar / are basically different.

___ *(adalah) berlawanan / bertentangan.*
___ are in opposition.

___ *(adalah) selaras dengan ___*
___ is in accordance with ___

☆ ___ *lebih ___ dari ___*
___ is greater than ___

☆ ___ *kurang ___ dari ___*
___ is less than ___

☆ ___ *sama ___ dengan ___*
___ is the same ___ as ___

___ *mempunyai peratusan ___ yang lebih besar / kecil dari ___*
___ has a greater / lesser percentage of ___ than ___

Kalau kita bandingkan ___ dan ___, kita dapati ___
If we compare ___ and ___, we find ___

Fakta yang jelas berbeda mengenai ___ jika dibandingkan dengan ___ ialah ___ tidak berkaitan / tidak ada kaitan dengan ___ .
The most outstanding fact about ___ when compared to ___ is that ___ is unrelated to ___.

___ *(adalah) berlainan.*
___ differ.

___ *(adalah) berkaitan.*
___ are related.

___ *dan ___ adalah tidak berkaitan pada dasarnya.*
___ and ___ are essentially unrelated.

___ *dan ___ serupa / berlainan pada dasarnya.*
___ and ___ are basically similar / are basically different.

___ *(adalah) berlawanan / bertentangan.*
___ are in opposition.

___ *(adalah) selaras dengan ___*
___ is in accordance with ___

___ *lebih ___ dari ___*
___ is greater than ___

___ *kurang ___ dari ___*
___ is less than ___

___ *sama ___ dengan ___*
___ is the same ___ as ___

___ *mempunyai persentase ___ yang lebih besar / kecil dari ___*
___ has a greater / lesser percentage of ___ than ___

Comparison and Contrast

___ *pada kadar yang <u>sama / berlainan</u> dengan* ___
___ at the same / a different rate than ___

___ *sementara,* ___
___ whereas / while ___

Sebaliknya, ___
On the other hand / On the contrary / Otherwise ___

Di samping itu ___
Besides that / In addition to ___

Lagi pun, selain daripada ___
Furthermore, besides ___

Dalam hal yang lain, ___
With regard to another matter, ___

Dalam cara yang sama, ___
In the same manner, ___

Walau pun / Sungguh pun / Meski pun
Although ___ / Even though ___

Walau bagaimana pun / Meski pun demikian ___
Nevertheless / Still / However / Even so ___

___ *pada kadar yang <u>sama/ berlainan</u> dengan* ___
___ at the same / a different rate than ___

___ *sementara,* ___
___ whereas / while ___

Sebaliknya, ___
On the other hand / On the contrary / Otherwise ___

Di samping itu ___
Besides that / In addition to ___

Lagi pula, selain dari ___
Furthermore, besides ___

Dalam hal yang lain, ___
With regard to another matter, ___

Dalam bentuk yang sama, ___
In the same manner, ___

Walau pun / Sungguh pun / Meski pun
Although ___

Walau bagaimana pun / Meski pun demikian ___
Nevertheless / Still / However / Even so ___

65

TULISAN 4 • Writing 4

LATIHAN 4.1

Tulis sebuah perenggan di mana kamu bandingkan kelayakan jawatan Pengurus Pemasaran dan Pengurus Pengeluaran. Nyatakan persamaan dan perbezaan. Tulis ayat pengenalan yang sesuai.

Tulis satu paragraf di mana Anda bandingkan persyaratan jabatan Pengurus Pemasaran dan Pengurus Pengeluaran. Nyatakan persamaan dan perbedaannya. Tulis kalimat pembukaan yang tepat.

Write a paragraph in which you compare the qualifications for the job of Marketing Manager and Production Manager. State both similarities and differences. Write an appropriate topic sentence.

Sebuah kilang papan lapis mempunyai jawatan kosong

Pengurus Pemasaran	**Pengurus Pengeluaran**
Kelulusan yang diperlukan adalah Ijazah Sarjana Muda di dalam bidang Pentadbiran Perniagaan.	Kelulusan yang diperlukan adalah Ijazah di dalam bidang Perkayuan / Perhutanan.
10 tahun pengalaman.	10 tahun pengalaman
Pengalaman di dalam pemasaran tempatan dan luar negeri tidak kurang dari 15 tahun.	Pengalaman di dalam sektor pembuatan perkayuan tidak kurang dari 15 tahun.
Boleh bekerja secara sendiri.	Dapat mengatur program latihan ke atas pekerja-pekerja tempatan.
Berkebolehan mengurus dan mengendali hal-hal kemudahan bank berkaitan dengan kerja-kerja pemasaran tempatan dan luar negeri.	Dapat menggubah satu rancangan yang berkesan di dalam kerja-kerja pengeluaran perkayuan.

[Utusan Malaysia 230391]

LATIHAN 4.2

Dengan menggunakan data yang disediakan di bawah, bandingkan:

1. Harga jual dan beli AUD.
2. Harga jual dan beli DD/TT dan Bank Notes bagi USD.
3. Kadar pertukaran untuk beli Bank Notes EUR dan GBP.
4. Kadar pertukaran untuk jual Bank Notes AUD dan 100 JPY.
5. Harga beli DD/TT CHF dan AUD dengan harga beli DD/TT USD dan 100 JPY.

Using the data presented below, compare:

1. Harga jual dan beli AUD.
2. Harga jual dan beli DD/TT dan Bank Notes bagi USD.
3. Kurs untuk beli Bank Notes EUR dan GBP.
4. Kurs untuk jual Bank Notes AUD dan 100 JPY.
5. Harga beli DD/TT CHF dan AUD dengan harga beli DD/TT USD dan 100 JPY.

Kurs Valuta Asing BCA				
Mata Wang	**DD / TT** 13-Mei-2005 / 16:02:49 WIB		**Bank Notes** 13-Mei-2005 / 11:30:04 WIB	
	Jual	**Beli**	**Jual**	**Beli**
	Rupiah		Rupiah	
USD US Dollar	9500.00	9450.00	9510.00	9440.00
AUD Australian Dollar	7288.60	7211.60	7318.00	7189.00
SGD Singapore Dollar	5748.85	5701.85	5748.00	5678.00
EUR Eruo	12,047.56	11,956.56	12,063.00	11,935.00
GBP British Pound	17,690.60	17541.60	17,787.00	17,536.00
JPY Japanese Yen	89.22	88.05	89.03	87.93
CHF Swiss Franc	7804.05	7744.05	7815.00	7711.00

DD Demand Draft **TT** Telegraphic Transfer

TULISAN 4 • *Writing 4*

LATIHAN 4.3

Tulis sebuah perenggan di mana kamu bandingkan Perguruan Tinggi Negeri dengan Perguruan Tinggi Swasta. Nyatakan persamaan dan perbezaan. Tulis ayat pengenalan yang sesuai.

Tulis satu paragraf di mana Anda bandingkan Perguruan Tinggi Negeri dengan Perguruan Tinggi Swasta. Nyatakan persamaan dan perbedaannya. Tulis kalimat pembukaan yang tepat.

Write a paragraph in which you compare the National Institutions of Higher Learning with the Private Institutions of Higher Learning. State both similarities and differences. Write an appropriate topic sentence.

Bidang studi menentukan masa depan?

PTN Perguruan Tinggi Negeri	PTS Perguruan Tinggi Swasta
Rata-rata telah berdiri lebih dari 15 tahun	Umumnya baru berdiri pada lima tahun belakangan ini.
Pengembangan staf pengajar telah dijalankan sejak lama dengan bantuan dari pemerintah	Mulai mengirim staf pengajarnya untuk menambah pengetahuannya ke Perguruan Tinggi baik dalam negeri maupun luar negeri.
Masih mendapatkan subsidi dari pemerintah sehingga uang kuliahnya rendah.	Tidak ada subsidi dari pemerintah.
Status jurusannya jelas, sehingga masing-masing PTN mempunyai wewenang otonomi sendiri dari pemerintah.	Status jurusannya tidak secara otomatis dapat diperoleh. Akibatnya, status jurusan PTS tidak seragam. Ada yang terdaftar, diakui dan disamakan oleh pemerintah.
Menawarkan bidang studi yang luas.	Membatasi bidang studi yang dirasa paling banyak peminatnya.
Mutu pelajaran secara menyeluruh lebih tinggi.	Mutu pelajaran secara menyeluruh tidak begitu tinggi.
Lulusannya mudah mendapat pekerjaan.	Lulusannya lebih sulit mendapat pekerjaan.

[Surabaya Post 120691]

LATIHAN 4.4

Tulis sebuah perenggan di mana kamu bandingkan jumlah banduan di penjara Amerika Syarikat. Bandingkan itu dengan jumlah banduan di negara lain mahupun dengan jumlah yang dipenjarakan pada tahun-tahun sebelumnya. Bandingkan juga jumlah lelaki dan perempuan, dan jumlah banduan dari berbagai bangsa. Tulis ayat pengenalan yang sesuai.

Tulis satu paragraf di mana Anda membandingkan jumlah orang tahanan di penjara Amerika Serikat. Bandingkan itu dengan jumlah orang tahanan di negara lain dan jumlah yang dipenjarakan pada tahun-tahun sebelumnya. Bandingkan juga jumlah laki-laki dan wanita, dan jumlah orang tahanan dari berbagai bangsa. Tulis kalimat pembukaan yang tepat.

Write a paragraph in which you compare the number of prisoners in American prisons. Compare them to the number of prisoners in other countries and to the number incarcerated in previous years. Also compare the number of men to women and the numbers represented by different races. Write an appropriate topic sentence.

Banduan di Amerika terlalu ramai

1. Jumlah banduan di Amerika Syarikat (AS) mencapai paras tinggi baru tahun lalu, menjadikan 2.1 juta penduduk negara itu berada di dalam penjara.

2. Angka terbaru itu adalah selari dengan arah aliran yang dilihat untuk beberapa tahun lalu.

3. Terdapat pertumbuhan berterusan dalam jumlah banduan tetapi ia berlaku pada tahap yang lebih rendah berbanding 10 tahun lalu.

4. Perangkaan terbaru itu menunjukkan jumlah banduan di AS bertambah 2.3 peratus dalam tempoh 12 bulan, iaitu 726 bagi setiap 100,000 penduduk AS.

5. Kadar semasa mereka yang di penjara di Britain ialah 142 bagi setiap 100,000 penduduk, di China 118, di Perancis 91 dan di Jepun 58.

6. Jumlah banduan wanita di AS menunjukkan peningkatan 2.9 peratus manakala lelaki AS mempunyai peluang 11 kali lebih tinggi daripada wanita untuk berada dalam penjara.

7. Penduduk berkulit hitam merangkumi 12.6 peratus daripada banduan, Hispanics 3.6 dan orang putih 1.7 peratus.

[Berita Harian 260405]

LATIHAN 4.5

Tulis sebuah perenggan yang membandingkan gempa bumi yang berlaku di Jepun dan Mexico. Nyatakan kedua-dua persamaan dan perbezaan. Tulis ayat pengenalan yang sesuai.

Tulis satu paragraf yang membandingkan gempa bumi yang terjadi di Jepang dan Meksiko. Nyatakan baik persamaan maupun perbedaannya. Tulis kalimat pembukaan yang tepat.

Write a paragraph in which you compare the earthquakes which occurred in Japan and Mexico. State both similarities and differences. Write an appropriate topic sentence.

Gempa Bumi, Kobe

Gempa bumi paling dahsyat di Jepun: Lebih 1,700 terkorban

Agensi Meteorologi Jepun berkata, gempa bumi paling dahsyat melanda pada pukul 4.46 pagi waktu Malaysia.

Gempa bumi tersebut berukuran 7.2 pada skala Richter.

Beberapa jam selepas gempa pertama melanda, lebih 400 gegaran dirasakan.

Gempa tersebut menggegarkan seluruh bahagian tengah Pulau Honshu dari Laut Jepun ke Lautan Pasifik

Pusat gempa terletak kira-kira 20 kilometer di bawah paras laut di Pulau Awajishima yang terletak kira-kira 30 kilometer di luar pantai Kobe di Lautan Jepun.

Menurut angka korban terbaru yang diumumkan oleh Agensi Polis Kebangsaan, sejumlah 1,709 orang korban, 6,334 cedera dan 1,017 hilang.

Jurucakap polis berkata, lebih 3,000 bangunan runtuh di kawasan yang dilanda gempa bumi itu. Lebih kurang 30 kebakaran dilaporkan di Kobe sahaja.

Hubungan telefon dan komunikasi ke Kobe, bandar raya yang mempunyai 1.5 juta penduduk, terputus. Jalan-jalan raya dan landasan kereta api runtuh.

[Utusan Malaysia 180195]

Gempa bumi: Empat maut di Guerrero

Institut kaji gempa bumi negara Mexico menyatakan, gempa bumi melanda sekitar jam 10.04 malam waktu Malaysia.

Gema bumi tersebut berukuran 7.3 pada skala Richter.

Gempa pertama kemudian diikuti dengan sekurang-kurangnya lapan gegaran berukuran empat pada skala Richter.

Gegaran paling kuat melanda bandar di sepanjang pesisiran Pasifik di negeri Guerrero.

Gempa bumi itu berpusat di Pasifik, dekat Chilpancingo, negeri Guerrero, kira-kira 320 kilometer ke selatan Bandar Raya Mexico.

Empat orang terbunuh di wilayah Guerrero.

Di bandar Igualapa saja 137 rumah musnah dan 400 penduduk kehilangan kediaman mereka.

Di ibu negara, Bandar Raya Mexico, tempat tinggal sekurang-kurangnya 22 juta penduduk, bekalan elektrik terputus di beberapa daerah, melengahkan pengangkutan awam akibat kerosakan lampu isyarat.

[Berita Harian 160995]

TULISAN 4 • *Writing 4*

LATIHAN 4.6

Teliti ramalan bintang yang diberikan di bawah ini, kemudian tulis sebuah perenggan di mana kamu bandingkan persamaan dan perbezaannya. Mula-mula tuliskan tiga persamaan yang terdapat, dan kemudian tiga perbezaannya. Nyatakan bintang yang mana dibincangkan dan tulis ayat pengenalan yang sesuai.

Teliti ramalan bintang yang diberikan di bawah ini, kemudian tulis satu paragraf di mana Anda membandingkan persamaan dan perbedaannya. Pertama-tama tuliskan tiga persamaan yang ada, dan kemudian tiga perbedaannya. Sebutkan bintang mana yang dibicarakan dan tulis kalimat pembukaan yang tepat.

Examine the horoscopes below, then write a paragraph in which you compare the similarities and differences. First write about three similarities, and then write about three differences. Indicate which star signs you refer to and write an appropriate topic sentence.

Pisces

Gemini

Aries

Ramalan Bintang Minggu Ini

1. **Capricorn** (22 Desember - 19 Januari)
Tidak baik memaksakan kehendak. Untuk kebaikan Anda, coba lihat situasi dan kondisi yang ada. Asmara, perlu saling pengertian. Keuangan dalam keadaan baik. Kesehatan, perlu istirahat. Hari baik, Selasa. Angka bahagia 6-5.

2. **Aquarius** (20 Januari - 18 Februari)
Peruntungan kurang bagus. Seharusnya hal itu sebagai pemacu semangat agar lebih giat dan jangan sampai membuat kesalahan. Keuangan agak kritis. Kesehatan cukup baik. Hari baik, Kamis. Asmara, mulai tenang kembali. Angka bahagia 2-1.

3. **Pisces** (19 Februari - 20 Maret)
Minggu ini bisa ada problem yang mengganggu. Usaha cenderung agak seret. Yang penting jangan mengumbar emosi. Keuangan kurang stabil. Asmara, sebaiknya dengarkan nasihat orang tua. Hari baik, Rabu. Angka bahagia 7-2.

4. **Aries** (21 Maret - 19 April)
Rupanya jerih payah Anda mulai membuahkan hasil. Ada harapan banyak dan muncul peluang baru. Cobalah menepati janji. Keuangan cukup lancar. Asmara, cobalah melihat kenyataan dengan apa adanya. Hari baik, Senin. Angka bahagia 5-9.

5. **Taurus** (20 April - 20 Mei)
Usaha lancar, tapi Anda perlu hati-hati. Sebaiknya atur rencana Anda. Jangan sampai yang terjadi meleset di luar perkiraan. Keuangan longgar. Asmara, jangan ungkit masa lalu. Hari baik, Kamis. Angka bahagia 5-1.

6. **Gemini** (21 Mei - 21 Jun)
Minggu ini suasana hati sebetulnya baik, tapi bisa muncul kabar kurang menyenangkan. Hindari berselisih paham dengan siapa pun. Keuangan, banyak pemasukan. Asmara, sih dia mulai serius. Hari baik Senin. Angka bahagia 4-9.

7. **Cancer** (22 Juni -22 Juli)
Kalau mau lebih serius, maka usaha Anda akan jauh lebih bagus. Merasa sudah maksimal, jangan Anda bersikap santai. Keuangan, lebih baik. Hari baik Sabtu. Asmara perlu sikap saling pengeritan. Angka bahagia 6-5.

8. **Leo** (23 Juli - 22 Agustus)
Masalah yang Anda hadapi terletak pada diri Anda sendiri. Coba introspeksi diri. Perketat pengeluaran sehingga keuntungan bisa dihemat. Keuangan, harus hati-hati. Asmara jangan mundur, ia hanya menguji. Angka bahagia 4-6.

9. **Virgo** (23 September - 23 Oktober)
Hindari berpikiran negatif, lebih baik jadikan hari-hari Anda lebih ceria. Kalau menuruti emosi Anda akan rugi sendiri. Keuangan, ada pemasukan. Asmara, jangan emosional. Hari baik Selasa. Angka bahagia 1-4

10. **Libra** (23 September - 23 Oktober)
Masalah pekerjaan bisa membuat jenuh. Tapi mengeluh tidak akan menyelesaikan masalah. Cobalah untuk sabar jika menghadapi berbagai rintangan. Keuangan minggu ini membaik. Asmara tetap mantap. Hari baik Kamis. Angka bahagia 9-6.

11. **Scorpio** (24 Oktober - 21 November)
Usaha ada kemajuan. Tetapi harus diingat, apa yang didapat jangan cepat dihabiskan. Hal ini merusak peruntungan Anda. Keuangan tidak terlalu baik. Hari baik Rabu. Asmara, jangan cemburu saja. Angka bahagia 9-8.

12. **Sagittarius** (22 November - 21 Desember)
Saat sulit memang bisa terjadi. Yang penting Anda harus siap, apalagi minggu ini Anda akan merasakannya. Kondisi keuangan baik. Kesehatan cukup baik, hanya akan mudah lelah. Asmara, makin menggairahkan. Hari baik Senin. Angka bahagia 3-7.

[Jawa Pos 130305]

TULISAN 4 • *Writing 4*

LATIHAN 4.7

Pilih tiga dari planet yang disediakan di bawah dan tulis sebuah perenggan di mana kamu bincangkan persamaan dan perbezaannya. Rujuk kepada kedua-duanya data dan rupanya planet berkenaan. Tulis ayat pengenalan yang sesuai.

Pilih tiga dari planet yang diberikan di bawah dan tulis satu paragraf di mana Anda membicarakan persamaan dan perbedaannya. Perhatikanlah data dan rupa planet yang bersangkutan. Tulis kalimat pembukaan yang tepat.

Choose three of the planets presented below and write a paragraph in which you discuss their similarities and differences. Refer to both the data as well as the appearance of the planets. Write an appropriate topic sentence.

	Malay	**Indonesian**	*English*
a.	jaraknya dari matahari	jaraknya dari matahari	*distance from sun*
b.	garis pusat	garis tengah	*diameter*
c.	panjangnya satu tahun	panjangnya satu tahun	*length of year*
d.	peredaran	perputaran	*rotation*
e.	jumlah bulan	jumlah bulan	*number of moons*

Data

Comparison and Contrast

Utarid ^M / Merkurius ^I
Mercury

| **a.** 58 juta km | **c.** 88 hari | **e.** 0 |
| **b.** 4,800 km | **d.** 59 hari | |

Zuhrah ^M / Venus ^I
Venus

| **a.** 108 juta km | **c.** 225 hari | **e.** 0 |
| **b.** 12,100 km | **d.** 243 hari | |

Bumi
Earth

| **a.** 150 juta km | **c.** 365 hari | **e.** 1 |
| **b.** 12,700 km | **d.** 24 jam | |

Marikh ^M / Mars ^I
Mars

| **a.** 228 juta km | **c.** 687 hari | **e.** 2 |
| **b.** 6,800 km | **d.** 24 jam | |

Zuhal ^M / Saturnus ^I
Saturn

a. 1.4 bilion ^M / milyar ^I km

| **b.** 120,500 km | **d.** 11 jam |
| **c.** 30 tahun | **e.** 25 |

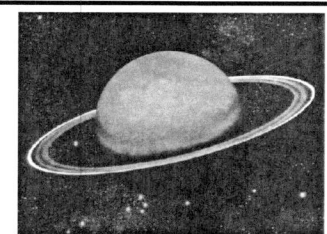

Uranus
Uranus

a. 2.9 bilion ^M / milyar ^I km

| **b.** 51,000 km | **d.** 17 jam |
| **c.** 84 tahun | **e.** 20 |

TULISAN 4 • Writing 4

LATIHAN 4.8

Pilih dua perkara di bawah ini dan tulis 2 DUA buah perenggan, setiap satu sepanjang 100 patah perkataan. Tulis ayat pengenalan dan beri tajuk yang sesuai. Golongkan butir-butir yang dinyatakan dalam bahagian-bahagian yang sesuai.

Pilih dua topik di bawah ini dan tulis 2 DUA paragraf masing-masing 100 kata. Tulis kalimat pembukaan dan beri judul yang tepat. Kelompokkan rincian yang dinyatakan dalam bagian-bagian yang sesuai.

Choose two topics below and write 2 TWO paragraphs, each one 100 words in length. Write an appropriate topic sentence and give an appropriate title. Classify the details you mention into relevant sections.

1. Bagaimana Universiti ___ berbeza dari Universiti ___ ?

2. Pilih dua negara, negeri, bandar, daerah atau benua. Apakah perbezaan dan / atau persamaan di antara kedua-duanya itu.

3. Pilih dua ahli politik, seni, muzik atau dua orang penyanyi, pelakon, pelukis, guru, dll. Dalam cara yang mana kedua orang itu berbeza?

4. Bandingkan dua jenis sukan, hobi atau pekerjaan. Bagaimana kedua-duanya berbeza?

5. Nyatakan dua jenis penyakit atau ubat dan bandingkan kedua-duanya dari segi persamaan dan perbezaan.

6. Pilih dua bahasa. Dari segi yang manakah kedua bahasa itu berbeza?

7. Teliti dua filem, tarian, pertunjukan muzik atau pertunjukan yang lain. Terangkan persamaan dan perbezaan kedua-duanya.

8. Bandingkan dua jenis buah, kayu, tanah, sayuran, dll. Apakah perbezaan dan / atau persamaan di antara kedua-duanya?

1. Apa perbedaan Universitas ___ dan Universitas ___ ?

2. Pilih dua negara, negara bagian, kota, daerah atau benua. Apakah perbedaan dan / atau persamaan di antara kedua-duanya itu.

3. Pilih dua politikus, ahli seni, musik atau dua orang penyanyi, bintang film, pelukis, guru dll. Dalam bentuk apa kedua orang itu berbeda?

4. Bandingkan dua jenis olah raga, hobi atau pekerjaan. Apa perbedaan antara kedua-duanya?

5. Nyatakan dua jenis penyakit atau obat dan bandingkan keduanya dari segi persamaan dan perbedaannya.

6. Pilih dua bahasa. Dari segi yang manakah kedua bahasa itu berbeda?

7. Amati dua film, tarian, pertunjukan musik atau pertunjukan yang lain. Jelaskan persamaan dan perbedaan keduanya.

8. Bandingkan dua jenis buah, kayu, tanah, sayuran, dll. Apakah perbedaan dan / atau persamaan di antara keduanya?

9. Pilih dua kaum yang terdapat di sebuah negara. Apakah perbezaan dan/atau persamaan di antara kedua kaum ini?	9. Pilih dua kelompok yang terdapat di suatu negara. Apakah perbedaan dan/atau persamaan kedua kelompok ini?
10. Pilih dua agama. Apa bezanya kedua agama itu?	10. Pilih dua agama. Apa beda kedua agama itu?
11. Perhatikan dua sistem pemerintahan (sosialisme, komunisme, demokrasi, dll.). Dalam cara apa kedua sistem ini berbeza?	11. Perhatikan dua sistem pemerintahan (sosialisme, komunisme, demokrasi, dll.). Dalam bentuk apa kedua sistem ini berbeda?
12. Apakah perbezaan yang paling jelas di antara dua jenis masakan, pakaian, atau tempat tinggal?	12. Apakah perbedaan yang paling jelas di antara dua jenis masakan, pakaian, atau tempat tinggal?
13. Teliti dua sistem perhubungan seperti e-mel dan mel biasa. Dalam cara apa kedua sistem itu berbeza?	13. Teliti dua sistem komunikasi seperti e-mel dan surat biasa. Dalam bentuk apa kedua sistem itu berbeda?
14. Bandingkan sistem menjana elektrik, contohnya, dengan menggunakan tenaga nuklear, angin atau hidro, atau membakar batu bara, gas alam atau minyak. Bagaimana sistem itu berbeza?	14. Bandingkan sistem pembangkit tenaga listrik, contohnya, penggunaan tenaga nuklir, angin atau hidro, atau pembakaran batu bara, gas alam atau minyak. Bagaimana sistem itu berbeda?
15. Menjaga orang tua di rumah sendiri atau di rumah tua uzur, apakah perbezaannya?	15. Mengasuh orang tua di rumah sendiri atau di rumah sakit orang tua lanjut usia, apakah perbedaannya?

TULISAN 4 • *Writing 4*

CONTOH

Garis Kasar

Perbezaan di antara Singapura dan Perth

Singapura dan Perth berbeza dalam empat cara yang utama: penduduk, cuaca, perdagangan, dan rupa.

1. Penduduk

1.1 Singapura

1.1.1   4.5 juta orang
1.1.2   Kebanyakan orang Cina

1.2 Perth

1.2.1   1.5 juta orang
1.2.2   Hampir semua penduduk keturunan Eropah

2. Cuaca

2.1 Singapura

2.1.1   Cuaca panas lembap sepanjang tahun
2.1.2   Terletak dekat khatulistiwa

2.2 Perth

2.2.1   Terdapat empat musim
2.2.2   Terletak kira-kira 32 darjah ke selatan khatulistiwa

3. Perdagangan

3.1 Singapura: Pusat perdagangan dan pelabuhan utama bagi seluruh Asia Tenggara
3.2 Perth: Pusat perdagangan dan pelabuhan bagi pantai barat Australia saja

Garis Besar

Perbedaan di antara Singapura dan Perth

Singapura dan Perth berbeda dalam empat hal yang utama: penduduk, cuaca, perdagangan, dan rupa.

1. Penduduk

1.1 Singapura

1.1.1   4.5 juta orang
1.1.2   Kebanyakan orang Cina

1.2 Perth

1.2.1   1.5 juta orang
1.2.2   Hampir semua penduduk keturunan Eropa

2. Cuaca

2.1 Singapura

2.1.1   Cuaca panas lembab sepanjang tahun
2.1.2   Terletak dekat khatulistiwa

2.2 Perth

2.2.1   Terdapat empat musim
2.2.2   Terletak kira-kira 32 derajah ke selatan khatulistiwa

3. Perdagangan

3.1 Singapura: Pusat perdagangan dan pelabuhan utama bagi seluruh Asia Tenggara
3.2 Perth: Pusat perdagangan dan pelabuhan bagi pantai barat Australia saja

4. Rupa	4. Rupa
4.1 Singapura	4.1 Singapura
4.1.1 Terdapat rumah pangsa di merata tempat	4.1.1 Terdapat apartemen di berbagai tempat
4.1.2 Pulau kecil dan tanahnya terhad dan mahal	4.1.2 Pulau kecil dan tanahnya terbatas dan mahal
4.2 Perth	4.2 Perth
4.2.1 Kebanyakan rumah persendirian	4.2.1 Kebanyakan rumah pribadi
4.2.2 Tanahnya luas dan murah	4.2.2 Tanahnya luas dan murah

Perenggan:

Perbezaan di antara Singapura dan Perth

Singapura dan Perth berbeza dalam empat cara yang utama: penduduk, cuaca, perdagangan, dan rupa. Penduduk Singapura memang berbeza dari penduduk Perth. Di Singapura terdapat empat juta setengah orang yang kebanyakannya orang Cina. Sebaliknya, hanya satu juta setengah orang tinggal di Perth dan hampir semuanya keturunan Eropah. Di samping itu, cuaca di Singapura dan Perth juga berlainan. Di Singapura terdapat cuaca panas lembab sepanjang tahun, tetapi di Perth terdapat empat musim. Perbezaan ini disebabkan oleh jauhnya kedua-dua bandar ini dari khatulistiwa. Dari segi perdagangan pula, Singapura dan Perth juga berbeza. Singapura ialah pelabuhan untuk seluruh Asia Tenggara, sementara Perth ialah pelabuhan yang penting untuk Australia Barat saja. Dalam hal yang lain, di Singapura terdapat rumah pangsa di merata tempat sedangkan di Perth kebanyakan rumah persendirian. Di Singapura pula tanahnya terhad dan mahal sedangkan di Perth luas dan murah.

Paragraf:

Perbedaan di antara Singapura dan Perth

Singapura dan Perth berbeda dalam empat hal yang utama: penduduk, cuaca, perdagangan, dan rupa. Penduduk Singapura memang berbeda dengan penduduk Perth. Di Singapura terdapat empat setengah juta orang yang kebanyakan orang Cina. Sebaliknya, hanya satu setengah juta orang tinggal di Perth dan hampir semuanya keturunan Eropa. Di samping itu, cuaca di Singapura dan Perth juga berbeda. Di Singapura terdapat cuaca panas lembab sepanjang tahun, tetapi di Perth terdapat empat musim. Perbedaan ini disebabkan oleh jauhnya kedua kota ini dari khatulistiwa. Dari segi perdagangan, Singapura dan Perth juga berbeda. Singapura ialah pelabuhan untuk seluruh Asia Tenggara, sementara Perth ialah pelabuhan yang penting untuk Australia Barat saja. Dalam hal yang lain, di Singapura terdapat apartemen di berbagai tempat sedangkan di Perth kebanyakan rumah pribadi. Di Singapura juga tanahnya terbatas dan mahal sedangkan di Perth luas dan murah.

TULISAN 5

GENERALISASI DAN KETENTUAN ᴹ / GENERALISASI DAN KEKHUSUSAN ᴵ
Generalisations and Specifics

A generalisation is a statement which we believe to be true, or can be proven to be true, about a particular state of affairs. We make generalisations all the time when we speak. A statement such as *Australia is hot country* is a generalisation. So are statements such as *Smoking is bad for your health* or *Immigrants enrich the cultural life of a nation*, as well as *The economy will continue to decline over the next year* and *Crime is on the increase.*

Generalisations may be expressions of personal opinion, or they may be statements of actual fact. All generalisations must be supported. Without such support you cannot hope to convince your reader that your generalisation is true. You support factual generalisations with statements of fact, and you support generalisations of personal opinion with examples based on your experiences or the experiences of others.

ISTILAH

Bahagian 1:
Istilah Generalisasi dan Ketentuan

(Pada) umumnya / Secara umum ___
In general / Generally speaking ___

Pada keseluruhannya ___
On the whole ___

Pada umumnya adalah tidak adil <u>untuk / jika</u> ___ . Berdasarkan pengalaman sendiri, saya boleh katakan ___
It is generally unfair <u>to / if</u> ___ . Based on my (own) experience, I can say ___

Bagian 1:
Istilah Generalisasi dan Kekhususan

Secara umum ___
In general / Generally speaking ___

Secara menyeluruh ___
On the whole ___

Secara umum adalah tidak adil <u>untuk / jika</u> ___ . Berdasarkan pengalaman sendiri, saya bisa katakan ___
It is generally unfair <u>to / if</u> ___ . Based on my (own) experience, I can say ___

Generalisations and Specifics

Pada keseluruhannya ___ *dikenali sebagai* ___, *tetapi perkara ini patutnya tidak diterima tanpa penjelasan.*	*Secara menyeluruh* ___ *dikenali sebagai* ___, *tetapi hal ini harusnya tidak diterima tanpa penjelasan.*
On the whole ___ is acknowledged to be ___, but this should not be accepted without clarification.	On the whole ___ is acknowledged to be ___, but this should not be accepted without clarification.
Semua ___ All ___	*Semua* ___ All ___
Tiap-tiap / setiap ___ Each, every ___	*Setiap* ___ Each, every ___
Kira-kira / Lebih kurang ___ About, approximately ___	*Kira-kira / Kurang lebih* ___ About, approximately ___
Tidak lebih daripada ___ No more than ___	*Tidak lebih dari* ___ No more than ___
Tidak kurang daripada ___ No less than ___	*Tidak kurang dari* ___ No less than ___
Sebanyak ___ As much as / As many as ___	*Sebanyak* ___ As much as / As many as ___
___ *sebesar* ___ ___ is as big as / is as great as ___	___ *sebesar* ___ ___ is as big as / is as great as ___
Kebanyakan ___ Most / A majority of ___	*Kebanyakan* ___ Most / A majority of ___
Sejumlah besar / kecil ___ A large / small number of ___	*Sejumlah besar / kecil* ___ A large / small number of ___
Dua puluh peratus daripada ___ Twenty percent of ___	*Dua puluh persen dari* ___ Twenty percent of ___
Pada purata ___ On the average ___	*Rata-rata* ___ On the average ___
___ *adalah dari* ___ *ke* ___ ___ range from ___ to ___	___ *berkisar dari* ___ *ke* ___ ___ range from ___ to ___
Antara ___ *yang* ___, *terdapat* ___ Among ___ who / that / which ___, we find ___	*Antara* ___ *yang* ___, *terdapat* ___ Among ___ who / that / which ___, we find ___

TULISAN 5 • Writing 5

☆ *pernah*
once

☆ *tidak pernah*
never

☆ ___ *selalu / sentiasa* ___
___ always ___

☆ *biasanya*
usually

☆ ___ *biasanya berlaku.*
___ frequently occurs.

☆ *jarang*
rarely, seldom

Walau pun apa yang diertikan mengenai ___ tidak dapat / boleh diselesaikan dengan sepenuhnya, satu perkara yang dapat kita pastikan / dipastikan ialah ___
Although the meaning / implications of ___ cannot be fully resolved, one thing we can be sure of is ___

Sementara ahli-ahli sains mungkin teragak untuk membuat satu dakwaan yang tepat bahawa / mengenai ___, patut diakui ___
While scientists may hesitate to make a definite claim that / about ___, it must be admitted that ___

Bahagian 2: Istilah Contoh dan Bukti

☆ *Sebagai contoh, ___*
As an example ___

☆ *Biar saya beri contoh mengenai ___*
Let me illustrate / give an example about ___

☆ *Ambil ___ sebagai contoh.*
Take ___ for instance / for example.

---

pernah
once

tidak pernah
never

___ *selalu / senantiasa* ___
___ always ___

biasanya
usually

___ *sering terjadi.*
___ frequently occurs.

jarang
rarely, seldom

Walau pun apa yang diartikan mengenai ___ tidak dapat / bisa diselesaikan sepenuhnya, satu hal yang dapat kita pastikan / dipastikan ialah ___
Although the meaning / implications of ___ cannot be fully resolved, one thing we can be sure of is ___

Sementara para ilmuan mungkin ragu-ragu untuk membuat suatu dakwaan yang pasti bahwa / mengenai ___, harus diakui ___
While scientists may hesitate to make a definite claim that / about ___, it must be admitted that ___

Bagian 2: Istilah Contoh dan Bukti

Sebagai contoh, ___
As an example ___

Mari saya beri contoh mengenai ___
Let me illustrate / give an example about ___

Ambil ___ sebagai contoh.
Take ___ for instance / for example.

Generalisations and Specifics

Contohnya / Misalnya / Umpamanya ___
For example / For instance ___

Contohnya / Misalnya / Umpamanya ___
For example / For instance ___

Dalam misalan / contoh yang pertama, ___
In the first instance / example, ___

Dalam contoh yang pertama, ___
In the first instance / example, ___

___ *misalnya, berdasarkan* ___
___ for example, is based upon ___

___ *misalnya, berdasarkan* ___
___ for example, is based upon ___

Kesusahan yang dialami oleh ___ *boleh dicontohkan dengan* ___
The difficulties experienced by ___ may be illustrated by ___

Kesulitan yang dialami oleh ___ *bisa dicontohkan dengan* ___
The difficulties experienced by ___ may be illustrated by ___

___ *adalah satu misalan yang utama* ___
___ is a primary example of ___

___ *adalah suatu contoh utama* ___
___ is a primary example of ___

___ *adalah satu contoh bagaimana* ___
___ is an example of how ___

___ *adalah satu contoh bagaimana* ___
___ is an example of how ___

Salah satu contoh yang paling jelas mengenai ___ *ialah* ___
One of the clearest examples of ___ is ___

Salah satu contoh yang paling jelas mengenai ___ *ialah* ___
One of the clearest examples of ___ is ___

Salah satu masalah yang telah menarik perhatian ialah ___
One of the problems that has intrigued us is / has drawn our attention is ___

Salah satu masalah yang telah menarik perhatian ialah ___
One of the problems that has intrigued us is / has drawn our attention is ___

Satu sebab / alasan mengapa ___
One reason why ___

Satu alasan mengapa ___
One reason why ___

Sebagai bukti, ___
As proof / In substantiation, ___

Sebagai bukti, ___
As proof / In substantiation, ___

Biar saya tunjukkan sebagai bukti perkara-perkara yang berikut ___.
Let me cite as proof the following things.

Mari saya tunjukkan sebagai bukti hal-hal berikut ___.
Let me cite as proof the following things.

Untuk membuktikan ___ *kita mesti* ___
To prove / substantiate___, we must ___

Untuk membuktikan ___ *kita mesti* ___
To prove / substantiate___, we must ___

TULISAN 5 • *Writing 5*

☆ *Fakta-fakta / Bukti-bukti* menunjukkan ___
The facts / proof indicate(s) that ___

☆ ___ *mengemukakan / menyampaikan bukti (bahawa)* ___
___ presents proof that ___

Bahagian 3: Istilah Am

☆ *Dalam lain perkataan,* ___
In other words ___

☆ *Sebaliknya* ___
On the other hand / On the contrary ___

☆ *Sebenarnya* ___
In practice / Actually ___

☆ ___ *(adalah) seperti yang berikut.*
___ is as follows.

☆ *Menurut* ___, ___
According to ___, ___

☆ *Katakanlah* ___
Let us say ___

☆ *Saya anggap semua ini sebagai* ___
I consider all of this as ___

☆ *Bayangkanlah bagaimana susah kalau* ___
Imagine how difficult it would be if ___

☆ *mungkin / barang kali / boleh jadi*
possibly, probably

☆ *Mungkin benar (bahawa)* ___
It might be true that ___

☆ *Ada kemungkinan* ___
There is a possibility that ___

☆ *Besar kemungkinan (bahawa)* ___
There is a great possibility that ___

☆ *Fakta-fakta / Bukti-bukti* menunjukkan ___
The facts / proof indicate(s) that ___

☆ ___ *mengemukakan / menyampaikan bukti (bahwa)* ___
___ presents proof that ___

Bagian 3: Istilah Umum

☆ *Dalam kata-kata lain,* ___
In other words ___

☆ *Sebaliknya* ___
On the other hand / On the contrary ___

☆ *Sebenarnya / Sebetulnya* ___
In practice / Actually ___

☆ ___ *(adalah) seperti berikut.*
___ is as follows.

☆ *Menurut* ___, ___
According to ___, ___

☆ *Katakanlah* ___
Let us say ___

☆ *Saya anggap semua ini sebagai* ___
I consider all of this as ___

☆ *Bayangkan bagaimana sulitnya kalau* ___
Imagine how difficult it would be if ___

☆ *mungkin / barang kali / boleh jadi*
possibly, probably

☆ *Mungkin benar (bahwa)* ___
It might be true that ___

☆ *Ada kemungkinan* ___
There is a possibility that ___

☆ *Besar kemungkinan (bahwa)* ___
There is a great possibility that ___

LATIHAN 5.1

Tulis sebuah perenggan di mana kamu nyatakan generalisasi mengenai kebebasan kewartawanan berdasarkan maklumat yang disediakan di bawah. Berikan contoh untuk membuktikan generalisasi yang dinyatakan. Tulis ayat pengenalan yang sesuai.

Tulis satu paragraf di mana Anda nyatakan generalisasi mengenai kebebasan pers berdasarkan keterangan yang disediakan di bawah. Berikan contoh untuk mendukung generalisasi yang dinyatakan. Tulis kalimat pembukaan yang tepat.

Write a paragraph in which you make a generalisation about the freedom of the press based on the following information. Give examples to support your generalisation. Write an appropriate topic sentence.

Kebanyakan negara di dunia tak mengerti kebebasan pers

1. Wartawan Pakistan, Salamat Ali, kini dipenjarakan oleh kuasa militer yang menuduhnya menulis laporan keliru.

2. Pemimpin redaksi surat kabar paling berpengaruh di Turki, Adbi Ipekci, ditembak mati oleh seorang pembunuh yang tidak dikenal.

3. Pemerintah Cina menolak wartawan-wartawan asing, mencegah akses terhadap media massa dan membungkam perbedaan pendapat.

4. Di barat ada ancaman baru terhadap kebebasan pers di Swiss, Prancis dan Inggris.

5. Selama satu tahun IPI *[International Press Institute]* mencatat 17 wartawan telah mati akibat kekerasan dan 69 surat kabar ditutup atau dilarang sementara.

6. Tercatat 13 kasus penyerangan, 12 pembunuhan, lebih 30 penangkapan, 28 pengusiran dan 25 pemenjaraan terhadap wartawan.

7. Berbagai cara digunakan untuk mempengaruhi wartawan, seperti ancaman pembunuhan, penahanan anggota keluarga, penggeledahan rumah dan fitnah.

[Sinar Harapan 311282]

TULISAN 5 • *Writing 5*

LATIHAN 5.2

Tulis sebuah perenggan di mana kamu nyatakan sebuah generalisasi mengenai tamadun Zaman Gangsa berdasarkan Lelaki Similauan (Ötzi) yang ditemui di pergunungan Alpine. Buktikan generalisasi ini dengan menggunakan maklumat yang disediakan di bawah. Golongkan bukti-bukti yang dipilih. Tulis ayat pengenalan yang sesuai.

Tulis satu paragraf di mana Anda nyatakan suatu generalisasi mengenai peradaban Zaman Perunggu berdasarkan Lelaki Similauan (Ötzi) yang ditemui di pergunungan Alpine. Dukung generalisasi ini dengan menggunakan keterangan yang disediakan di bawah. Kelompokkan bukti-bukti yang dipilih. Tulis kalimat pembukaan yang sesuai.

Write a paragraph in which you make a generalisation about Bronze Age civilisation based upon the Similauan Man (Ötzi) found in the Alpine mountains. Support your generalisation by using the information presented below. Classify your supporting evidence appropriately. Write an appropriate topic sentence.

Manusia beku 4,000 tahun ditemui di puncak gunung

1. Lelaki itu memakai sejenis baju tunik dan seluar dibuat daripada kulit yang dijahit dengan tali kulit yang halus.

2. Di kakinya terdapat sepasang but kulit yang kasar buatannya yang diisi jerami untuk mengelakkan kesejukan.

3. Bulu tebal dari kulit binatang dipercayai digunakan sebagai penutup kepalanya.

4. Lelaki itu memegang kapak yang berhulu logam.

5. Dia menggalas sebuah beg kayu, panah dan satu bekas berisi 14 bilah anak panah yang mempunyai mata diperbuat daripada batu.

6. Dia juga mempunyai sebuah pisau kecil dengan mata pisaunya diperbuat daripada batu.

7. Seutas kalung yang dihiaskan dengan 20 tali kulit dan manik batu yang juga ditemui dipercayai mungkin satu azimat.

[Mingguan Malaysia 011291]

LATIHAN 5.3

Tulis sebuah perenggan di mana kamu nyatakan sebuah generalisasi mengenai keselamatan teknologi kokpit automatik. Buktikan generalisasi ini dari butir-butir yang diberikan di bawah. Tulis ayat pengenalan yang sesuai.

Tulis satu paragraf di mana kamu nyatakan suatu generalisasi mengenai keamanan teknologi kokpit otomatis. Dukung generalisasi ini dari rincian yang diberikan di bawah. Tulis kalimat pembukaan yang tepat.

Write a paragraph in which you state a generalisation about the safety of automatic cockpit technology. Support your generalisation by referring to the details presented below. Write an appropriate topic sentence.

Penerbang dan Teknologi Kokpit Otomatis

1. Sebuah kajian menemukan bahwa tidak ada bukti sistem penerbangan otomatis menyebabkan kesalahan yang lebih parah dibanding kokpit yang non-komputerisasi.

2. Statistik memperlihatkan bahwa teknologi baru tidak membuat terbang lebih berbahaya.

3. Teknologi mungkin telah melampaui kemampuan manusia untuk mengelolanya dengan aman.

4. Kajian-kajian paling akhir mengenai kokpit otomatis menyimpulkan bahwa masalahnya adalah pada unsur manusia, bukan komputernya.

5. Kajian-kajian mempersalahkan kegagalan pilot untuk berinteraksi secara tepat dengan komputer.

6. Para ahli penerbangan mengatakan pilot memerlukan pelatihan yang lebih baik sehingga mereka akan bekerja sama dengan komputer.

7. Beberapa pilot mengeluh bahwa komputer membatasi apa yang bisa mereka lakukan dalam suatu keadaan darurat.

8. Kajian-kajian menemukan bahwa kecaman terbesar dari penerbang terhadap kokpit otomatis adalah bahwa itu menambah beban kerja dengan mengharuskan mereka memantau layar terus-menerus.

9. Mengenai panel kontrol otomatis, seorang penerbang mengatakan, "Saya belum pernah sesibuk ini selama hidup saya".

[Kompas 300192]

TULISAN 5 • Writing 5

LATIHAN 5.4

Tulis sebuah perenggan yang membuat generalisasi mengenai kemandirian hidupan liar di Asia Tenggara pada Abad ke-21. Dasarkan generalisasi ini pada misalan harimau. Rujuk kepada butir-butir yang disediakan di bawah. Tulis ayat pengenalan yang sesuai.

Tulis satu paragraf yang membuat generalisasi mengenai kemungkinan hidup terus hidupan liar di Asia Tenggara pada Abad ke-21. Dasarkan generalisasi ini pada misalan harimau. Lihat rincian yang disediakan di bawah. Tulis kalimat pembukaan yang tepat.

Write a paragraph in which you make a generalisation about the survival of wildlife in Southeast Asia in the 21st century. Base your generalisation on the example of the tiger. Refer to the data presented below. Write an appropriate topic sentence.

Harimau kian pupus

1. Harimau Indochina atau, nama saintifiknya *Panthera Tigirs Corbetti*, menjadi mangsa buruan dan dibunuh di sepanjang kawasan habitatnya iaitu dari Sungai Irrawaddy di Myanmar ke Vietnam dan terus ke selatan hingga ke Semenanjung Malaysia.

2. Kini jumlah harimau Indochina hanya antara 500 hingga 600 ekor di Kemboja, Laos dan Vietnam, di samping antara 500 hingga 1,000 ekor lagi di Semenanjung Malaysia, Myanmar dan Thailand.

3. Haiwan liar itu paling banyak diburu secara haram berikutan permintaan tinggi bagi tulang dan bahagian lain yang digunakan untuk perubatan tradisional Cina.

4. Selain itu, harimau juga dibunuh bagi mendapatkan dagingnya di Vietnam dan Laos, di samping tulang dan bahagian lain badannya untuk dijual kepada orang tengah bagi pasaran antarabangsa.

5. Selain diburu secara haram kerana khasiatnya di segi perubatan, ia juga dibunuh kerana mengganggu ternakan.

6. Harimau itu terus kehilangan tempat tinggal apabila habitat hutan semakin pupus disebabkan kegiatan pembalakan dan penduduk yang memotong pokok hutan sebagai bahan api.

7. Penduduk juga meningkat dengan cepat dan mereka memerlukan tanah untuk bertani. Akibatnya mereka menebang hutan sesuka hati sekali gus mengurangkan jumlah harimau.

8. Kegiatan memasarkan harimau atau bahagiannya bertentangan dengan undang-undang kebangsaan dan melanggar Konvensyen mengenai Perniagaan Antarabangsa bagi Spesies Fauna dan Flora Liar Yang Menghadapi Kepupusan, yang mana negara Asia Tenggara itu bersetuju melaksanakannya pada 1994.

9. Undang-undang melindungi harimau sukar dilaksanakan kerana penduduk mengalami kesulitan ekonomi dan ini menyukarkan kegiatan perlindungan, penyelidikan dan latihan.

10. Usaha kini dimulakan bagi memberi maklumat kepada penduduk supaya tidak membunuh harimau dan meningkatkan latihan pengawal hidupan liar. Oleh kerana kekurangan wang, hanya 10 daripada 87 kawasan perlindungan hidupan liar ada pihak pengurusan.

[Berita Minggu 240995]

LATIHAN 5.5

Tulis sebuah perenggan yang membuat generalisasi tentang akibat pada anak dari terlalu banyak menonton TV. Gunakan butir-butir yang diberikan di bawah untuk membuktikan generalisasi itu. Tulis ayat pengenalan yang sesuai.

Tulis satu paragraf yang membuat generalisasi tentang pengaruh menonton TV terlalu banyak pada anak-anak. Gunakan rincian yang diberikan di bawah untuk mendukung generalisasi itu. Tulis kalimat pembukaan yang tepat.

Write a paragraph in which you make a generalisation about the effect on children of watching too much television. Support your generalisation by referring to the details presented below. Write an appropriate topic sentence.

Awas! Bahaya TV Pada Anak

1. "Anak-anak yang terlalu banyak menonton TV dan sering melihat adegan kekerasan, cenderung akan melakukan kekerasan, dan lebih mudah dan lebih sering memukul teman-temannya," papar Aletha Huston, PhD dari University of Kansas.

2. "Karena sering melihat adegan kekerasan di TV, bisa jadi anak menjadi takut dan cemas, tapi bisa juga menganggap kekerasan bagian wajar dalam kehidupan," kata psikolog Niswatin Royva, S.Psi.

3. Staf pengajar Dunia Anak Surabaya mengatakan, terlalu banyak menonton TV juga akan mengurangi perasaan peka terhadap lingkungan. Sosialisasi anak terganggu.

4. Staf itu juga menambahkan, saat mengikuti pelajaran di sekolah, anak sulit berkonsentrasi, sehingga prestasi sekolah pun menjadi buruk.

5. Setelah melakukan penelitian selama dua tahun, para ahli di American Academy of Pediatrics (AAP) berkesimpulan terlalu banyak menonton TV berpengaruh negatif pada perkembangan otak anak.

6. AAP itu memperingatkan supaya anak usia kurang dua tahun sebaiknya tidak menonton TV, sedang yang lebih tua, dibatasi dua jam per hari, dan yang ditonton acara edukatif, tak menampilkan kekerasan.

7. Anak tidak mampu membedakan dunia yang dilihat di TV dengan yang sebenarnya. Mereka tak tahu bahwa pembunuhan atau penganiayaan yang dilihat di TV bukan kejadian yang sebenarnya.

8. TV juga bisa menjadi 'candu' bagi anak. Mereka bisa kecanduan film dan tokoh yang sering dilihat dan tidak bisa menahan diri untuk tidak menonton acara-acara itu.

9. Ada juga begitu banyak iklan menawarkan barang, dari mainan anak, makanan, minuman dan lain sebagainya. Iklan yang mengumbar janji kesenangan dan kebahagiaan itu akan menanamkan nilai-nilai kosumerisme pada anak.

[Surya 220603]

LATIHAN 5.6

Tulis sebuah perenggan yang membuat generalisasi tentang akibat makanan remeh pada kanak-kanak sekolah. Dalam perenggan itu juga nyatakan alasan mengapa pengaruh makanan seperti itu begitu kuat pada golongan kaum muda. Sokong generalisasi itu dengan menggunakan data yang disediakan di bawah. Rujuk pada Tulisan 6 untuk mendapat istilah sebab dan akibat kalau perlu. Tulis ayat pengenalan yang sesuai.

Tulis satu paragraf yang membuat generalisasi tentang pengaruh makanan cepat saji pada anak sekolah. Dalam paragraf itu juga sebutkan alasan mengapa pengaruh makanan seperti itu begitu kuat pada kelompok pemuda. Dukung generalisasi itu dengan menggunakan data yang disediakan di bawah. Lihat Tulisan 6 untuk mendapatkan istilah sebab dan akibat kalau perlu. Tulis kalimat pembukaan yang tepat.

Write a paragraph in which you make a generalisation about the effect of junk food on school children. In your paragraph also give the reasons why junk food has such a strong influence on this particular group of people. Support your generalisation using the data presented below. Refer to Writing 6 for terms for cause and effect if necessary. Write an appropriate topic sentence.

Haramkan segera penjualan makanan remeh di sekolah

1. Kajian Universiti Kebangsaan Malaysia yang dijalankan di kalangan 1,026 kanak-kanak sekolah berusia 7 hingga 10 tahun menunjukkan sejumlah 12.5 peratus kanak-kanak lelaki dan lima peratus kanak-kanak perempuan gemuk.

2. Sekurang-kurangnya 30 peratus daripada kanak-kanak gemuk, jika tidak lebih, akan tetap gemuk apabila tua.

3. Kegemukan pada peringkat kanak-kanak telah dikaitkan dengan perkembangan penyakit seperti diabetes, masalah jantung, kanser dan artritis.

4. Ramai golongan muda masih tidak mampu membuat pilihan yang tepat dan mereka memerlukan bimbingan.

5. Makanan remeh yang dijual di kantin sekolah disediakan sebagai godaan bagi kanak-kanak supaya memakan secara tidak sihat.

6. Mesin layan diri yang mengeluarkan makanan remeh dan minuman yang banyak gula di kawasan sekolah memberi mesej yang salah kepada golongan muda.

7. Pengiklanan makanan remeh melalui televisyen semasa tontonan kanak-kanak mendorong kanak-kanak untuk memilih makanan yang kaya dengan lemak tepu, gula atau garam dan kurang zat seperti protein, vitamin dan zat galian.

8. Ibu bapa tidak dapat menanam tabiat makan yang sihat di kalangan kanak-kanak apabila mereka terpaksa bersaing dengan industri makanan remeh.

9. Peningkatan pengambilan makanan remeh telah menggantikan tabiat makan tradisional yang lebih sihat.

[Utusan Malaysia - 170605]

TULISAN 5 • *Writing 5*

LATIHAN 5.7

Di bawah ini diberikan gambar sembilan bandar raya Amerika Syarikat. Tulis sebuah perenggan yang membuat generalisasi tentang bandar raya Amerika berdasarkan gambar-gambar tersebut. Rujuk kepada gambar tertentu untuk menyokong generalisasi itu. Tulis ayat pengenalan yang sesuai.

Di bawah ini diberikan foto sembilan kota besar Amerika Serikat. Tulis satu paragraf yang membuat generalisasi tentang kota besar Amerika berdasarkan foto-foto tersebut. Bicarakan foto-foto tertentu untuk mendukung generalisasi itu. Tulis kalimat pembukaan yang tepat.

Below you are given pictures of nine United States cities. Write a paragraph in which you make a generalisation about US cities based on these pictures. Refer to specific pictures to support your generalisation. Introduce your paragraph with an appropriate topic sentence.

New York City

Los Angeles

Honolulu

New Orleans

Boston

Detroit

Houston

Seattle

Chicago

LATIHAN 5.8

Pilih dua perkara di bawah ini dan tulis 2 DUA buah perenggan, setiap satu sepanjang 100 patah perkataan.

Untuk perenggan yang pertama, nyatakan sebuah generalisasi berdasarkan pendapat atau kepercayaan sendiri dan beri beberapa misalan untuk membuktikan generalisasi itu. Misalan ini boleh mengandungi fakta.

Untuk perenggan yang kedua pula, nyatakan sebuah generalisasi berdasarkan fakta atau kebenaran dan beri beberapa fakta untuk membuktikan generalisasi itu. Gunakan istilah generalisasi dan ketentuan yang diberikan dan susun perenggan-perenggan yang ditulis menurut susunan waktu, penggolongan atau persamaan dan perbezaan. Tulis ayat pengenalan dan beri tajuk yang sesuai.

Pilih dua topik di bawah ini dan tulis 2 DUA paragraf, setiap paragraf sebanyak 100 kata.

Untuk paragraf pertama, nyatakan suatu generalisasi berdasarkan pendapat atau keyakinan Anda sendiri dan beri beberapa contoh untuk membuktikan generalisasi itu. Contoh ini bisa mengandung fakta.

Untuk paragraf yang kedua, nyatakan suatu generalisasi berdasarkan fakta atau kebenaran dan beri beberapa fakta untuk membuktikan generalisasi itu. Gunakan istilah generalisasi dan kekhususan yang diberikan dan susun paragraf-paragraf yang ditulis menurut urutan waktu, penggolongan atau persamaan dan perbedaan. Tulis kalimat pembukaan dan beri judul yang sesuai.

Choose two of the subjects below and write 2 TWO paragraphs, each one 100 words long. For the first paragraph, state a generalisation based on your personal opinion or beliefs and give several examples to support this generalisation. These examples may contain facts.

For the second paragraph, make a generalisation based on fact or reality and give several facts to support this generalisation. Use the terms for generalisations and specifics which have been given and arrange your paragraphs in chronological order, by classification or according to similarities and differences. Write a topic sentence and give an appropriate title.

Nyatakan generalisasi mengenai:

1. Orang asli, pendatang baru atau sebarang kaum yang lain.

2. Orang yang terkenal seperti ahli politik, perdana menteri, penyanyi, pelakon, pelopor, dan lain-lain.

1. Aborigin, pendatang baru atau kelompok-kelompok lainnya.

2. Orang yang terkenal seperti politikus, perdana menteri, penyanyi, bintang film, perintis dan lain-lain.

TULISAN 5 • *Writing 5*

3. Negara yang berpengaruh seperti Amerika Syarikat, Cina, England, Perancis, Jepun, dll.	3. Negara yang berpengaruh seperti Amerika Serikat, Cina, Inggris, Prancis, Jepang, dll.
4. Surat khabar atau media massa yang lain.	4. Surat kabar atau media massa yang lain.
5. Gaya pakaian kini atau masa lalu.	5. Gaya pakaian kini atau masa lalu.
6. Pesta atau perayaan.	6. Pesta atau perayaan.
7. Masyarakat yang berbilang kaum.	7. Masyarakat yang beragam.
8. Ekonomi pada amnya, atau di sebuah negara yang tertentu.	8. Ekonomi pada umumnya, atau ekonomi sebuah negara tertentu.
9. Filem, seni lukis, atau seni lain.	9. Filem, seni lukis, atau seni lain.
10. Agama, nasionalisme, sosialisme, dll.	10. Agama, nasionalisme, sosialisme, dll.
11. Mogok, pengangguran, kebajikan masyarakat, dll.	11. Mogok, pengangguran, pelayanan masyarakat, dll.
12. Pelajaran bahasa atau mata pelajaran yang lain.	12. Pelajaran bahasa atau mata pelajaran yang lain.
13. Cuaca di sebuah negara yang tertentu.	13. Cuaca di suatu negara tertentu.
14. Sumber alam.	14. Sumber alam.
15. Jenayah, kegiatan lanun atau terorisme.	15. Kejahatan, kegiatan lanun atau terorisme.
16. Pemanasan dunia.	16. Pemanasan dunia.

CONTOH

Garis Kasar	Garis Besar
Universiti Selatan Lebih Baik	**Universitas Selatan Lebih Baik**

Pada keseluruhannya pelajaran di Universiti Selatan (US) lebih baik dan lebih memuaskan daripada pelajaran di Universiti Utara (UU).	Secara menyeluruh pelajaran di Universitas Selatan (US) lebih baik dan lebih memuaskan daripada pelajaran di Universitas Utara (UU).

1. Taraf Pelajaran di US lebih tinggi daripada UU	1. Tingkat Pelajaran di US lebih tinggi daripada UU
1.1 15% lebih rumit daripada universiti lain	1.1 15% lebih rumit daripada universitas lain
1.2 Bukti terdapat di sebuah buku pensyarah Universiti Timur	1.2 Bukti terdapat pada buku dosen Universitas Timur
2. Keputusan mahasiswa US lebih baik	2. Hasil mahasiswa US lebih baik
2.1 85% mahasiswa US tahun ke-3 dapat ijazah; di UU hanya 80%	2.1 85% mahasiswa US tahun ke-3 dapat ijazah; di UU hanya 80%
2.2 Markah purata mahasiswa US 76%; di UU hanya 73%	2.2 Nilai rata-rata mahasiswa US 76%; di UU hanya 73%
3. Jumlah keciciran kurang di US 3.1 Di UU 20% 3.2 Di US 5%	3. Jumlah dropout lebih kecil di US 3.1 Di UU 20% 3.2 Di US 5%
4. Berbagai pekerjaan yang lebih terhormat boleh didapati mahasiswa US	4. Berbagai pekerjaan yang lebih terhormat bisa didapati mahasiswa US

Perenggan:

Universiti Selatan Lebih Baik

Pada keseluruhannya pelajaran di Universiti Selatan (US) lebih baik dan lebih memuaskan dari pelajaran di Universiti Utara (UU). Fakta-fakta menunjukkan bahawa taraf pelajaran di US lebih tinggi dari pelajaran di UU. Seorang pensyarah dari Universiti Timur dalam buku barunya menyatakan kursus di US 15 peratus lebih rumit dari kursus di universiti lain, termasuk UU, dan kerja yang dikehendaki lebih banyak. Walau pun begitu, keputusan mahasiswa US lebih baik. Pada purata, lebih ramai mahasiswa US menghabiskan pelajaran mereka dan mendapat ijazah. Markah mahasiswa US pun lebih tinggi. Tahun lepas 85% daripada mahasiswa tahun ketiga mendapat ijazah dengan markah purata 76%, sementara di UU hanya 80% mahasiswa tahun akhir dapat ijazah dengan markah purata 73%. Pelajaran juga lebih memuaskan di US berbanding dengan UU. Ini boleh dilihat dari jumlah keciciran di US yang hanya 5% sedangkan di UU jumlahnya 20%. Mahasiswa UU juga umumnya berjaya mendapatkan pekerjaan yang lebih terhormat dalam berbagai bidang.

Paragraf:

Universitas Selatan Lebih Baik

Secara menyeluruh pelajaran di Universitas Selatan (US) lebih baik dan lebih memuaskan daripada pelajaran di Universitas Utara (UU). Fakta-fakta menunjukkan bahwa tingkat pelajaran di US lebih tinggi daripada pelajaran di UU. Seorang dosen dari Universitas Timur dalam buku terbarunya menyatakan mata pelajaran di US 15 persen lebih rumit daripada mata pelajaran di universitas lain, termasuk UU, dan tugas yang diminta lebih banyak. Walau pun begitu, hasil mahasiswa US lebih baik. Rata-rata, lebih banyak mahasiswa US menyelesaikan pelajaran mereka dan mendapat ijazah. Nilai mahasiswa US pun lebih tinggi. Tahun lalu 85% dari mahasiswa tahun ketiga mendapat ijazah dengan nilai rata-rata 76%, sementara di UU hanya 80% mahasiswa tahun akhir dapat ijazah dengan nilai rata-rata 73%. Pelajaran juga lebih memuaskan di US berbanding dengan UU. Ini bisa dilihat dari jumlah dropout di US yang hanya 5% sedangkan di UU jumlahnya 20%. Mahasiswa UU juga umumnya berhasil mendapatkan pekerjaan yang lebih terhormat dalam berbagai bidang.

TULISAN 6

SEBAB DAN AKIBAT
Cause and Effect

When we look at cause and effect sequences, we look at the effect one event has on another. In this section we will be looking first at particular effects, and then indicating the causes that brought these events about. This is somewhat different from the writing tasks in Section 9 *Prediction and Inference* and Section 10 *Hypothesis*. In these sections we begin with a set of possible causes, and then attempt to indicate what type of effects they will have.

There is not only a one to one relationship between a cause and effect. We can also have a chain of cause and effect sequences. In Exercise 6.2, for example, heavy rain in Jakarta caused floods. The floods subsequently caused traffic jams, which in turn led to several other problems, such as making people late for work.

ISTILAH

☆ *Kerana* ___
Because ___

Karena ___
Because ___

☆ *Oleh kerana* ___, *terdapat* ___
Because of / Owing to ___ we find ___

Oleh karena ___, *terdapat* ___
Because of / Owing to ___ we find ___

☆ ___ *jadi,* ___
___ so / therefore / consequently ___

___ *jadi,* ___
___ so / therefore / consequently ___

☆ *Jika* ___ *adalah benar, jadi* ___
If ___ is true, then ___

Jika ___ *adalah benar, jadi* ___
If ___ is true, then ___

☆ *Dengan itu,* ___
Because of this, ___

Dengan itu, ___
Because of this, ___

☆ *sebab / alasan*
reason

sebabnya / alasan
reason

TULISAN 6 • *Writing 6*

Terdapat tiga sebab utama mengapa ___.
  Sebab-sebab ini adalah ___
There are three main reasons why ___.
  These reasons are ___

Terdapat tiga alasan pokok mengapa ___. Alasan-alasan ini adalah ___
There are three main reasons why ___.
  These reasons are ___

☆ *Untuk sebab / alasan ini, ___*
For this reason, ___

Untuk alasan ini, ___
For this reason, ___

☆ *Oleh (sebab) itu ___* / *Oleh kerana itu* —
Due to that ___

Oleh (sebab) itu ___
Due to that ___

☆ *Sebabnya / Alasannya ialah ___*
The reason for it is ___

Sebabnya / Alasannya ialah ___
The reason for it is ___

Sebab-sebab asas mengapa ___ ialah ___.
The basic reasons why ___ are ___.

Alasan mendasar mengapa ___ ialah ___.
The basic reasons why ___ are ___.

☆ *___ (adalah) disebabkan oleh ___*
___ is due to ___

___ (adalah) disebabkan oleh ___
___ is due to ___

☆ *Disebabkannya, ___*
As a result of it, ___

Disebabkannya, ___
As a result of it, ___

☆ *___ menyebabkan ___*
___ causes ___

___ menyebabkan ___
___ causes ___

☆ *___ menyebabkan kejadian yang selanjutnya seperti ___*
___ causes subsequent occurrences / events such as ___

___ menyebabkan kejadian yang selanjutnya seperti ___
___ causes subsequent occurrences / events such as ___

☆ *___ membuat / menjadikan ___*
___ makes / causes ___

___ membuat / menjadikan ___
___ makes / causes ___

☆ *___ mendatangkan ___*
___ brings about / causes ___

___ mendatangkan ___
___ brings about / causes ___

☆ *akibat*
effect, result, outcome, consequence

akibat
effect, result, outcome, consequence

☆ *Akibatnya, ___*
As a result of it, ___

Sebagai akibatnya, ___
As a result of it, ___

☆ *Akibat dari ___ ialah ___*
The result of ___ is ___

Akibat dari ___ ialah ___
The result of ___ is ___

Cause and Effect

___ *adalah akibat dari* ___
___ is the result of ___

Salah satu akibat dari ___ *ialah* ___
One result of ___ is ___

Terdapat beberapa akibat dari ___. *Yang pertama* ___
There are several consequences of ___. The first is ___

Beberapa akibat dari ___ *boleh dicontohkan dengan* ___
Several consequences of ___ can be exemplified by ___

Jika ___, *akibatnya mungkin (adalah)* ___
If ___, then the possible result is ___

___ *ialah akibat kepada* ___
___ is the cause of / results in ___

___ *berakibat kepada* ___
___ results in / causes ___

___ *mengakibatkan* ___
___ causes / results in ___

___ *memungkinkan* ___
___ makes it possible that / gives rise to the possibility that ___

___ *membolehkan* ___
___ enables ___

___ *mengikut dari* ___
___ follows from ___

___ *bergantung pada* ___
___ depends upon ___

___ *berdasarkan* ___
___ is based on ___

tujuan
aim, goal, purpose, intent

___ *adalah akibat dari* ___
___ is the result of ___

Salah satu akibat dari ___ *ialah* ___
One result of ___ is ___

Terdapat beberapa akibat dari ___. *Yang pertama* ___
There are several consequences of ___. The first is ___

Beberapa akibat dari ___ *bisa dicontohkan dengan* ___
Several consequences of ___ can be exemplified by ___

Jika ___, *akibatnya mungkin (adalah)* ___
If ___, then the possible result is ___

___ *ialah akibat kepada* ___
___ is the cause of / results in ___

___ *berakibat kepada* ___
___ results in / causes ___

___ *mengakibatkan* ___
___ causes / results in ___

___ *memungkinkan* ___
___ makes it possible that / gives rise to the possibility that ___

___ *memungkinkan* ___
___ enables ___

___ *mengikut dari* ___
___ follows from ___

___ *tergantung pada* ___
___ depends upon ___

___ *mengikut dari* ___
___ is based on ___

tujuan
aim, goal, purpose, intent

TULISAN 6 • *Writing 6*

- ___ *bertujuan* ___
  ___ has as its aim, purpose, goal, intent ___

- *kesan*
  effect

  <u>*Kesan* yang <u>buruk / baik</u></u> ___ *terhadap* ___ *boleh dilihat kalau* ___
  The bad / good effects of ___ on ___ can be seen if ___

- *berkesan*
  effective

- ___ *mempunyai kesan ke atas* ___
  ___ has an effect on ___

- *punca*
  source, origin

- ___ *berpunca dari* ___
  ___ can be traced back to / has its origins in ___

  Ada tiga punca yang utama mengapa ___
  There are three main causes why ___

  Yang menjadi punca ___ *ialah* ___
  The cause / source of ___ was ___

- ___ *(adalah) terlalu* ___ *sehingga* ___
  ___ was so ___ that ___

- ___ *begitu* ___ *sekali sehingga* ___
  ___ was so very ___ that ___

- ___ *bertujuan* ___
  ___ has as its aim, purpose, goal, intent ___

- *pengaruh*
  effect

  <u>*Pengaruh* yang <u>buruk / baik</u></u> ___ *terhadap* ___ *bisa dilihat jika* ___
  The bad / good effects of ___ on ___ can be seen if ___

- *efektif*
  effective

- ___ *mempunyai pengaruh terhadap* ___
  ___ has an effect on ___

- *sumber*
  source, origin

- ___ *bersumber dari* ___
  ___ can be traced back to / has its origins in ___

  Ada tiga sumber pokok mengapa ___
  There are three main causes why ___

  Yang menjadi sumber ___ *ialah* ___
  The cause / source of ___ was ___

- ___ *(adalah) terlalu* ___ *sehingga* ___
  ___ was so ___ that ___

- ___ *begitu* ___ *sekali sehingga* ___
  ___ was so very ___ that ___

Cause and Effect

LATIHAN 6.1

Tulis sebuah perenggan di mana kamu nyatakan sebab-sebab kilang memberhentikan pekerjanya. Gunakan butir-butir yang disediakan. Tulis ayat pengenalan yang sesuai.

Tulis satu paragraf di mana kamu nyatakan alasan pabrik menghentikan pekerjanya. Gunakan rincian yang disediakan. Tulis kalimat yang tepat.

Write a paragraph in which you mention the reasons why factories are making their workers redundant. Use the details provided. Write an appropriate topic sentence.

Masalah pemberhentian kerja di Pulau Pinang

1. Ekonomi dunia meleset

2. Permintaan pengeluaran merosot

3. Kilang ingin:

    3.1 menggantikan tenaga manusia dengan tenaga jentera (automation) pada masa akan datang

    3.2 menyingkirkan para pemimpin Kesatuan Sekerja

    3.3 menyingkirkan para pekerja lama yang telah menyuarakan hak-hak pekerja

[Utusan Malaysia 161286]

LATIHAN 6.2

Tulis sebuah perenggan di mana kamu nyatakan beberapa akibat hujan yang lebat di Jakarta. Susun perenggan ini menurut susunan waktu. Tulis ayat pengenalan yang sesuai.

Tulis satu paragraf di mana Anda nyatakan beberapa akibat hujan yang lebat di Jakarta. Susun paragraf ini menurut urutan waktu. Tulis kalimat pembukaan yang tepat.

Write a paragraph in which you state the various results of a heavy rainfall in Jakarta. Arrange your paragraph in chronological order. Write an appropriate topic sentence.

Jakarta macet total kemarin

1. Hujan lebat mengguyur mulai sekitar pukul 13.00 sampai 15.00.

2. Banjir terjadi di beberapa bagian kota.

3. Terjadinya macet total sekitar delapan jam sampai malam hari.

4. Antrean mobil tak bergerak terlihat di mana-mana sampai berkilometer panjangnya.

5. Seorang karyawan membutuhkan waktu satu setengah jam dari rumahnya ke tempat pekerjaan.

6. Seorang ibu rumah tangga yang naik taksi membutuhkan waktu tiga setengah jam untuk sampai di rumahnya.

7. Terpaksa ibu itu harus membayar ongkos taksi yang mahal sekali.

[Kompas 221291]

LATIHAN 6.3

Tulis beberapa ayat untuk menggambarkan alasan terdapat setiap perkara yang berikut. Gunakan istilah susunan tempat yang sesuai.

Tulis beberapa kalimat untuk menjelaskan alasan untuk setiap fenomena berikut. Gunakan istilah urutan tempat yang sesuai.

Write a few sentences to describe the reasons for each of the following phenomena. Use relevant terms for spatial relations.

Pasang-Surut Lautan / Gerhana

1. Alasan terdapat

   Air pasang perbani
   Air pasang anak
   Air surut

2. Alasan terdapat

   Gerhana matahari
   Gerhana bulan

MALAY	INDONESIAN
Bulan penuh	Bulan purnama
Bulan baru	Bulan gelap / Bulan mati
Suku pertama	Bulan perempat (awal)
Suku akhir	Bulan perempat (akhir)

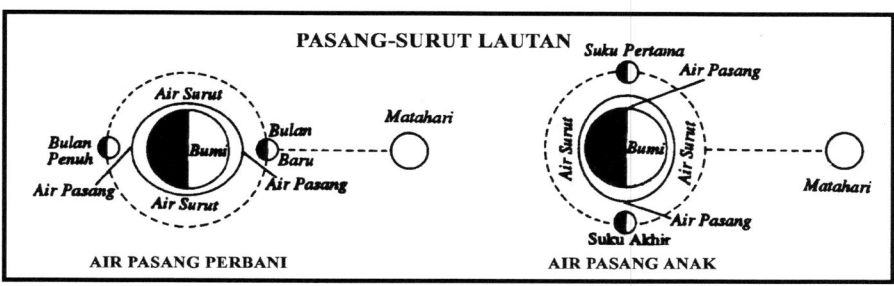

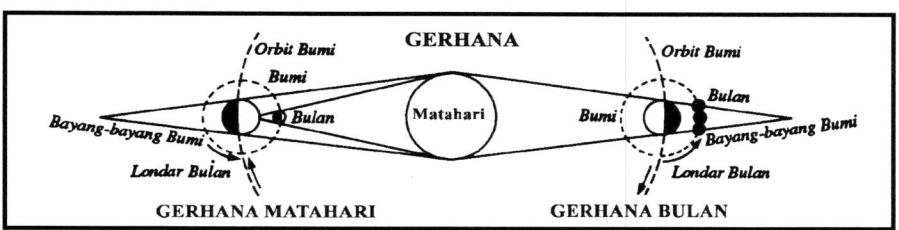

TULISAN 6 • *Writing 6*

LATIHAN 6.4

Tulis sebuah perenggan yang menerangkan sebab-sebab NATO gagal dalam peranannya sebagai penjaga perdamaian dan keamanan di Eropah, khususnya dalam usahanya menghentikan perang etnik di Bosnia. Dasarkan perenggan ini pada butir-butir yang disediakan di bawah. Bahagikan butir yang dipilih dalam golongan yang sesuai. Tulis ayat pengenalan yang sesuai.

Tulis satu paragraf yang menerangkan alasan mengapa NATO gagal dalam perannya sebagai penjaga perdamaian dan keamanan di Eropa, khususnya dalam usahanya menghentikan perang etnik di Bosnia. Dasarkan paragraf ini pada rincian yang disediakan di bawah. Pisahkan rincian yang dikutip dalam golongan yang sesuai. Tulis kalimat pembukaan yang tepat.

Write a paragraph in which you indicate the reasons why NATO has failed in its role as the protector of peace and security in Europe, in particular in its efforts to stop the ethnic war in Bosnia. Base your paragraph on the details presented below. Divide the details you choose into relevant groups. Write an appropriate topic sentence.

Kegagalan NATO di Bosnia

1. Pembangkangan Serbia terhadap rencana perdamaian yang dibuat oleh perwakilan yang beranggotakan Amerika Serikat (AS), Rusia, Inggris, Prancis dan Jerman, tidak mendapat sanksi apapun dari PBB (Perserikatan Bangsa-Bangsa) dan NATO (North Atlantic Treaty Organisation).

2. AS dan sekutunya di Eropa tidak dapat bersatu padu dalam mengambil tindakan militer bersama.

3. NATO keropos dari dalam, digoncang oleh perbedaan pandangan dan kepentingan antaranggota, khususnya AS, Inggris dan Prancis, ketika dihadapkan pada pilihan menindas kebrutalan dan penjarahan Serbia di Bosnia.

4. Kohesi kekuatan NATO merosot secara substansial.

5. Ketika perang etnik melanda Bosnia, NATO tidak berani melakukan intervensi militer untuk menghentikannya, khawatir terjebak dalam perang berkepanjangan.

6. Beberapa serangan udara NATO terhadap posisi kekuatan Serbia, tidak lebih dari sekadar upaya menyelamatkan muka Barat.

7. Rakyat AS semakin kritis terhadap pengiriman pasukan AS di negara lain yang dilanda oleh konflik militer.

8. Setelah Uni Soviet bubar, bekas Yugoslavia tidak lagi mempunyai makna strategis bagi NATO.

9. Belakangan ini menguat elemen pro Serbia di Rusia.

10. Presiden Rusia bersikap lebih tegas terhadap manuver politik dan militer NATO di Bosnia dan rencana perluasan keanggotaan NATO mencakup Eropa Timur, bekas satelit Rusia.

[Surya 270294]

TULISAN 6 • *Writing 6*

LATIHAN 6.5

Kereta model baru yang digambarkan di bawah termasuk beberapa keistimewaannya untuk melindungi pemandu dan penumpang. Tulis sebuah perenggan di mana kamu menyebutkan keistimewaan itu, dan menunjukkan bagaimana setiap satunya boleh membuat memandu kereta lebih selamat. Tulis ayat pengenalan yang sesuai.

Mobil model baru yang dilukiskan di bawah mempunyai beberapa keistimewaan untuk melindungi pengendara dan penumpangnya. Tulis satu paragraf di mana Anda menyebutkan setiap keistimewaannya, dan tunjukkan bagaimana setiap keistimewaan itu bisa membuat mengendarai mobil lebih aman. Tulis kalimat pembukaan yang tepat.

The new model car described below incorporates a number of features to protect the driver and passengers. Write a paragraph in which you mention each of these features, indicating how each serves to make driving a safer experience. Write an appropriate topic sentence.

Peugeot 407 Ramaikan Pasar Sedan Menengah

1. Kursi pengendara dibuat sangat egronomis sehingga menjamin keyamanan pengendara, terutama ketika melakukan perjalanan jarak jauh.

2. Semua tombol yang penting berada dalam jangkauan pengendara. Panel dan indikator seluruhnya berada dalam lingkup pandang pengendara.

Untuk menjaga keamanan pengendara dan penumpangnya, Peugeot 407 dilengkapi oleh serangkaian perangkat keamanan pasif dan aktif.

3. Dalam rangkaian perangkat pasif:

    Rangka mobil diperkuat.
    Ada sabuk pengaman tiga titik pada kelima kursi.
    Terdapat enam kantung udara dua tahap.

Dalam rangkaian perangkat aktif terdapat *electronic stability program* (ESP) yang dipadu dengan *antilock braking system* (ABS), *electronic brake-force distribution* (EBD) dan *emergency brake assist* (EBA).

4. ABS membuat mobil tetap dapat dikemudikan sampai mobil berhenti walaupun pedal rem diinjak penuh.

5. EBD memperpendek jarak pengereman, jarak dari titik saat pedal rem diinjak penuh sampai titik mobil berhenti.

6. ESP generasi terakhir yang dipasangkan pada Peugeot 407 itu langsung menginterupsi untuk mengoreksi jika terjadi *understeer* (saat menikung roda depan cenderung slip keluar dari lajur normal) dan *oversteer* (saat menikung roda belakang cenderung slip keluar dari lajur normal).

7. Jika pengendara melakukan pengereman secara mendadak, atau mobil berada dalam keadaan abnormal, maka lampu hazard akan menyala secara otomatis untuk membuat pengendara di mobil belakang menjadi waspada dan siap beraksi secara benar.

[Kompas 120305]

TULISAN 6 • *Writing 6*

LATIHAN 6.6

Walau pun fosil yang ditemukan di Ethiopia pada tahun 1967 akhirnya dapat membuktikan bahawa Afrika adalah tempat berasal manusia moden, fosil itu hanya dapat diketahui usianya 38 tahun setelah tarikh penemuan itu. Tulis sebuah perenggan yang memberikan alasan mengapa pembuktian itu agak terlambat. Susun alasan itu dengan menggunakan istilah susunan waktu yang sesuai. Tulis ayat pengenalan yang tepat.

Walau pun fosil yang ditemukan di Ethiopia pada tahun 1967 akhirnya dapat membuktikan bahwa Afrika adalah tempat asal manusia modern, fosil itu baru bisa diketahui usianya 38 tahun setelah tanggal penemuan itu. Tulis satu paragraf yang memberikan alasan mengapa pembuktian adalah terlambat. Susun alasan itu dengan menggunakan istilah urutan waktu yang sesuai. Tulis kalimat pembukaan yang tepat.

Although the fossils discovered in Ethiopia in 1967 would eventually prove that Africa was the place of origin of modern man, it wasn't until 38 years later that the fossils were successfully dated. Write a paragraph in which you give the reasons for such a delay. Sequence your reasons using relevant vocabulary for chronological order. Introduce you paragraph with an appropriate topic sentence.

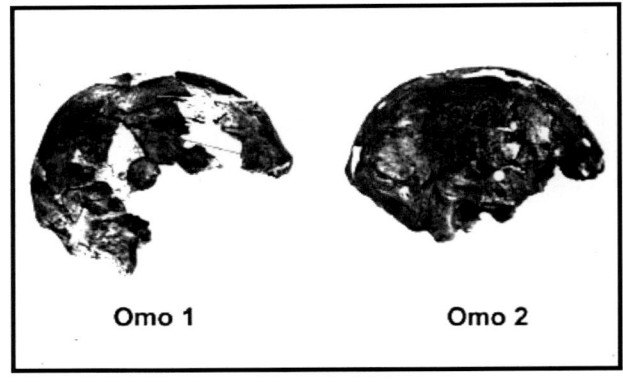

Manusia-Manusia Modern Pertama Berasal dari Ethiopia

1. Fosil yang dikenal sebagai Omo I dan Omo II ini ditemukan tahun 1967 di Kibish, dekat Sungai Omo di Ethiopia, oleh pemburu fosil ternama, Richard Leakey.

2. Kulit-kulit kerang yang ditemukan bersama tulang memberi dugaan bahwa spesimen itu berumur sekitar 130.000 tahun, tetapi ini tidak terlalu mendapat perhatian karena Leakey lebih tertarik mencari fosil yang jutaan tahun lebih tua.

3. Pada tahun 1967 teknik penentuan umur fosil belum secanggih sekarang. Karena itu, umur sebenarnya tidak bisa ditentukan.

4. Tidak seorang pun saat itu yang berusaha mencari usia fosil Omo I dan II secara lebih akurat, walau keduanya sangat signifikan dan membantu mencari tahu benarkan manusia modern berasal dari Afrika.

5. Ethiopia adalah negara tertutup pada tahun 1980-an ketika asal-usul manusia modern menjadi isu besar. Para ilmuwan tidak diizinkan masuk negara itu.

6. Dalam ekspedisi selanjutnya, banyak hal yang menjadi masalah. Logistiknya sangat buruk, dan ekspedisi itu juga harus menunggu berminggu-minggu untuk mendapatkan kapal ke tempat fosil ditemukan.

7. Akhirnya, baru pada tahun 2005, dengan menggunakan metode pengukuran canggih berdasarkan tingkat pembusukan radioaktif argon, ilmuwan dapat menemukan bahwa batuan tempat fosil it berada telah berusia 196.000 tahun.

[Kompas 170205]

LATIHAN 6.7

Gambar di bawah ini menunjukkan bekas sebuah bandar yang dimusnahkan akibat kebakaran. Tulis sebuah perenggan di mana kamu memberi alasan yang mungkin menyebabkan permulaan dan kemerebakan kebakaran yang membinasakan itu. Kemungkinan yang dapat kamu pertimbangkan bagi permulaan kebakaran adalah: sesuatu kejadian yang tidak sengaja atau yang disengajakan; dan bagi kemerebakan kebakaran: peraturan yang tidak ketat mengenai bangunan dan kebakaran, letaknya bangunan yang terlalu dekat, ketiadaan jalan masuk bagi kereta bomba dan pasukan bomba yang tidak layak.

Foto di bawah ini menunjukkan sisa sebuah kota yang dibinasakan akibat kebakaran. Tulis satu paragraf di mana Anda memberi alasan yang mungkin bagaimana permulaan dan penyebaran kebakaran yang menghancurkan itu. Kemungkinan yang dapat Anda pertimbangkan untuk permulaan kebakaran adalah: sesuatu kejadian yang tidak disengaja atau yang disengajakan; dan untuk penyebaran kebakaran: peraturan yang lalai mengenai gedung dan kebakaran, letaknya gedung yang terlalu dekat, tidak adanya jalan masuk bagi mobil pemadam kebakaran dan pasukan pemadam kebakaran yang tidak cakap.

The pictures below show the remains of a city destroyed by fire. Write a paragraph in which you give the possible reasons for the start and spread of such a devastating fire. Some possibilities which you might consider for the start of the fire are: accident and arson; and for the spread of the fire: lax building and fire regulations, the close proximity of buildings, lack of access for fire engines and the incompetence of the fire department.

Cause and Effect

TULISAN 6 • *Writing 6*

LATIHAN 6.8

Tulis 2 DUA buah perenggan mengenai dua perkara yang terdapat di bawah ini. Setiap perenggan ini hendaklah sepanjang 100 patah perkataan. Tulis ayat pengenalan dan beri tajuk yang sesuai. Istilah penggolongan, susunan waktu, dan sebagainya patut juga digunakan dalam perenggan-perenggan ini.

Tulis 2 DUA paragraf mengenai dua topik yang terdapat di bawah ini. Setiap paragraf ini hendaknya sebanyak 100 kata. Tulis kalimat pembukaan dan beri judul yang sesuai. Istilah penggolongan, urutan waktu, dan sebagainya seharusnya juga digunakan dalam paragraf-paragraf ini.

Write 2 TWO paragraphs on two of the topics found below. Each of these paragraphs should be 100 words long. Write a topic sentence and give an appropriate title. Terms for classification, chronological order, and the like, should also be used in these paragraphs.

1. Sebab-sebab pengangguran di sebuah negara.

2. Sebab-sebab sebuah bandar dijadikan ibu negeri sebuah negara.

3. Akibat atau kesan kenaikan harga minyak atau barang-barang runcit.

4. Alasan permogokan bertambah banyak di sebuah negara tertentu pada masa ini.

5. Sebab-sebab jumlah pelancong bertambah atau berkurang di sebuah negara.

6. Mengapa mutu pendidikan merosot atau meningkat di sekolah-sekolah menengah?

7. Sebab apa pendatang baru bertambah ramai datang ke sebuah negara?

8. Sebab-sebab asas kebudayaan orang asli di sebuah negara makin merosot.

9. Sebab-sebab kejayaan perusahaan filem di sebuah negara.

1. Sebab-sebab pengangguran di sebuah negara.

2. Alasan suatu kota dijadikan ibu kota suatu negara.

3. Akibat atau pengaruh kenaikan harga bensin atau barang-barang eceran.

4. Alasan permogokan bertambah banyak di suatu negara tertentu pada saat ini.

5. Sebab-sebab bertambah atau berkurangnya jumlah wisatawan di suatu negara.

6. Mengapa mutu pendidikan merosot atau meningkat di sekolah-sekolah menengah?

7. Sebab apa pendatang baru ke suatu negara bertambah banyak?

8. Sebab utama makin merosotnya kebudayaan penduduk asli di suatu negara.

9. Sebab-sebab keberhasilan perusahaan film di suatu negara.

Cause and Effect

10. Apakah sebabnya peningkatan jumlah garam yang terdapat dalam air di kawasan pertanian?

11. Mengapakah jumlah penunggang basikal meningkat?

12. Mengapa terdapat banyak kaum di sebuah negara yang bertutur berbagai bahasa?

13. Apakah yang menjadi punca kebanyakan orang di Australia tinggal di kawasan pantai?

14. Akibat peperangan di antara dua negara.

15. Akibatnya jika pekerja-pekerja berjaya mendapat masa kerja 35 jam seminggu?

16. Akibat atau sebab pencemaran udara, air, dll.

17. Akibat dari terlalu banyak merokok atau minum minuman keras.

18. Sebab atau akibat orang menjadi penganut sebuah agama.

19. Sebab-sebab alat mekanikal seperti kereta, TV, radio, dll. cepat rosak pada zaman moden ini.

20. Sebab-sebab sebuah persatuan, keluarga atau golongan boleh berpisah.

21. Akibat dari pemanasan dunia terhadap alam sekeliling, khususnya pada manusia, haiwan dan tumbuh-tumbuhan yang ada.

10. Apakah sebab meningkatnya jumlah garam yang terdapat dalam air di kawasan pertanian?

11. Mengapa jumlah pemakai sepeda meningkat?

12. Mengapa banyak terdapat kelompok yang berbicara berbagai bahasa di suatu negara?

13. Apakah alasan kebanyakan orang di Australia tinggal di pinggiran pantai?

14. Akibat peperangan di antara dua negara.

15. Akibatnya jika pekerja-pekerja berhasil mendapat jam kerja 35 jam per minggu.

16. Akibat atau sebab pencemaran udara, air, dll.

17. Akibat dari terlalu banyak merokok atau minum minuman keras.

18. Sebab atau akibat orang menjadi penganut sebuah agama.

19. Sebab-sebab cepat rusaknya alat mekanikal seperti mobil, TV, radio, dll. pada zaman modern ini.

20. Sebab-sebab sebuah persatuan, keluarga atau kelompok bisa pecah.

21. Akibat dari pemanasan dunia terhadap alam sekitar, khususnya pada manusia, hewan dan tumbuh-tumbuhan yang ada.

CONTOH

Garis Kasar	Garis Besar
Sebab-sebab mengapa penuntut gagal dalam peperiksaan	**Alasan mengapa mahasiswa gagal dalam ujian**

<table>
<tr><td>

Terdapat tiga sebab utama mengapa penuntut gagal dalam peperiksaan.

1. Penuntut
1.1 Tidak cukup belajar
1.2 Tidak tahu cara belajar yang berkesan

2. Peperiksaan
2.1 Tidak sesuai dengan apa yang dipelajari di kelas
2.2 Arahannya tidak cukup terang
2.3 Masa untuk menulisnya singkat

3. Pensyarah
3.1 Panduan yang diberikan kepada penuntut tidak cukup terang
3.2 Cara menyemak peperiksaan tidak adil

</td><td>

Terdapat tiga alasan utama mengapa mahasiswa gagal dalam ujian.

1. Mahasiswa
1.1 Tidak cukup belajar
1.2 Tidak tahu cara belajar yang tepat

2. Ujian
2.1 Tidak sesuai dengan apa yang dipelajari di kelas
2.2 Instruksinya kurang jelas
2.3 Waktu untuk mengerjakannya kurang

3. Dosen
3.1 Panduan yang diberikan kepada mahasiswa tidak cukup jelas
3.2 Cara memeriksa ujian tidak adil

</td></tr>
</table>

Perenggan:

Sebab-sebab mengapa penuntut gagal dalam peperiksaan

Terdapat tiga sebab utama mengapa penuntut gagal dalam peperiksaan. Sebab yang pertama berkaitan dengan penuntut, yang kedua dengan peperiksaan, dan yang ketiga dengan pensyarah. Penuntut mungkin tidak cukup belajar atau tidak tahu cara belajar yang berkesan. Ini memang mempunyai kesan ke atas keputusannya nanti. Sebaliknya, peperiksaan pula mungkin tidak sesuai dengan apa yang dipelajari di kelas, atau arahannya tidak ditulis dengan cukup terang. Besar kemungkinan waktu yang diberikan untuk menulisnya terlalu singkat dan ini mengakibatkan jawapan yang kurang memuaskan. Akhirnya, mungkin pensyarah tidak memberi panduan yang baik, atau cara dia menyemak peperiksaan tidak adil. Panduan yang diberikan boleh juga mengelirukan. Semua ini boleh menjadi punca penuntut gagal dalam peperiksaan.

Paragraf:

Alasan mengapa mahasiswa gagal dalam ujian

Terdapat tiga alasan utama mengapa mahasiswa gagal dalam ujian. Alasan yang pertama berkaitan dengan mahasiswa, yang kedua dengan peperiksaan, dan yang ketiga dengan dosen. Mahasiswa mungkin tidak cukup belajar atau tidak tahu cara belajar yang tepat. Ini memang mempunyai pengaruh terhadap hasil ujiannya nanti. Sebaliknya, ujian mungkin juga tidak sesuai dengan apa yang dipelajari di kelas, atau instruksinya tidak ditulis cukup jelas. Besar kemungkinan waktu yang diberikan untuk mengerjakannya kurang dan ini mengakibatkan jawaban yang kurang memuaskan. Terakhir, mungkin dosen tidak memberi panduan yang baik, atau cara dia memeriksa ujian tidak adil. Panduan yang diberikan juga bisa membingungkan. Semua ini bisa menjadi penyebab mahasiswa gagal dalam ujian.

TULISAN 7

PENDAPAT
Opinion

When you state your opinion, you express what you believe or how you feel. To make your opinions believable or acceptable to others, however, you must support them in some way. You may do this by presenting a set of facts, or by giving a set of convincing examples. In the exercises below, you will be asked to state your opinions, and support them in some convincing manner.

ISTILAH

Saya fikir ___
I think that ___

Saya pikir ___
I think that ___

Saya percaya ___
I believe that ___

Saya percaya ___
I believe that ___

Saya pasti / yakin ___
I am sure that ___

Saya pasti / yakin ___
I am sure that ___

Saya anggap ___
I consider / assume that ___

Saya anggap ___
I consider / assume that ___

Saya agak ___
I suppose that ___

Saya kira ___
I suppose that ___

Saya mendakwa ___
I contend / claim that ___

Saya mendakwa / menuntut ___
I contend / claim that ___

Saya memutuskan / menyimpulkan ___
I conclude that ___

Saya memutuskan / menyimpulkan ___
I conclude that ___

Saya membahaskan (bahawa) ___
I argue that ___

Argumentasi saya (adalah) ___
I argue that ___

Saya anggap / pertimbangkan hal ini sebagai ___
I consider this as ___

Saya anggap / pertimbangkan hal ini sebagai ___
I consider this as ___

Opinion

☆ *Nampaknya* ___
It seems that ___

Tampaknya / Kelihatannya ___
It seems that ___

☆ *Nampaknya bagi saya* ___
It seems to me that ___

Tampaknya bagi saya ___
It seems to me that ___

Nampaknya senang bagi saya untuk ___
It seems easy for me to ___

Kelihatannya mudah bagi saya untuk ___
It seems easy for me to ___

☆ *Buat saya / Bagi saya / Pada saya* ___
As far as I'm concerned, ___

Buat saya / Bagi saya / Pada saya ___
As far as I'm concerned, ___

Bagi pihak kerajaan ___
On behalf of the government ___

Atas nama pemerintah ___
On behalf of the government ___

___ *bagi pihak kami .*
___ on our behalf.

___ *atas nama kami .*
___ on our behalf.

☆ *Bagi saya adalah jelas (bahawa)* ___
It seems clear to me that ___

Bagi saya adalah jelas (bahwa) ___
It seems clear to me that ___

☆ *Setahu saya* ___

As far as I know ___

Setahu saya / Sepanjang yang saya tahu ___

As far as I know ___

☆ *Menurut seorang ahli sains,* ___
According to a scientist, ___

Menurut seorang ilmuan, ___
According to a scientist, ___

☆ *Pada pandangan saya,* ___
From my point of view / As I see it ___

Menurut pandangan saya ___
From my point of view / As I see it ___

☆ *Mungkin benar bahawa* ___, *tetapi pada pandangan saya* ___
It might be true that ___, but from my viewpoint ___

Mungkin benar bahwa ___, *tetapi menurut pandangan saya* ___
It might be true that ___, but from my viewpoint ___

☆ *Pada hemat / pendapat saya* ___
In my opinion ___

Menurut hemat / pendapat saya ___
In my opinion ___

☆ *Saya dasarkan pendapat saya pada* ___
I base my opinion on ___

Saya dasarkan pendapat saya pada ___
I base my opinion on ___

Dikatakan ___ *adalah satu pendapat yang umum, tetapi walau bagaimana pun, pada pendapat saya kenyataan ini memerlukan penjelasan.*

Dikatakan ___ *adalah satu pendapat yang umum, tetapi walau bagaimana pun, menurut pendapat saya pernyataan ini memerlukan penjelasan.*

TULISAN 7 • Writing 7

That ___ is a widely held opinion, nevertheless, in my opinion this statement needs clarification.

Apa yang diketahui oleh <u>kebanyakan / semua</u> orang mengenai ___ ialah ___, tetapi pada pendapat saya ini adalah sesuatu yang dipermudahkan saja.

All that most / all people know about ___ is ___ but in my opinion this is an oversimplification.

★ *Saya <u>setuju / tidak setuju</u> dengan apa yang ___*
I agree / disagree with what ___

★ *Saya tidak tahu jika ___*
I don't know if ___

★ *Saya tidak tahu sama ada ___*
I don't know whether ___

★ *Kalau tak salah saya ___*
If I'm not mistaken ___

★ *Saya <u>teragak / ragu-ragu</u> untuk mengatakan ___*
I hesitate to say ___

★ *<u>Setengah / Beberapa</u> orang menyangka ___*
Some people suppose ___

★ *Ada orang yang fikir ___*
There are people who think that ___

★ *Kadang-kadang dikatakan ___, tetapi ___*

It is sometimes said that ___, but ___

Bolehlah kita katakan ___, tetapi hanya sekiranya ___
We can say ___, but only in the case of / if ___

That ___ is a widely held opinion, nevertheless, in my opinion this statement needs clarification.

Apa yang diketahui oleh <u>kebanyakan / semua</u> orang mengenai ___ ialah ___, tetapi menurut pendapat saya ini adalah sesuatu yang terlalu disederhanakan saja.

All that most / all people know about ___ is ___ but in my opinion this is an oversimplification.

Saya <u>setuju / tidak setuju</u> dengan apa yang ___
I agree / disagree with what ___

Saya tidak tahu jika ___
I don't know if ___

Saya tidak tahu apakah ada ___
I don't know whether ___

Kalau saya tidak salah ___
If I'm not mistaken ___

Saya ragu-ragu untuk mengatakan ___
I hesitate to say ___

Beberapa orang menyangka ___
Some people suppose ___

Ada orang yang pikir ___
There are people who think that ___

Kadang-kadang dikatakan ___, tetapi ___

It is sometimes said that ___, but ___

Bisa dikatakan ___, tetapi hanya dalam kasus jika ___
We can say ___, but only in the case of / if ___

Opinion

LATIHAN 7.1

Nyatakan pendapat mengenai siapa yang patut disalahkan berkenaan dengan kebakaran yang diterangkan di bawah. Dasarkan pendapat kamu pada butir-butir yang disediakan.

Nyatakan pendapat mengenai siapa yang sepantasnya disalahkan berkenaan dengan kebakaran yang dijelaskan di bawah. Dasarkan pendapat kamu pada rincian yang disediakan.

State your opinion regarding who should be blamed for the fire described below. Base your opinion on the following details.

182 Rumah terbakar di Jelambar

1. Keterangan mengungkapkan api mulai berkobar dari perusahaan dompet dan ikat pinggang.

2. Pemilik pabrik, Bustami, alias Achin, kononnya tidak memiliki surat izin usaha.

3. Pabrik itu telah berkali-kali kebakaran.

4. Resolusi untuk menghentikan perusahaan itu telah diajukan kepada Lurah Jelambar, tetapi tidak ada kelanjutannya.

5. Terdengar suara bahwa kebakaran ini disengaja untuk mendapatkan asuransi.

6. Achin buru-buru melarikan diri dari rumahnya, kata beberapa saksi mata.

7. Polisi tengah mengamankan Achin untuk dimintai keterangan.

[Pelita 170691]

LATIHAN 7.2

Tulis sebuah perenggan di mana kamu nyatakan pendapat mengenai siapa yang sepatutnya memiliki Lelaki Similaun (Ötzi) yang ditemui di pergunungan Alpine. Buktikan pendapat ini berdasarkan keterangan yang diberikan. Tulis ayat pengenalan yang sesuai.

Tulis satu paragraf di mana kamu nyatakan pendapat mengenai siapa yang sebaiknya memiliki Lelaki Similaun (Ötzi) yang ditemui di pergunungan Alpine. Dukung pendapat ini berdasarkan keterangan yang diberikan. Tulis kalimat pembukaan yang tepat.

Write a paragraph in which you state your opinion regarding who should own the Similaun Man (Ötzi) found in the Alpine mountains. Support your opinion using the information given.

Manusia beku 4,000 tahun ditemui di puncak gunung

1. Dua pendaki gunung Jerman melaporkan penemuan mayat Lelaki Similaun (Ötzi) kepada Itali.

2. Salah seorang pendaki gunung Itali menekankan lelaki itu ditemui 20 atau 30 meter di kawasan Itali.

3. Pihak berkuasa Itali tidak menunjukkan sebarang minat.

4. Pihak berkuasa Itali berkata ia bukan urusan mereka kerana tidak siapa yang dilaporkan hilang di kawasan itu.

5. Orang Austria dalam masa 24 jam mendarat dengan helikopter dan memindahkan lelaki itu ke Innsbruck.

6. Orang Austria mendakwa ia ditemui di wilayah mereka.

7. Ruang telahpun disediakan untuk mempamerkan mayat itu di muzium Innsbruck.

8. Para pengukur tanah kini sedang mengenalpasti kedudukan tempat garisan sempadan.

[Mingguan Malaysia 011291]

TULISAN 7 • *Writing 7*

LATIHAN 7.3

Tulis sebuah perenggan di mana kamu nyatakan pendapat sendiri mengenai penajaan sukan oleh syarikat-syarikat tembakau. Rujuk kepada butir-butir yang diberikan di bawah. Buktikan pendapat yang dinyatakan. Tulis ayat pengenalan yang sesuai.

Tulis satu paragraf di mana kamu nyatakan pendapat sendiri mengenai dukungan dana olah raga oleh perusahaan rokok. Lihat rincian yang diberikan di bawah. Dukung pendapat yang dinyatakan. Tulis kalimat pembukaan yang tepat.

Write a paragraph in which you state your opinion about tobacco sponsorship of sport. Refer to the details presented below. Support the opinion stated. Write an appropriate topic sentence.

Eropah mungkin haramkan penajaan: Sukan lumba tanpa rokok

Kesatuan Eropah mencadangkan menghalang penajaan sukan oleh syarikat-syarikat tembakau di seluruh benua dan mengharamkan penggunaan logo mereka.

1. Menurut industri langkah ini akan menghilangkan sebarang insentif untuk menaja acara-acara sukan.

2. Kesannya terlalu besar ke atas setengah sukan manakala yang lain tidak terjejas langsung dan ini mengakibatkan sukan menentang sukan.

3. Sukan yang mengalami kerugian terbesar ialah lumba motorsikal dan kereta.

4. Cadangan tersebut akan memaksa pasukan-pasukan Formula One seperti McLaren dan Williams dan pasukan-pasukan Grand Prix motorsikal mencari penaja baru untuk terus bernyawa.

5. Persoalan asas ialah sama ada atlit-atlit yang sihat perlu membantu menggalakkan barangan yang boleh membawa penyakit merbahaya kepada pengguna.

6. Jurucakap Persatuan Bola Sepak England berkata: "Kami mempunyai dasar untuk tidak memakai apa saja yang tidak sesuai, termasuk pengiklanan rokok."

7. Penajaan sukan oleh syarikat-syarikat rokok sebenarnya tidak terlalu besar, kata Pengerusi Tindakan ke atas Merokok dan Kesihatan (ASH). Perangkaan menunjukkan penajaan syarikat tembakau hanya 3% dalam keseluruhan penajaan sukan di Britain.

8. Pengurus Promosi Antara Bangsa Rothmans mengatakan penajaan syarikat-syarikat rokok berjumlah beratus-ratus juta di seluruh dunia.

9. Menjual tembakau tidak melanggar undang-undang, jadi kenapa tidak ia dipasarkan sebagai satu barangan yang sah, kata Pengurus Perkhidmatan Korporat Phillip Morris di Eropah.

[Utusan Malaysia 091191]

TULISAN 7 • *Writing 7*

LATIHAN 7.4

Tulis sebuah perenggan yang menerangkan pendapat anda mengenai kebaikan dan keburukannya mengawasi praktik doktor dewasa ini. Dasarkan pendapat ini pada butir-butir yang disediakan. Selain istilah pendapat, gunakan juga istilah generalisasi, persamaan dan perbezaan, sebab dan akibat, dll. di mana perlu. Tulis ayat pengenalan yang sesuai.

Tulis satu paragraf yang menerangkan pendapat Anda mengenai kebaikan dan keburukannya melakukan pengawasan praktek dokter dewasa ini. Dasarkan pendapat ini pada rincian yang disediakan. Selain istilah pendapat, gunakan juga istilah generalisasi, persamaan dan perbedaan, sebab dan akibat, dll. di mana perlu. Tulis kalimat pembukaan yang tepat.

Write a paragraph which expresses your opinion about the advantages and disadvantages of checking on medical practices at the present time. Base your opinion on the details presented. In addition to the terms expressing opinion, also use terms for generalisations, similarities and differences, cause and effect, etc. where required. Write an appropriate topic sentence.

Akan Dibentuk, Mekanisme Pengawasan Praktek Dokter

1. Dengan adanya pengawasan praktek dokter swasta, mutu profesi dan pelayanan dokter kepada pasien dapat ditingkatkan.

2. Dokter mendapat izin praktek yang berlaku untuk seumur hidup dan setelah itu tidak pernah dipantau selanjutnya.

3. Dengan izin praktek seumur hidup, tidak diketahui apakah seorang dokter masih mampu melakukan tugasnya atau tidak.

4. Bila dokter sudah beranjak tua, ia bisa saja berpraktek meski kondisi fisiknya sudah tidak mengizinkan.

5. Ilmu kedokteran berkembang terus. Akibatnya bukan mustahil sering terjadi kasus yang merugikan pasien kalau dokter tidak menyadari perkembangan yang baru.

6. Jumlah praktek dokter swasta sudah banyak dan akan bertambah lagi pada masa mendatang.

7. Memang tidak mudah untuk memantau praktek para dokter swasta. Tidak mungkin tiap praktek dokter swasta dikunjungi satu per satu di seluruh Indonesia.

8. Untuk praktisnya mungkin setiap dokter dikirimkan semacam formulir untuk diisi.

9. Bentuk pertanyaannya yang paling mudah namun lengkap dan memenuhi syarat belum dipikirkan.

10. Belum dibahaskan apa yang seharusnya dilakukan kalau ada praktek dokter yang didapati kurang bermutu.

[Kompas 050695]

TULISAN 7 • *Writing 7*

LATIHAN 7.5

Di bawah ini diberikan beberapa butir nasihat bagi kaum wanita yang baru saja tercerai. Tulis sebuah perenggan di mana kamu menyusun nasihat ini dari segi kepentingan yang kamu berikan pada setiap satu. Nyatakan pendapat mengapa kamu percaya ada butir nasihat tertentu yang lebih atau kurang penting daripada yang lain. Selain daripada istilah pendapat, gunakan juga istilah susunan waktu dan persamaan dan perbezaan yang berkenaan.

Di bawah ini diberikan beberapa rincian nasehat bagi wanita yang baru saja bercerai. Tulis satu paragraf di mana Anda menyusun nasehat ini dari segi kepentingan yang Anda berikan pada setiap satu. Berikan pendapat mengapa Anda percaya bahwa butir nasehat tertentu itu lebih atau kurang penting daripada yang lain. Selain istilah pendapat, juga gunakan istilah urutan waktu dan persamaan dan perbedaan yang berhubungan.

Below you are given several pieces of advice for women who have recently been divorced. Write a paragraph in which you sequence such advice in order of the importance you give to each. Give your opinion on why you feel particular pieces of advice are more or less important than others. In addition to terms expressing opinion, also use terms for chronological order and comparison and contrast where relevant.

Setelah Pisah, Lalu Apa?

1. **Luangkan waktu untuk menyesuaikan diri**

   Jika Anda sudah menikah beberapa lama, Anda bukanlah orang yang sama dengan saat menikah dulu. Tenangkan diri, jangan buru-buru mencari kencan baru.

2. **Bikin perenungan**

   Apakah perpisahan itu karena Anda, pasangan atau atas kesepakatan bersama, Anda tetap butuh waktu untuk merenungkannya.

   Jika Anda melihat kesempatan rekonsiliasi, Anda harus menjawab pertanyaan itu sebelum memutuskan mencari kencan baru.

3. **Berbagi dengan teman-teman**

   Jangan mengisolasi diri untuk meratapi kesedihan. Ayo, gabung dengan teman-teman dan senangkan diri Anda.

   Mulai dengan pertemanan, baru bertahap ke langkah selanjutnya jika ada kecocokan.

4. **Jangan bersedih berlebihan**

   Memang menyedihkan, apalagi jika keputusan cerai bukan berasal dari Anda. Merasa sebagai pihak yang dicampakkan memang menyakitkan.

   Jika Anda punya sahabat terpercaya dan pandai menjaga rahsia, coba berbagi dengannya.

5. **Jangan ragu untuk mencari kencan baru**

   Saat Anda merasa siap, jangan ragu untuk mencari kencan baru, yang nantinya akan jadi pasangan hidup.

   Jangan ragu minta pertimbangan keluarga atau bahkan teman, siapa orang yang kiranya tepat bagi Anda.

   [Kompas 180305]

LATIHAN 7.6

Tulis sebuah perenggan di mana kamu nyatakan pendapat tentang enam kesilapan berikut yang patut dielakkan apabila berhubung dengan seseorang melalui internet. Jelaskan mengapa kamu setuju atau tidak setuju dengan setiap satu. Tulis ayat pengenalan yang sesuai.

Tulis satu paragraf di mana Anda memberikan pendapat tentang enam kesalahan berikut yang harus dielakkan ketika berhubungan dengan seorang melalui internet. Jelaskan mengapa Anda setuju atau tidak setuju dengan setiap kesalahan itu. Tulis kalimat pembukaan yang tepat.

Write a paragraph in which you give your opinion about the following six mistakes made when communicating with someone on the internet. Explain why you either agree or disagree with each. Introduce your paragraph with an appropriate topic sentence.

---

6 Perkara Yang Harus Dielak Ketika Mencari Cinta Di Internet

Cinta siber atau cinta internet sudah menjadi kebiasaan di kalangan generasi muda hari ini. Namun, kepada 'Cik Abang' dan 'Cik Adik' di luar sana, selain berhati-hati dengan siapa anda mula bersembang, jangan sekali-kali lakukan enam perkara berikut kalau anda tidak mahu peluang keemasan yang diraih dalam berkenalan cuma-cuma hilang.

Kesilapan 1.
Apabila berutus e-mel, janganlah 'buka cerita' macam karangan kisah riwayat hidup anda. Yang sebaiknya, e-mel yang diutuskan ringkas saja - jangan melebihi tiga ayat. Dua ayat pertama untuk menjawab soalan yang ditanyakan oleh si dia. Ayat terakhir untuk bertanyaknnya soalan kepadanya.

Kesilapan 2.
Janganlah mula menggatal dengan isu-isu seks. Jangan pula anda dicap 'gila seks'. Usah sentuh perkara ini kononnya untuk tampak 'seksi' atau bertindak macam 'Romeo'.

Kesilapan 3.
Jangan bohong. Kalau anda berbohong, lambat-laun akan sampai ke telinga si dia juga. Kalau anda rasa pekerjaan atau pendapatan anda menjadi halangan, tumpukan pada ciri-ciri positif anda.

Kesilapan 4.
Jangan banjiri dengan banyak e-mel dan pesanan segera. Hai, kalau anda buat begini, naik lemas si dia. Anda buat dia rasakan seakan anda ni dah mabuk kepayang. Kalau baru nak berkenalan, kirimkan satu e-mel sehari sudah memadai.

Kesilapan 5.
Jangan tamak. Bahayanya apabila anda mengutus e-mel kepada ramai lelaki atau ramai wanita untuk mencuba nasib atau menguji pasaran anda. Kalau anda menerima e-mel daripada ramai wanita atau jejaka, bataskan kepada beberapa orang saja yang anda rasa boleh dipercayai.

Kesilapan 6.
Jangan ghairah sangat nak ajak si dia keluar. Bertindak slow and steady. Jangan mudah berikan nombor telefon bimbit anda. Kalau anda dan dia rasa selesa (dah steady), barulah orak langkah seterusnya.

[Berita Harian 140605]

TULISAN 7 • Writing 7

LATIHAN 7.7

Tulis sebuah perenggan di mana kamu memberikan pendapat mengapa ada agama tertentu yang tetap dianuti di negara di mana ia diperkenalkan pada masa dulu. Sebagai contoh, agama Islam di Malaysia, Indonesia dan Brunei, agama Katolik di Filipina, agama Budha di Negeri Thai dan di kalangan orang Cina di Malaysia, dan agama Hindu di kalangan orang India di Malaysia dan Singapura dan orang Bali di Indonesia. Pilih hanya satu agama atau kawasan untuk perenggan itu. Tulis ayat pengenalan yang sesuai.

Tulis satu paragraf di mana Anda memberikan pendapat mengapa ada agama tertentu yang tetap dianuti di negara di mana ia diperkenalkan pada tahun-tahun yang lalu. Sebagai contoh, agam Islam di Malaysia, Indonesia dan Brunei, agama Katolik di Filipina, agama Budha di Thailand dan di kelompok orang Cina di Malaysia, dan agama Hindu di kelompok orang India di Malaysia dan Singapura dan orang Bali di Indonesia. Pilih salah satu agama atau daerah saja untuk paragraf itu. Tulis kalimat pembukaan yang tepat.

Write a paragraph in which you express your opinion as to why particular religions continue to exist in the countries into which they were introduced in the past. For example, Islam in Malaysia, Indonesia and Brunei, Catholicism in the Philippines, Buddhism in Thailand and among the Chinese in Malaysia, and Hinduism among the Indians in Malaysia and Singapore and the Balinese in Indonesia. Choose just one religion or region for your paragraph. Write an appropriate topic sentence.

Masjid ᴹ / Mesjid ᴵ Brunei

Gereja Katolik, Filipina

Kuil Hindu, Singapura

Tokong Cina, Malaysia

Wat Budha
Negeri Thai ᴹ /Thailand ᴵ

Pura Hindu, Bali

TULISAN 7 • *Writing 7*

LATIHAN 7.8

Tulis sebuah perenggan berdasarkan garis kasar yang diberikan. Beri tajuk yang sesuai.

Tulis satu paragraf berdasarkan garis besar yang diberikan. Beri judul yang tepat.

Write a paragraph based on the given outline. Supply an appropriate title.

Apa yang diketahui oleh kebanyakan orang mengenai perusahaan membalak kayu ialah perusahaan itu patut diberhentikan, tetapi pada pendapat saya ini adalah sesuatu yang dipermudahkan saja. Biar saya menunjukkan sebagai bukti tiga perkara di bawah ini.

Apa yang diketahui oleh kebanyakan orang mengenai perusahaan perkayuan ialah perusahaan itu sebaiknya dihentikan, tetapi menurut pendapat saya ini adalah sesuatu yang terlalu disederhanakan saja. Mari saya tunjukkan tiga hal di bawah ini sebagai bukti.

1. Pekerjaan

1.1 Perusahaan itu memberi peluang pekerjaan kepada orang di pedesaan.
1.2 Pekerjaan lain kurang atau tidak ada.
1.3 Kaum muda akan meninggalkan pedesaan untuk mencari pekerjaan di bandar raya.

2. Kewangan

2.1 Perusahaan itu memberi sumbangan kepada pendapatan negara. Tanpa sumbangan ini:

2.1.1 Cukai pendapatan terpaksa dinaikkan.
2.1.2 Nilai wang negara a akan merosot.

2.2 Perusahaan itu menyuntik modal ke dalam ekonomi tempatan.

2.2.1 Tanpa perbelanjaan pekerja, kedai-kedai akan ditutup,
2.2.2 Kemudahan-kemudahan seperti sekolah, panggung wayang, bank dan lain-lain akan lesap.

1. Pekerjaan

1.1 Perusahaan itu memberi peluang pekerjaan kepada orang di pedesaan.
1.2 Pekerjaan lain kurang atau tidak ada.
1.3 Kaum muda akan meninggalkan pedesaan untuk mencari pekerjaan di kota besar.

2. Keuangan

2.1 Perusahaan itu memberi sumbangan kepada pendapatan negara. Tanpa sumbangan ini:

2.1.1 Pajak pendapatan terpaksa dinaikkan.
2.1.2 Nilai uang negara akan merosot.

2.2 Perusahaan itu menyuntik modal ke dalam ekonomi setempat

2.2.1 Tanpa pengeluaran pekerja, toko-toko akan ditutup.
2.2.2 Fasilitas seperti sekolah, bioskop, bank dan lain-lain akan menghilang.

Opinion

3. Alam sekeliling	3. Alam sekitar
3.1 Hanya pokok-pokok tertentu ditumbangkan.	3.1 Hanya pohon-pohon tertentu ditumbangkan.
3.2 Pokok yang ditumbangkan diganti dengan yang baru.	3.2 Pohon yang ditumbangkan diganti dengan yang baru.

LATIHAN 7.9

Tulis 2 DUA buah perenggan berdasarkan dua perkara yang berikut. Perenggan-perenggan ini hendaklah sepanjang 100 patah perkataan. Tulis ayat pengenalan dan beri tajuk yang sesuai. Gunakan istilah susunan waktu, penggolongan, persamaan dan perbezaan, sebab dan akibat, dan sebagainya di mana sesuai. Buktikan pendapat yang dinyatakan.

Tulis 2 DUA paragraf berdasarkan dua topik yang berikut. Paragraf-paragraf ini harus sebanyak 100 kata. Tulis kalimat pembukaan dan beri judul yang tepat. Gunakan istilah urutan waktu, penggolongan, persamaan dan perbedaan, sebab dan akibat, dan sebagainya di mana sesuai. Dukung pendapat yang dinyatakan.

Write 2 TWO paragraphs based on two of the following topics. These paragraphs should be 100 words long. Write a topic sentence and give an appropriate title. Use terms for chronological order, classification, comparison and contrast, cause and effect, and the like where appropriate. Support your stated opinion.

1. Apakah pendapat kamu tentang jenis-jenis makanan yang biasanya dimakan pada masa ini?

2. Patutkah kerajaan mengenakan yuran ke atas semua penuntut di universiti? Apakah pendapat kamu?

3. Negara yang mana terkaya di kawasan Asia Tenggara? Beri pendapat sendiri.

4. Apakah mata pelajaran atau kursus pelajaran yang penting dipelajari di universiti pada masa ini?

5. Pada pandangan kamu, patutkah lelaki dan perempuan diberi peluang yang sama memasuki tentera?

1. Apa pendapat Anda tentang jenis makanan yang biasa dimakan pada saat ini?

2. Pantaskah pemerintah mengenakan yuran terhadap semua mahasiswa di universitas? Apa pendapat Anda?

3. Yang mana negara terkaya di kawasan Asia Tenggara? Beri pendapat sendiri.

4. Apakah mata pelajaran atau kuliah yang penting dipelajari di universitas pada saat ini?

5. Menurut pandangan Anda, pantaskah lelaki dan perempuan diberi peluang yang sama untuk menjadi tentara?

TULISAN 7 • Writing 7

6. Melombong bijih bauksit (atau bijih lain) lebih penting daripada menyelamatkan hutan semula jadi. Beri pendapat sendiri.

7. Belanja untuk menghantar orang ke angkasa lepas lebih mustahak daripada belanja untuk rakyat miskin di dunia ini. Apakah pendapat kamu?

8. Pada hemat kamu, adakah membuat sesuatu sendiri lebih memuaskan daripada membeli sesuatu sudah siap?

Beri pendapat kamu tentang:

9. Surat khabar di sebuah bandar raya.

10. Cukai pendapatan.

11. Sistem pengangkutan am di sebuah bandar raya.

12. Dasar pendidikan kerajaan pusat.

13. Ketua negara di sebuah negara tertentu.

14. Sistem kebajikan am di sebuah negara.

15. Dasar imigrasi suatu kerajaan.

16. SPAM dan / atau phishing di internet.

17. Membunuh ikan paus dengan alasan menjalankan ujian saintifik.

18. Suntikan vaksinasi bagi bayi yang berumur enam bulan.

6. Menambang bijih bauksit (atau bijih lain) lebih penting daripada menyelamatkan hutan asli. Beri pendapat sendiri.

7. Pengeluaran untuk meluncurkan orang ke angkasa luar lebih penting daripada pengeluaran untuk rakyat miskin di dunia ini. Apakah pendapat Anda?

8. Menurut hemat Anda, apakah membuat sesuatu sendiri lebih memuaskan daripada membeli sesuatu yang sudah jadi?

Beri pendapat Anda tentang:

9. Surat kabar di suatu kota besar.

10. Pajak pendapatan

11. Sistem angkutan umum di suatu kota besar.

12. Kebijaksanaan pendidikan pemerintah pusat.

13. Kepala negara di suatu negara tertentu.

14. Sistem pelayanan umum di suatu negara.

15. Kebijaksanaan imigrasi suatu pemerintah.

16. SPAM dan / atau phishing di internet.

17. Membunuh ikan paus dengan alasan imliah.

18. Suntikan vaksinasi bagi bayi yang berumur enam bulan.

TULISAN 8

DEFINISI
Definition

When we define particular items, we explain them in terms of their general components of meaning. There are a number of ways of doing this. We can explain them by looking at their form or shape, their general characteristics or inherent properties, their function or use, their position, status or state, etc.

We can present this information in a number of different ways: by direct statement, by comparison and contrast with items in a similar class, or by example. The exercises which follow ask you to do a number of these things.

ISTILAH

alat
device, tool, instrument

perkakas
apparatus, appliance, TOOL

kenderaan
vehicle

benda / barang
thing, form, object

bahan
materials (as in "teaching materials")

sesuatu
something

orang / binatang / dll.
person / animal / etc.

alat
device, tool, instrument

perkakas
apparatus, appliance

kendaraan
vehicle

benda / barang
thing, form, object

bahan
materials (as in "teaching materials")

sesuatu
something

orang / binatang / dll.
person / animal / etc.

TULISAN 8 • Writing 8

- *tempat*
  place

- *jenis*
  kind, type, species

- *kategori*
  category

- *kumpulan / golongan*
  group

- *aspek*
  aspect

- *keadaan*
  condition, state

- *kedudukan*
  position; status

- *ciri-ciri / sifat-sifat / butir-butir*
  characteristics, attributes, properties

- *cara*
  method, way

- *kaedah*
  principle

- *kaedah*
  method

- ___ *ialah sejenis* ___ *yang mempunyai*
  ___
  ___ is a type of ___ which contains ___

- ___ *ialah sesuatu yang digunakan untuk*
  ___
  ___ is something that is used for ___

- ___ *ialah tempat di mana* ___
  ___ is a place where ___

- *tempat*
  place

- *jenis*
  kind, type, species

- *kategori*
  category

- *kelompok / golongan*
  group

- *aspek*
  aspect

- *keadaan*
  condition, state

- *kedudukan*
  position; status

- *ciri-ciri / sifat-sifat / butir-butir*
  characteristics, attributes, properties

- *cara*
  method, way

- *kaidah*
  principle

- *metode*
  method

- ___ *ialah sejenis* ___ *yang mempunyai*
  ___
  ___ is a type of ___ which contains ___

- ___ *ialah sesuatu yang digunakan untuk*
  ___
  ___ is something that is used for ___

- ___ *ialah tempat di mana* ___
  ___ is a place where ___

Definition

☆ ___ *ialah sejenis* ___ *dibuat daripada* ___
___ is a type of ___ made from ___

___ *ialah sejenis* ___ *dibuat dari* ___
___ is a type of ___ made from ___

☆ ___ *ialah satu kumpulan yang mempunyai / menggunakan* ___
___ is a group which possesses / uses ___

___ *ialah satu kelompok yang mempunyai / menggunakan* ___
___ is a group which possesses / uses ___

☆ ___*ialah sejenis* ___ *berbentuk* ___
___ is a type of ___ in the form of ___

___*ialah sejenis* ___ *berbentuk* ___
___ is a type of ___ in the form of ___

☆ ___ *ialah* ___ *sementara* ___
___ is a ___ whereas ___

___ *ialah* ___ *sementara* ___
___ is a ___ whereas ___

☆ ___ *ialah serupa dengan* ___
___ is the same as ___

___ *ialah serupa dengan* ___
___ is the same as ___

☆ ___ *ialah seperti* ___
___ is like ___

___ *ialah seperti* ___
___ is like ___

☆ ___ *bermakna* ___
___ means ___

___ *berarti* ___
___ means ___

☆ *Makna / Erti* ___ *ialah* ___
The meaning of ___ is ___

Arti / makna ___ *ialah* ___
The meaning of ___ is ___

☆ *Maknanya / Ertinya ialah* ___
Its meaning is ___

Artinya / maknanya ialah ___
Its meaning is ___

☆ *Dengan* ___ *maksudnya ialah* ___
By ___ is meant ___

Dengan ___ *maksudnya / artinya ialah* ___
By ___ is meant ___

☆ *Dengan* ___ *maksud saya ialah* ___
By ___ I mean ___

Dengan ___ *maksud saya ialah* ___
By ___ I mean ___

Jika kita katakan ___ *maksudnya ialah* ___
If we say ___ it means that ___

Jika kita katakan ___ *maksudnya ialah* ___
If we say ___ it means that ___

☆ *Dalam lain perkataan / ertikata yang lain,* ___
In other words, ___

Dalam kata-kata lain / artikata yang lain ___
In other words, ___

141

TULISAN 8 • Writing 8

Menulis kembali dalam perkataan yang lain, ___
To paraphrase, ___

Untuk <u>menerangkan / menjelaskan</u> ___
In order to clarify / explain / define ___

Salah satu cara yang terbaik untuk menerangkan apa yang dimaksudkan dengan ___ *ialah dengan memberi contoh.*
One of the best ways to explain what is meant by ___ is to give an example.

Salah satu cara yang terbaik untuk menjelaskan apa yang saya maksudkan dengan ___ *ialah menceritakan tentang perkara yang berikut.*
One of the best ways to clarify what I mean by ___ is to tell about the following.

Kita boleh memahami <u>erti / maksud</u> ___ *jika kita meneliti bagaimana* ___ *berbeza dari* ___
We can understand the meaning of / implications of ___ if we examine how ___ differs from ___

Untuk memahami apa yang saya maksudkan dengan ___ *adalah perlu untuk membezakan antara* ___ *dan* ___.
In order to understand what I mean by ___ it is necessary to distinguish / to differentiate between ___ and ___.

___ *dan* ___ *berbeza dalam tiga cara, iaitu* ___
___ and ___ differ in three ways. These are ___

Menulis kembali dalam kata-kata lainnya, ___
To paraphrase, ___

Untuk <u>menerangkan / menjelaskan</u> ___
In order to clarify / explain / define ___

Salah satu cara yang terbaik untuk menerangkan apa yang dimaksudkan dengan ___ *ialah dengan memberi contoh.*
One of the best ways to explain what is meant by ___ is to give an example.

Salah satu cara yang terbaik untuk menjelaskan apa yang saya maksudkan dengan ___ *ialah menceritakan tentang hal-hal berikut.*
One of the best ways to clarify what I mean by ___ is to tell about the following.

Kita boleh memahami <u>arti / maksud</u> ___ *jika kita meneliti bagaimana* ___ *berbeda dari* ___
We can understand the meaning of / implications of ___ if we examine how ___ differs from ___

Untuk memahami apa yang saya maksudkan dengan ___ *adalah perlu untuk membedakan antara* ___ *dan* ___.
In order to understand what I mean by ___ it is necessary to distinguish / to differentiate between ___ and ___.

___ *dan* ___ *berbeda dalam tiga hal, yaitu* ___
___ and ___ differ in three ways. These are ___

Walau pun ___ dan ___ hampir sama maknanya, tetapi ___ dan ___ tidaklah sebenarnya sama.

Although ___ and ___ have almost the same meaning, ___ and ___ are not in reality the same.

Kedua-dua ___ dan ___ ialah suatu jenis ___ tetapi ___ ialah ___ sementara ___ ialah untuk ___ .

Both ___ and ___ are a type of ___ but ___ is ___ while ___ is / is used for ___

Baik ___ mahupun ___ adalah jenis ___ namun ___ digunakan untuk ___ sementara ___ digunakan untuk ___ .

Both ___ and ___ are types of ___, but / however ___ is used for ___ whereas ___ is used for ___ .

Walau pun ___ dan ___ <u>bermakna / berarti</u> hampir sama, tetapi ___ dan ___ sesungguhnya tidak sama.

Although ___ and ___ have almost the same meaning, ___ and ___ are not in reality the same.

___ dan ___ keduanya ialah suatu jenis ___ tetapi ___ ialah ___ sementara ___ ialah untuk ___.

Both ___ and ___ are a type of ___ but ___ is ___ while ___ is / is used for ___

Baik ___ maupun ___ adalah jenis ___ namun ___ digunakan untuk ___ sementara ___ digunakan untuk ___.

Both ___ and ___ are types of ___, but / however ___ is used for ___ whereas ___ is used for ___ .

TULISAN 8 • *Writing 8*

LATIHAN 8.1

Jelaskan <u>5 LIMA</u> daripada 12 perkataan di bawah ini dengan menulis satu ayat yang lengkap untuk setiap perkataan. Ayat ini hendaklah menyebutkan fungsi, rupa, kegunaan, dll. perkataan yang diterangkan.

Jelaskan <u>5 LIMA</u> dari 12 kata di bawah ini dengan menulis satu kalimat lengkap untuk setiap kata. Kalimat ini harus menyebutkan fungsi, bentuk, kegunaan, dll. kata-kata yang dijelaskan.

Explain <u>5 FIVE</u> of the 12 words below by writing one complete sentence for each word. This sentence should state the function, form, use, etc. of the word that is being defined.

kamus	kamus
hospital	rumah sakit
pasport	paspor
sekolah	sekolah
mesin taip	mesin ketik
tuala	handuk
jam tangan	jam tangan
beg	tas
telefon	telepon
lembu	sapi
perpustakaan	perpustakaan
payung	payung

CONTOH:

Dawat ialah sejenis cecair berwarna yang digunakan di dalam sebuah pena untuk menulis.

CONTOH:

Tinta ialah sejenis cairan berwarna yang digunakan di dalam sebuah pena untuk menulis.

Definition

LATIHAN 8.2

Terangkan <u>5 LIMA</u> daripada 12 perkataan yang berikut dengan menulis tiga ayat. Ayat yang pertama hendaklah menerangkan perkataan yang dipilih. Di ayat yang kedua bezakan antara perkataan yang diterangkan dengan perkataan-perkataan lain dalam kumpulan yang serupa, dan di ayat yang terakhir beri contoh.

Terangkan <u>5 LIMA</u> dari 12 kata yang berikut dengan menulis tiga kalimat. Kalimat pertama harus menerangkan kata yang dipilih. Pada kalimat kedua bedakan antara kata yang dijelaskan dengan kata-kata lain dalam kelompok yang sama, dan pada kalimat terakhir beri contoh.

Explain <u>5 FIVE</u> of the 12 words which follow by writing three sentences. The first sentence should explain the word chosen. In the second sentence distinguish between the word defined and other words in similar groups, and in the last sentence give an example.

orang asli	aborigin
bandar raya	kota besar
undang-undang tempatan	undang-undang setempat
ubat sapu	obat oles
sukan olimpik	pesta olah raga olimpiade
imperialisme	imperialisme
demokrasi	demokrasi
doktor gigi	dokter gigi
negara yang membangun	negara yang membangun
pendatang baru	pendatang baru
buah	buah
pinggan	piring

CONTOH:

Sayur ialah sejenis makanan yang ditanam, dipelihara, dan dituai oleh manusia untuk dimakan. Ini berbeza dari makanan lain seperti binatang di mana daging dimakan setelah binatang itu disembelih. Sebagai contoh, timun, tomato, dan kobis ialah jenis-jenis sayuran.

CONTOH:

Sayur ialah sejenis makanan yang ditanam, dipelihara, dan dipanen oleh manusia untuk dimakan. Ini berbeda dari makanan lainnya seperti binatang di mana daging dimakan setelah binatang itu disembelih. Sebagai contoh, mentimun, tomat dan kubis ialah jenis-jenis sayuran.

TULISAN 8 • *Writing 8*

LATIHAN 8.3

Tulis satu dua ayat untuk menjelaskan 5 LIMA daripada 12 pasangan perkataan yang berikut. Mula-mula nyatakan persamaan kedua perkataan dalam setiap pasangan. Kemudian, bezakan di antara kedua-duanya.

Tulis satu dua kalimat untuk menjelaskan 5 LIMA dari 12 padanan kata yang berikut. Mula-mula nyatakan persamaan kedua kata dalam setiap padanan. Kemudian, bedakan di antara kedua-duanya.

Write one or two sentences to explain 5 FIVE of the following 12 pairs of words. First state the similarity between the two words in each pair. Then differentiate between them.

sosialisme dan komunisme	sosialisme dan komunisme
surat khabar dan majalah	surat kabar dan majalah
sepak takraw dan sepak bola	sepak takraw dan sepak bola
kerja dan kegemaran	kerja dan kegemaran
hawar dan penyakit	wabah dan penyakit
agama dan animisme	agama dan animisme
kedai kopi dan restoran	warung kopi dan restoran
ayam dan itik	ayam dan bebek
kawan dan kenalan	teman dan kenalan
bulan dan matahari	bulan dan matahari
basikal dan motorsikal	sepeda dan sepeda motor
universiti dan maktab perguruan	universitas dan institut keguruan

CONTOH:

Kedua-dua **gereja dan masjid** ialah tempat di mana penganut agama sembahyang atau mengerjakan ibadat mereka. Masjid hanya digunakan oleh orang Islam, sementara orang Kristian menggunakan gereja sebagai tempat mereka sembahyang.

CONTOH:

Gereja dan mesjid ialah tempat di mana penganut agama sembahyang atau mengerjakan ibadat mereka. Mesjid hanya digunakan oleh orang Islam, sedangkan orang Kristen menggunakan gereja sebagai tempat mereka sembahyang.

LATIHAN 8.4

Di bawah ini diberikan gambar sembilan alat muzik dari Malaysia. Mula-mula golongkan alat ini dalam kumpulan yang sesuai. Tunjukkanlah ciri-ciri yang sama. Kemudian nyatakan apa yang menyebabkan setiap alat muzik itu unik dalam kumpulan masing-masing. Dalam lain perkataan, mula-mula nyatakan persamaan semua alat dalam setiap kumpulan, dan kemudian nyatakan perbezaannya.

Di bawah ini diberikan lukisan sembilan alat musik dari Malaysia. Mula-mula golongkan alat ini dalam kelompok yang sesuai. Tunjukkanlah ciri-ciri yang sama. Kemudian sebutkan apa yang membedakan setiap alat-alat itu. Dalam kata-kata yang lain, mula-mula sebutkan persamaan semua alat dalam setiap kelompok, dan kemudian sebutkan perbedaannya.

Below you are given pictures of nine musical instruments from Malaysia. First, place these instruments into relevant groups, indicating the elements they share, then indicate what makes each instrument in each particular group distinct. In other words, first state the similarities shared by the members of a group, and then indicate the differences.

TULISAN 8 • Writing 8

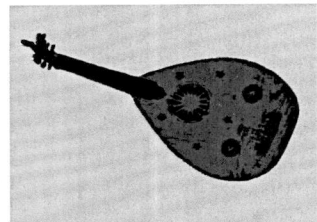
gambus

gong

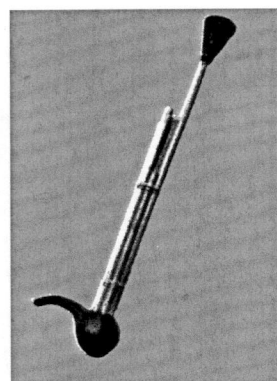
keluri

rebab

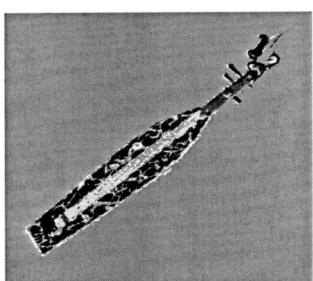
sape

rebana mangkok

tontog

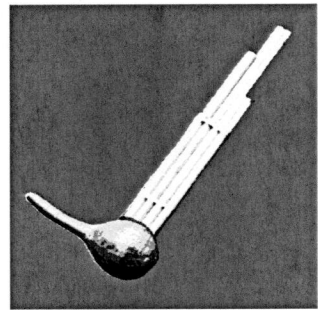
sumputon

rebana ubi

TULISAN 9

RAMALAN DAN SANGKAAN
Prediction and Inference

When we make predictions we indicate what we believe will happen at some time in the future. To make such predictions, we draw inferences from the information we have available at the present time, and then indicate in some logical way how this will lead to changes over the course of time. Predictions must always be based on some justifiable body of evidence.

Predictions may take the form of generalisations which are supported by example or fact. They may also take the form of cause and effect sequences, or sequences arranged in chronological order where the final event is seen as a natural consequence of what has come before.

ISTILAH

✯ *Dari ___ saya boleh agak ___*
From ___ I can infer that ___

Dari ___ saya bisa duga ___
From ___ I can infer that ___

✯ *Saya agak memang ___*
I can safely guess that ___

Saya duga memang ___
I can safely guess that ___

Dari dasar ___ kita boleh mengatakan ___
On the basis of ___ we can say ___

Dengan dasar ___ kita bisa mengatakan ___
On the basis of ___ we can say ___

✯ *Berdasarkan ___ kita boleh meramalkan ___*
On the basis of ___ we can predict ___

Berdasarkan ___ kita bisa meramalkan ___
On the basis of ___ we can predict ___

✯ *Berdasarkan kedudukan ___ saya meramalkan ___*
Based on the state of ___ I predict that ___

Berdasarkan kedudukan ___ saya meramalkan ___
Based on the state of ___ I predict that ___

TULISAN 9 • *Writing 9*

- *Dari ___ saya anggap ___*
  From ___ I assume that ___

- *anggapan*
  presumption

- *Saya menganggap ___*
  I presume that ___

- *telahan*
  prediction

- *Saya menelahkan ___*
  I predict ___

- *Melihat keadaan yang terdapat di ___ saya menelahkan ___*
  Looking at the situation existing in ___ I predict that ___

- *rancangan*
  plan

- *Saya merancangkan untuk ___*
  I plan to ___

- *Nampaknya seperti ___, tetapi sebenarnya ___*
  It seems like / as if ___, but actually ___

- *Dari ___ kelihatan pada saya ___*
  From ___ it seems to me that ___

- *Saya dapat melihat ke hadapan bahawa ___ akan berlaku.*
  I can foresee that ___ will happen.

- *ramalan*
  prediction, forecast

- *Saya meramalkan ___*
  I predict / foresee / forecast / foretell that ___

- *Dari ___ saya anggap ___*
  From ___ I assume that ___

- *anggapan*
  presumption

- *Saya menganggap ___*
  I presume that ___

- *perkiraan*
  prediction

- *Saya kira ___*
  I predict ___

- *Melihat keadaan yang terdapat di ___ saya kira ___*
  Looking at the situation existing in ___ I predict that ___

- *rencana*
  plan

- *Saya merencanakan untuk ___*
  I plan to ___

- *Tampaknya seperti ___, tetapi sebenarnya ___*
  It seems like / as if ___, but actually ___

- *Dari ___ kelihatan pada saya ___*
  From ___ it seems to me that ___

- *Saya bisa memperkirakan bahwa ___ akan terjadi.*
  I can foresee that ___ will happen.

- *ramalan*
  prediction, forecast

- *Saya meramalkan ___*
  I predict / foresee / forecast / foretell that ___

Prediction and Inference

Untuk membuat ramalan mengenai ___ kita mesti ___ In order to make a prediction about ___ we must ___	*Untuk membuat ramalan mengenai ___ kita harus ___* In order to make a prediction about ___ we must ___
___ boleh diramalkan dari ___ ___ can be predicted from ___	*___ bisa diperkirakan dari ___* ___ can be predicted from ___
Dalam jangka masa hadapan yang boleh diramalkan ___ In the foreseeable future ___	*Pada <u>masa depan / waktu mendatang</u> yang bisa diramalkan ___* In the foreseeable future ___
masa depan / waktu akan datang the future	*masa depan / waktu akan datang* the future
Pada masa depan ___ In the future ___	*Pada masa depan ___* In the future ___
Pengertian mengenai masa depan tentang ___ ialah seperti yang berikut. The future implications of ___ are as follows.	*Pengartian mengenai masa depan tentang ___ ialah seperti berikut.* The future implications of ___ are as follows.
Masa depan akan membawa ___ The future will bring ___	*Masa depan akan membawa ___* The future will bring ___
Saya menyimpulkan (bahawa) ___ I conclude that ___	*Saya menyimpulkan (bahwa) ___* I conclude that ___
Dari ___ saya <u>mengambil keputusan / memutuskan</u> (bahawa) ___ From ___ I conclude that ___	*Dari ___ saya <u>mengambil kesimpulan / simpulkan</u> bahwa ___* From ___ I conclude that ___
<u>*Keputusan / Kesimpulan*</u> *yang mungkin timbul mengenai ___ ialah ___* The probable results which will arise regarding ___ are ___	*Kesimpulan yang mungkin timbul mengenai ___ ialah ___* The probable results which will arise regarding ___ are ___
<u>*Keputusan / Kesimpulan*</u> *yang terdapat pada akhirnya mengenai ___ ialah ___* The final result / final conclusion regarding ___ is ___	*Kesimpulan yang mungkin timbul mengenai ___ ialah ___* The final result / final conclusion regarding ___ is ___

TULISAN 9 • Writing 9

Akibat-akibat yang mungkin timbul mengenai ___ ialah ___
The possible consequences which might arise regarding ___ are___

☆ *Ada kemungkinan bahawa ___*
There is a possibility / probability that ___

Terdapat dua kemungkinan yang akan berlaku kalau ___, iaitu ___
There is the possibility of two things occurring if___. These are ___

Kejadian ini mungkin berlaku memandangkan ___
This event / thing might happen considering ___

☆ *Bayangkan apa yang mungkin terjadi kalau ___*
Imagine what would happen if ___

Dalam tahun-tahun yang akan datang manusia mungkin mencapai ___
In the coming years mankind might achieve ___

☆ *___ akan mengalami ___*
___ will experience ___

Walau pun ___ (akan) tetapi ___ akan membuat ___
Although ___, nevertheless ___ will make / cause ___

<u>*Akibat / kesan / kejadian*</u> *yang tidak boleh dielakkan telah mendatangkan kemungkinan (bahawa) ___*
Results / effects / events that were inevitable have brought about the possibility that ___

Akibat-akibat yang mungkin timbul mengenai ___ ialah ___
The possible consequences which might arise regarding ___ are___

Ada kemungkinan bahwa ___
There is a possibility / probability that ___

Terdapat dua kemungkinan yang akan terjadi jika ___, yaitu ___
There is the possibility of two things occurring if___. These are ___

Kejadian ini mungkin terjadi mengingat ___
This event / thing might happen considering ___

Bayangkan apa yang mungkin terjadi kalau ___
Imagine what would happen if ___

Dalam tahun-tahun yang akan datang manusia mungkin mencapai ___
In the coming years mankind might achieve ___

___ akan mengalami ___
___ will experience ___

Walau pun ___ (akan) tetapi ___ akan membuat ___
Although ___, nevertheless ___ will make / cause ___

<u>*Akibat / pengaruh / kejadian*</u> *yang tidak bisa terelakkan telah mendatangkan kemungkinan (bahwa) ___*
Results / effects / events that were inevitable have brought about the possibility that ___

LATIHAN 9.1

Tulis sebuah perenggan di mana kamu membuat ramalan mengenai peningkatan atau penurunan harga getah Malaysia pada tahun akan datang berdasarkan keterangan yang diberikan di bawah. Bahagikan bukti yang dipilih dalam golongan yang sesuai. Nyatakan susulan sebab dan akibat di mana perlu. Tulis ayat pengenalan yang sesuai.

Tulis satu paragraf di mana kamu membuat ramalan mengenai peningkatan atau penurunan harga karet Malaysia pada tahun mendatang berdasarkan keterangan yang diberikan di bawah. Pisahkan bukti yang dikutip dalam kelompok yang sesuai. Nyatakan susulan sebab dan akibat di mana perlu. Tulis kalimat pembukaan yang tepat.

Write a paragraph in which you make a prediction about the rise or fall in the price of Malaysian rubber for the coming year based on the information given below. Divide the evidence you cite into relevant groups. State cause and effect sequences where required. Write an appropriate topic sentence.

Pasaran getah dunia pada tahun hadapan

1. Ekonomi di negara-negara perindustrian dianggarkan meningkat perlahan-lahan sehingga akhir tahun ini dan tahun hadapan.

    Corak pasaran bergantung kepada prestasi ekonomi negara-negara perindustrian dan industri automobil.

2. Keluaran getah Malaysia terus jatuh berikutan dengan hujan di kawasan-kawasan pengeluaran.

    Bekalan bahan mentah akan jatuh sebanyak 5 hingga 10 peratus.

3. Stok-stok getah asli di Malaysia kurang 20,000 tonne berbanding dengan stok-stok tahun lepas.

4. Penggunaan getah asli dalam negeri terus meningkat kukuh.

    Jumlah penggunaan naik sebanyak 18.5 peratus berbanding tempoh yang sama tahun lepas.

5. Penggunaan getah asli dunia dijangka naik 0.8 peratus tahun depan.

[*Utusan Malaysia 11/191*]

LATIHAN 9.2

Tulis sebuah perenggan di mana kamu membuat ramalan mengenai kemungkinan banjir di Kabupaten Demak. Buktikan ramalan ini berdasarkan butir-butir yang diberikan. Golongkan bukti dalam kumpulan yang sesuai. Tulis ayat pengenalan yang tepat.

Tulis satu paragraf di mana kamu membuat ramalan mengenai kemungkinan banjir di Kabupaten Demak. Dukung ramalan ini berdasarkan rincian yang diberikan. Tempatkan bukti dalam kelompok yang sesuai. Tulis kalimat pembukaan yang tepat.

Write a paragraph in which you make a prediction about the possibility of flooding in the Regency of Demak. Support your prediction using the details given. Divide the evidence you cite into relevant sections. Write an appropriate topic sentence.

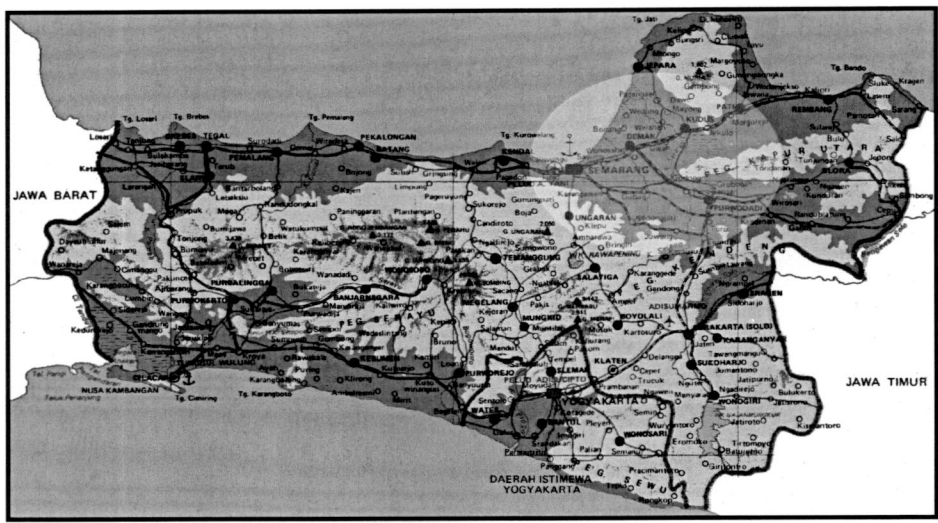

Jawa Tengah - Kabupaten Demak

Di Demak tujuh wilayah kecamatan rawan banjir

1. Biasanya pada bulan Desember selalu hujan deras.

2. Lima sungai yang mengalir ke Kabupaten Demak hampir sepanjang tahun meluap.

3. Tanggul kanan kiri Kali Tuntang di Desa Donorejo dalam kondisi kritis.

4. Tanggul di Desa Karangrejo sepanjang 300 meter bocor di empat tempat.

5. Pihak Ranting Dinas Pengairan setempat menjelaskan tahun lalu muncul banjir berkekuatan 616 meter kubik per detik dari Kali Tuntang.

6. Satuan Koordinasi Pelaksanaan Penanggulangan Bencana Alam (Satkorlak) sudah mempersiapkan 15.000 lembar karung plastik yang nantinya diisi pasir.

7. Lebih dari lima ton beras, lauk-pauk, pakaian dan sejumlah obat-obatan siap untuk dimanfaatkan setiap saat.

[Kompas 311291]

TULISAN 9 • *Writing 9*

LATIHAN 9.3

Tulis sebuah perenggan di mana kamu ramalkan kejayaan atau kegagalan filem *Mat Som*. Dasarkan ramalan itu pada butir-butir yang diberikan di bawah. Tulis ayat pengenalan yang sesuai.

Tulis satu paragraf di mana Anda ramalkan keberhasilan atau kegagalan film *Mat Som*. Dasarkan ramalan itu pada rincian yang diberikan di bawah. Tulis kalimat pembukaan yang tepat.

Write a paragraph in which you make a prediction about the success or failure of the film Mat Som. Base your predictions on the details presented below. Write an appropriate topic sentence.

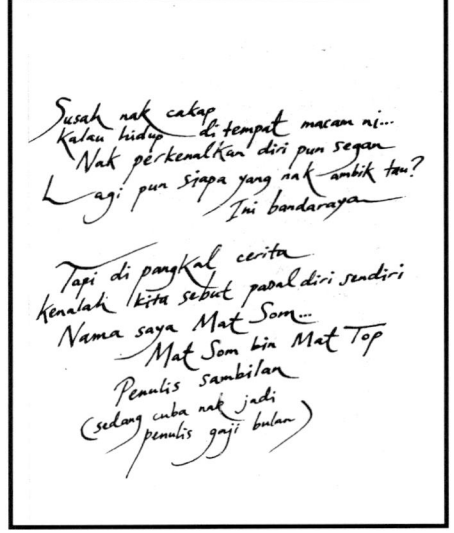

Komik "Mat Som" dijadikan Filem

1. Filem *Mat Som* berdasarkan komik popular *Lat*.

2. Filem ini akan menggambarkan realiti kehidupan masyarakat yang sebenarnya.

3. Watak *Mat Som* ini memang wujud di dalam masyarakat Malaysia tanpa mengira di kalangan kaum Melayu, India atau Cina.

4. Ramai manusia seperti *Mat Som* di Kuala Lumpur.

5. Berbagai ragam *Mat Som* sebagai anak kampung yang "janggal" tinggal di kota digambarkan dan dapat memberi kelucuan dan renungan kepada penonton.

6. Kajian mengenai hasil kutipan tiket, jangka masa tayangan di pawagam dan perbelanjaan pembikinan telah dibuat.

7. Filem *Mat Som* akan dipastikan mendapat publisiti yang meluas.

8. Pelakon-pelakon akan diambil dengan teliti supaya watak-watak yang diberi sesuai dibawa oleh mereka.

9. Filem tempatan akan mendapat sambutan jika filem yang dihasilkan bermutu.

[Utusan Malaysia 230190]

LATIHAN 9.4

Tulis sebuah perenggan yang meramalkan kejayaan atau kegagalan restoran baru yang digambarkan di bawah. Buktikan ramalan ini berdasarkan butir-butir yang disediakan. Bahagikan bukti yang dipilih dalam golongan yang sesuai. Tulis ayat pengenalan yang sesuai.

Tulis satu paragraf yang meramalkan keberhasilan atau kegagalan rumah makan baru yang dilukiskan di bawah. Buktikan ramalan Anda berdasarkan rincian yang disediakan. Pisahkan bukti yang dikutip dalam kelompok yang sesuai. Tulis kalimat pembukaan yang tepat.

Write a paragraph which makes a prediction about the success or failure of the new restaurant described below. Support your prediction based on the evidence given. Divide the evidence you choose into relevant groups. Write a relevant topic sentence.

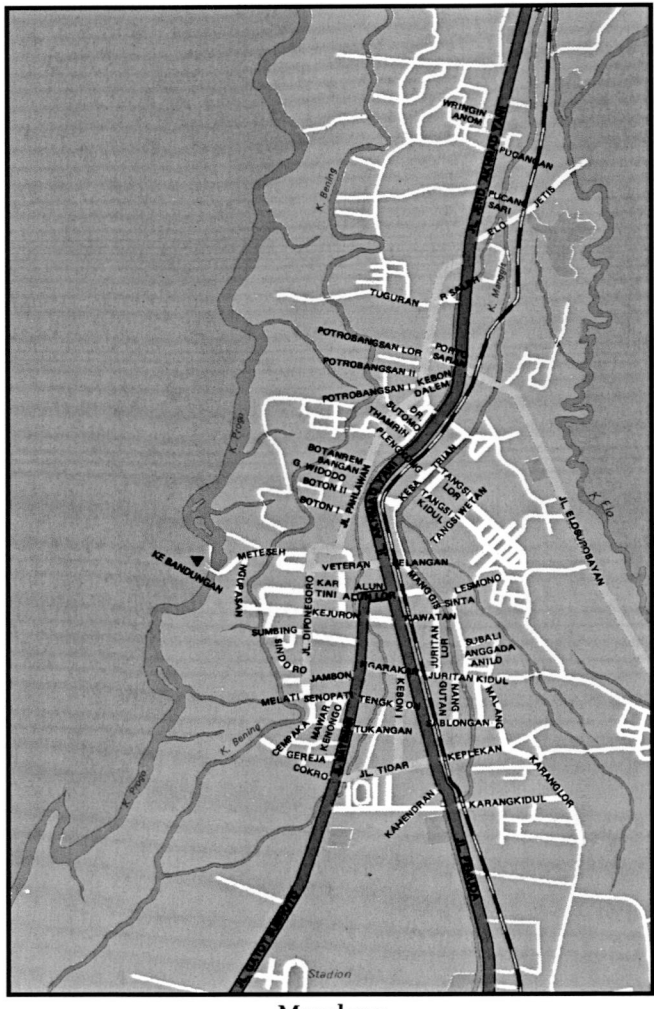

Magelang

Rumah Makan Magelang:
Gurami Bakar dan Gurami Tim

1. Rumah Makan (RM) Magelang adalah sebuah restoran baru yang keistimewaannya adalah gurami tim dan gurami bakar, ikan yang lezat dan nikmat, sekaligus menyehatkan.

2. Ikan gurami, dan sejumlah ikan air tawar lainnya, merupakan sumber protein hewani yang sehat dan aman dikonsumsi.

3. Cara memasak yang ditim membuat gurami tim tidak berkurang kandungan gizinya.

4. Ikan gurami bakar dimasak dengan bumbu spesial dan bumbu kecap. Setelah direndam sekitar 2 menit, ikan gurami ini dibakar di tungku arang batok kelapa (bukan arang kayu) untuk menjamin kebersihan dan kelezatannya.

5. Harga gurami tim atau gurami bakar hanya Rp 15 ribu/porsi, cukup untuk 4-6 orang jika ditambah dengan menu lainnya.

6. Untuk paket gurami tim atau gurami bakar, ca kangkung ayam atau ca kangkung udang, cumi-cumi asam manis, nasi dan minuman, paling mahal sekitar Rp 35-40 ribu untuk sekeluarga (4-6 orang), harga yang relatif terjangkau untuk ukuran kantung kelas menengah-bawah.

7. Ada 46 macam menu masakan lainnya yang disediakan.

8. Menu-menu ini disajikan secara *ala carte* pada pukul 08.30 - 15.00 dan pukul 17.00 - 22.00. Tapi RM Magelang juga bisa menyajikan menu masakannya secara prasmanan, dengan memesan lebih dulu.

9. Menu-menu ini diolah oleh Darjito, ahli masak yang banyak belajar dari koki terkenal asal Taipei, Lie Chang Chiung.

10. Rasa masakan disesuaikan dengan lidah orang Indonesia.

11. Penampilannya pun lebih sedap dipandang, karena disajikan secara lebih teratur dan manis.

* *Menu:* A dish or an item on a menu.

[Bernas - Rabu 141294]

TULISAN 9 • *Writing 9*

LATIHAN 9.5

Tulis sebuah perenggan di mana kamu membuat ramalan tentang akibat pertempuran di antara pengganas komunis dan polis di sebuah Balai Polis di pedesaan yang berlaku pada tahun 1950-an semasa keadaan darurat di Malaysia. Sokong ramalan itu dengan menggunakan butir yang diberikan. Tulis ayat pengenalan yang sesuai.

Tulis satu paragraf di mana Anda membuat ramalan tentang hasil pertempuran di antara pemberontak komunis dan polisi di suatu Kantor Polisi di pedesaan yang berlaku pada tahun 1950-an ketika keadaan darurat di Malaysia. Dukung ramalan itu dengan menggunakan rincian yang diberikan. Tulis kalimat pembukaan yang tepat.

Write a paragraph in which you make a prediction about the outcome of the following engagement between the communists and polis at a rural police station which occurred during the 1950's at the time of the emergency in Malaysia. Support your prediction using the information presented below. Introduce your paragraph with a relevant topic sentence.

Balai Polis

Semangat kental - Pertahan balai polis diserang komunis

1. Tembakan yang mengerikan yang mulai kira-kira pukul 11 pagi, terus-menerus menembusi dinding berek serta Balai Polis Kuala Kob.

2. Terdapat empat anggota polis yang sedang berbalas tembakan dengan kira-kira 20 hingga 30 pengganas komunis.

3. Pada waktu itu polis dan penduduk kampung sedang sibuk bersiap untuk menunaikan solat Jumaat dan tidak menyedari ada pengganas di sekitar kampung mereka.

4. Keadaan di Balai Polis bertambah cemas apabila talian telefon sudah dipotong pengganas, menyebabkan bantuan tidak dapat dihantar.

5. Polis ada membuat panggilan kecemasan melalui wayarles ke Balai Polis Kulim tetapi, malangnya, pegawai yang mengetuai balai berkenaan enggan mempercayainya kerana mana ada pengganas komunis berani menyerang balai polis pada siang hari.

6. Bantuan daripada Pasukan Kawalan Kampung (Home Guard) yang meronda di kawasan itu dan terdengar dentuman senjata api terhalang apabila pasukan itu turut diserang hendap oleh pengganas komunis sebelum sampai ke Balai Polis Sungai Kob.

7. Demi menyelamatkan nyawa ahli keluarga dan rakan-rakan lain, polis bertekad supaya pengganas komunis mesti dihapuskan walau dengan apa cara sekali pun.

8. Ada juga beberapa penduduk kampung yang dapat menembusi kepungan komunis dan sampai ke Balai Polis Kulim untuk menekankan betapa pentingnya menghantar pasukan bantuan dengan segera.

9. Lamanya serangan komunis seperti itu biasanya satu hingga tiga jam. Sesudah itu pengganas menghilangkan diri, melesap masuk semula ke dalam hutan.

[Utusan Malaysia 170505]

LATIHAN 9.6

Tulis sebuah perenggan di mana kamu menunjukkan bagaimana mungkin meramalkan terjadinya tsunami. Dasarkan perenggan itu pada maklumat yang diberikan di bawah. Atur butirnya dalam golongan yang sesuai dan tulis ayat pengenalan yang tepat.

Tulis satu paragraf di mana Anda menunjukkan bagaimana bisa meramalkan terjadinya tsunami. Dasarkan paragraf itu menurut informasi yang diberikan di bawah. Aturlah rinciannya dalam kelompok yang sesuai dan tulis kalimat pembukaan yang tepat.

Write a paragraph in which you indicate how it might be possible to predict the occurrence of a tsunami. Base your paragraph on the information presented below. Arrange the details in relevant groups and write and appropriate topic sentence.

Banda Aceh - Sebelum Tsunami

Banda Aceh - Sesudah Tsunami

Tanda Bahaya yang tak Terbaca

1. Gempa bumi besar yang mengakibatkan tsunami di Aceh Utara merupakan siklus yang bisa terjadi setiap 170-200 tahun. Gempa bumi besar yang terakhir terjadi di sekitar Sumatra pada tahun 1833.

2. Tsunami yang diakibatkan oleh gempa bumi sebanyak 17 kali terjadi di pantai barat dan selatan Sumatra dan empat kali di pantai timur Sumatra.

Sebelum datang ke pantai biasanya gelombang tsunami mengirimkan beberapa sinyal.

3. Terjadi gerakan tanah, ada getaran dan muncul dinding hitam atau putih yang datang dari arah laut.

4. Getaran gempa bumi disusul dengan turunnya muka air laut sehingga garis pantai bergeser secara tiba-tiba ke arah laut dalam ratusan meter.

5. Biasanya juga terdengar bunyi keras, tercium bau garam yang kuat, dan air laut terasa dingin.

6. Dasar sumur mulai bergerak, artinya akan terjadi sesuatu.

7. Kemudian, secara tiba-tiba dalam hitungan menit tampak gelombang raksasa menerjang pantai.

[Republika 281204]

TULISAN 9 • *Writing 9*

LATIHAN 9.7

Dikatakan dengan membaca kad tarot, beberapa kejadian pada masa depan boleh diramalkan. Pilih dua daripada enam kad tarot yang diberikan di bawah dan cuba meramalkan masa depan seseorang dengan menafsirkan apa yang dilihat. Tulis ramalan itu dalam sebuah perenggan yang dimulai dengan ayat pengenalan yang sesuai.

Dikatakan dengan membaca kartu tarot, beberapa kejadian pada masa depan bisa diramalkan. Pilih dua dari enam kartu tarot yang diberikan di bawah dan coba meramalkan masa depan seseorang dengan menafsirkan apa yang dilihat. Tulis ramalan itu dalam satu paragraf yang dimulai dengan kalimat pembukaan yang tepat.

It is said that by reading a set of tarot cards one may be able to predict certain events in the future. Choose two of the six tarot cards presented below and attempt to predict someone's future by interpreting what you see. Present your prediction in a paragraph introduced by a relevant topic sentence.

Bintang 5 **Bintang 6** **Keris 6**

Menara **Cangkir 2** **Cangkir 10**

LATIHAN 9.8

Tulis sebuah perenggan berdasarkan garis kasar yang berikut. Beri tajuk yang sesuai.	Tulis satu paragraf berdasarkan garis besar berikut. Beri judul yang tepat.

Write a paragraph based on the following outline. Supply an appropriate title.

Dalam jangka masa hadapan yang boleh diramalkan, saya menelahkan kebolehan pelajar untuk menulis akan merosot. Saya dasarkan ramalan itu pada tiga perkara.	Pada waktu mendatang yang bisa diramalkan, saya kira kemampuan menulis pelajar akan merosot. Ramalan ini saya dasarkan pada tiga hal.
1. Waktu yang dihabiskan menonton video dan TV meningkat. Akibatnya:	1. Waktu yang dihabiskan menonton video dan TV meningkat. Akibatnya:
1.1 Jumlah pelajar yang membaca novel atau cerita pendek berkurang.	1.1 Jumlah pelajar yang membaca novel atau cerita pendek berkurang.
1.2 Waktu yang digunakan untuk membaca juga berkurang.	1.2 Waktu yang digunakan untuk membaca juga berkurang.
2. Keinginan membaca berkurang.	2. Keinginan membaca berkurang.
2.1 Membaca novel dikatakan terlalu lama dan susah	2.1 Membaca novel dikatakan terlalu lama dan sulit
2.2 Membaca cerita pendek dikatakan tidak menarik.	2.2 Membaca cerita pendek dikatakan tidak menarik.
2.3 Novel dan cerita pendek yang bertemakan perkara-perkara serius dielakkan	2.3 Novel dan cerita pendek yang bertemakan hal-hal serius dihindari.
2.4 Komik dan majalah perlahan-perlahan menggantikan novel dan cerita pendek.	2.4 Komik dan majalah perlahan-perlahan menggantikan novel dan cerita pendek.
3. Contoh menulis yang baik berkurang.	3. Contoh menulis yang baik berkurang.
3.1 Contoh seperti yang terdapat di novel dan cerita pendek tidak ada kerana tidak dibaca lagi.	3.1 Contoh seperti yang terdapat di novel dan cerita pendek tidak ada karena tidak dibaca lagi.
3.2 Menulis berdasarkan bahasa lisan sudah menjadi satu kebiasaan dan ini tidak selalu diterima.	3.2 Menulis berdasarkan bahasa lisan sudah menjadi satu kebiasaan dan ini tidak selalu diterima.
3.3 Istilah yang dipilih terhad, terlalu mudah dan berulang kali digunakan.	3.3 Istilah yang dipilih terbatas, terlalu mudah dan berulang kali digunakan.

TULISAN 9 • *Writing 9*

LATIHAN 9.9

Pilih <u>2 DUA</u> perkara daripada perkara-perkara di bawah ini dan tulis dua perenggan, setiap satu sepanjang 100 patah perkataan. Dalam perenggan-perenggan ini, buat ramalan mengenai tajuk yang dipilih. Tulis ayat pengenalan dan beri tajuk yang sesuai. Buktikan ramalan atau sangkaan ini dengan memberikan contoh, sebab, perbandingan, generalisasi dll. yang sesuai.

Pilih <u>2 DUA</u> topik dari topik-topik di bawah ini dan tulis dua paragraf masing-masing panjangnya 100 kata. Dalam paragraf-paragraf ini, buat ramalan mengenai topik yang dipilih. Tulis kalimat pembukaan dan beri judul yang sesuai. Dukung ramalan atau perkiraan ini dengan memberikan contoh, sebab, perbandingan, generalisasi dll. yang sesuai.

Choose 2 TWO topics from the topics below and write two paragraphs, each one 100 words long. In these paragraphs, make a prediction about the topics you have chosen. Write a topic sentence and give appropriate titles. Support these predictions or inferences by giving relevant examples, reasons, comparisons, generalisations etc.

Beri ramalan mengenai:

1. Masa depan adat istiadat perkhawinan dan / atau keluarga.
2. Keputusan pertandingan sukan, perlumbaan kuda, loteri, lotto, dll.
3. Perhubungan Australia dengan negara-negara ASEAN.
4. Ekonomi negara tahun depan.
5. Pengangkutan atau perhubungan dalam masa 10 tahun akan datang.
6. Bekalan bahan bakar, air, dan lain-lain pada masa depan.
7. Pusat pengajian tinggi di sebuah negara.
8. Kerajaan tempatan
9. Keputusan pilihan raya di sebuah negara pada tahun akan datang.

1. Masa depan adat istiadat perkawinan dan / atau keluarga.
2. Hasil pertandingan olah raga, pacuan kuda, lotere, lotto dll.
3. Hubungan Australia dengan negara-negara ASEAN.
4. Ekonomi negara tahun depan.
5. Pengangkutan atau perhubungan dalam waktu 10 tahun akan datang.
6. Cadangan bahan bakar, air, dan lain-lain pada masa depan.
7. Pusat pendidikan tinggi di suatu negara.
8. Pemerintah setempat
9. Hasil pemilihan umum (pemilu) di suatu negara pada tahun mendatang.

10. Kemajuan dalam bidang kedoktoran.	10. Kemajuan dalam bidang kedokteran.
11. Masa depan bagi kesatuan-kesatuan pekerja.	11. Masa depan bagi serikat-serikat pekerja.
12. Fesyen dan gaya pada masa depan.	12. Mode dan gaya pada masa depan.
13. Kesihatan rakyat pada keseluruhannya.	13. Kesehatan rakyat secara menyeluruh.
14. Masa depan sebuah negara dibandingkan dengan negara lain.	14. Masa depan suatu negara dibandingkan dengan negara lain.
15. Kemungkinan hidup di planet lain dalam abad ke-21.	15. Kemungkinan hidup di planet lain dalam abad ke-21.
16. Kemungkinan pemberontakan di satu negara yang tertentu.	16. Kemungkinan pemberontakan di satu negara tertentu.
17. Penduduk sebuah negara pada masa 25 tahun akan datang.	17. Penduduk suatu negara pada masa 25 tahun akan datang.
18. Perubahan dalam cara hidup manusia.	18. Perubahan dalam cara hidup manusia.
19. Masalah pengangguran.	19. Masalah pengangguran.
20. Masa depan seorang yang terkenal.	20. Masa depan seorang yang terkenal.

TULISAN 10

HIPOTESIS ᴹ / HIPOTESA ᴵ
Hypothesis

A hypothesis is an assumption. It is a statement we take to be true so that we can then look at other possibilities or assumptions. The general question we raise is *if*. For example, *If* we were to become refugees, how would our lives change?, What would happen *if* a city were warned that it was in the path of a typhoon? or What would we do *if* we wanted to solve the problem of unemployment?

When we write hypothetical paragraphs or essays we begin with a premise. This premise can be seen as a "cause" which forms the basis for other changes or effects.

In the example regarding *refugees* above the premise or cause is our change in status: we become refugees. The effects are the various subsequent changes brought about in our life due to this initial change.

In the example regarding *unemployment* the premise or cause is our desire to search for a solution to a particular problem. The various effects are what we then do as we go about finding a solution.

The various effects or subsequent changes which occur must also be arranged in some logical sequence in our paragraph or essay. Two common arrangements are sequencing in chronological order and classification according to the type of effect.

ISTILAH

Jika / Kalau
If ___

Jika saya menjadi ___ langkah pertama saya ambil ialah ___
If I become ___ the first step I would take is ___

Jika ___, kesannya yang mungkin (ialah) ___
If ___, the probable effect is ___

Jika / Kalau
If ___

Jika saya menjadi ___ langkah pertama saya ambil ialah ___
If I become ___ the first step I would take is ___

Jika ___, pengaruhnya yang mungkin (ialah) ___
If ___, the probable effect is ___

Hypothesis

Akibat yang mungkin timbul kalau ___ boleh digambarkan seperti yang berikut. The results which might arise if ___ can be described as follows.	*Akibat yang mungkin timbul kalau ___ bisa dijelaskan seperti berikut.* The results which might arise if ___ can be described as follows.
Sekiranya ___ In case / If / In the event that ___	*Sekiranya ___* In case / If / In the event that ___
Sekiranya saya menjadi seorang ___ saya akan ___ In the event that I become a ___ I would ___	*Sekiranya saya menjadi seorang ___ saya akan ___* In the event that I become a ___ I would ___
Sekiranya perubahan seperti ___ terjadi di ___, perubahan selanjutnya seperti ___ tentu juga akan terjadi. If changes such as ___ occur in ___, further changes such as ___ will also certainly occur.	*Sekiranya perubahan seperti ___ terjadi di ___, perubahan selanjutnya seperti ___ tentu juga akan terjadi.* If changes such as ___ occur in ___, further changes such as ___ will also certainly occur.
andainya supposing	*andaikan / andaikata* supposing
Andainya saya ___, akan saya ___ Supposing I ___, I would ___	*Andaikan saya ___, akan saya ___* Supposing I ___, I would ___
Andainya ___, kesan yang utama ialah ___ Supposing ___, the primary effect would be ___	*Andaikata ___, pengaruh utama ialah ___* Supposing ___, the primary effect would be ___
Apabila ___ When / Whenever ___ (CONDITIONAL)	*Ketika ___* When / Whenever ___
Katakanlah ___ Let us say / Supposing that ___	*Katakanlah ___* Let us say / Supposing that ___
Dengan adanya bukti mengenai ___ bolehlah kita ___ With the existence of proof regarding ___ we could ___	*Dengan adanya bukti mengenai ___ kita bisa ___* With the existence of proof regarding ___ we could ___
Dengan adanya ___ dapat saya ___ By having ___, I would be able to ___	*Dengan adanya ___ dapat saya ___* By having ___, I would be able to ___

TULISAN 10 • *Writing 10*

★ *tanpa*
without

★ *cita-cita*
hopes, desires, wishes, AMBITIONS/GOALS

Kalau saya boleh membuktikan ___, tentulah saya juga boleh ___
If I could prove that ___, I could also certainly ___

Jika saya boleh mereka percubaan di mana ___, saya fikir saya boleh menunjukkan (bahawa) ___
If I could devise an experiment in which ___, I think I could show that ___

Jika saya boleh membuat percubaan tentang ___ mungkin saya boleh <u>membuktikan / mengetahui</u> ___
If I could run an experiment about ___ I could possibly prove / find out about ___

★ *Untuk mencari ___, langkah yang pertama ialah ___*
In order to find ___, the first step is ___

Jika hendak menyelesaikan ___ akan saya teliti ___
In order to solve ___ I would examine ___

★ *Untuk <u>mengkaji / menyelidiki</u> ___ harus kita ___*
In order to research / investigate ___ we must ___

tanpa
without

keinginan
hopes, desires, wishes

Kalau saya bisa membuktikan ___, tentu juga saya bisa ___
If I could prove that ___, I could also certainly ___

Jika saya bisa menemukan percobaan di mana ___, saya kira saya bisa menunjukkan (bahwa) ___
If I could devise an experiment in which ___, I think I could show that ___

Jika saya bisa melakukan percobaan tentang ___ mungkin saya bisa <u>membuktikan / mengetahui</u> ___
If I could run an experiment about ___ I could possibly prove / find out about ___

Untuk mencari ___, langkah yang pertama ialah ___
In order to find ___, the first step is ___

Dalam rangka memecahkan ___ akan saya teliti ___
In order to solve ___ I would examine ___

Untuk <u>mengkaji / menyelidiki</u> ___ harus kita ___
In order to research / investigate ___ we must ___

LATIHAN 10.1

Tulis sebuah perenggan di mana kamu nyatakan sebuah hipotesis tentang apa yang akan terjadi apabila Amerika Syarikat (AS) mengundurkan tenteranya dari Filipina. Tulis ayat pengenalan dan golongkan berbagai akibatnya dalam kumpulan yang sesuai.

Tulis satu paragraf di mana Anda nyatakan suatu hipotesa tentang apa yang akan terjadi bila Amerika Serikat (AS) menarik kembali angkatan bersenjatanya dari Filipina. Tulis kalimat pembukaan dan golongkan berbagai akibatnya dalam kelompok yang sesuai.

Write a paragraph in which you state a hypothesis about what will happen when the United States withdraws its armed forces from the Philippines. Write a topic sentence and classify the various results into relevant categories.

Bila senat setujui basis militer AS

1. 85.000 penduduk akan kehilangan lapangan pekerjaan secara langsung karena mereka itu orang-orang yang dipekerjakan di basis militer.

2. Ratusan orang lainnya yang menggantungkan usahanya pada kehadiran pasukan Amerika di Pangkalan Subic akan terkena dampak buruknya.

3. Warga sekitar Subic sudah mulai menunjukkan gejala-gejala keresahan sosial yang berbahaya.

4. Berbagai bantuan dari AS yang tidak ada kaitannya dengan basis militer itu sekalipun juga akan dipotong.

5. AS akan mempengaruhi negara lain untuk menurunkan bantuan resmi mereka kepada Manila.

6. Inisiatif untuk penyelesaian utang-utang luar negeri Manila juga akan kehilangan dukungan dari pemerintah Washington.

7. AS akan memukul akses perdagangan yang menjadi pilihan Filipina untuk memasuki pasar AS.

[Jawa Pos 160991]

TULISAN 10 • *Writing 10*

LATIHAN 10.2

Tulis sebuah perenggan di mana kamu gambarkan apakah yang akan terjadi kalau gunung berapi meletus. Rujuk kepada butir-butir yang diberikan di bawah. Susun perenggan ini menurut susunan waktu. Tulis ayat pengenalan yang sesuai.

Tulis satu paragraf di mana Anda jelaskan apa yang akan terjadi kalau gunung berapi meletus. Lihat rincian yang diberikan di bawah. Susun paragraf ini menurut urutan waktu. Tulis kalimat pembukaan yang tepat.

Write a paragraph in which you describe what would happen if a volcano erupted. Refer to the details presented below. Arrange your paragraph in chronological order. Write an appropriate topic sentence.

Gunung Bromo, Jawa

Gunung Semeru, Jawa

Gunung Merapi, Jawa

Letusan ketiga lebih besar lagi

1. Awan debu berbentuk cendawan raksasa berhawa panas akan memaksa ribuan penduduk berlarian meninggalkan tempat tinggal mereka.

2. Hujan debu tebal akan turun di wilayah dalam radius 30 kilometer dari gunung berapi.

3. Penduduk akan terpaksa mempergunakan payung dan topi untuk melindungi diri dari curahan debu.

4. Batuan berukuran besar dan debu akan terkonsentrasi di mulut gunung.

5. Hujan deras akan turun dan menyebabkan banjir lumpur yang akan hantam rumah-rumah di sekitar gunung.

6. Orang yang mengungsi akan menuju ke tempat-tempat penampungan.

[Jawa Pos 140691]

TULISAN 10 • Writing 10

LATIHAN 10.3

Pilih salah satu keputusan yang mungkin referendum di Pulau Cocos dan tulis sebuah perenggan di mana kamu nyatakan kesannya terhadap rakyat dan kerajaan Pulau Cocos kelak. Bandingkan keputusan ini dengan keputusan lain yang diberikan. Tulis ayat pengenalan yang sesuai.

Pilih salah satu kemungkinan hasil referendum di Pulau Cocos dan tulis satu paragraf di mana Anda nyatakan apa pengaruhnya terhadap rakyat dan pemerintah Pulau Cocos kelak. Bandingkan hasil ini dengan hasil lainnya yang diberikan. Tulis kalimat pembukaan yang tepat.

Choose one of the possible outcomes of the referendum in the Cocos Islands and write a paragraph in which you indicate what effect this outcome will have on the people and government of the Cocos Islands. Compare this outcome to the other possible outcomes presented. Write an appropriate topic sentence.

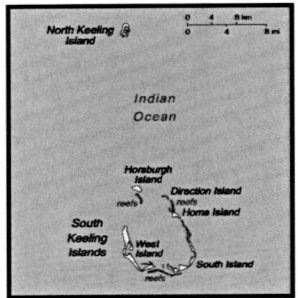

Kepulauan Cocos berkesempatan menentukan nasib sendiri

1. Bebas secara mutlak dari Australia

Masyarakat akan bertanggungjawab penuh terhadap segala aspek kehidupan mereka termasuk pertahanan serta hubungan luar negeri.

2. Berserikat secara bebas dengan Australia

Masalah pertahanan dan hubungan luar negeri kurang lebih akan seperti masa sekarang. Australia sekarang bertanggung-jawab terhadap masalah kesehatan, pendidikan, transportasi, perumahan, komunikasi radio dan lapangan terbang.

3. Bersatu dengan Australia

Ini akan membuat penduduk kepulauan mempunyai hak dan perwakilan politik sebagaimana penduduk Australia lainnya, serta kekuasaan dewan kepulauan.

[Kompas 301182]

Hypothesis

LATIHAN 10.4

Tulis sebuah perenggan yang menyatakan apa yang patut dilakukan polis untuk berjaya memberkas pembunuh Tran. Dasarkan perenggan itu pada maklumat yang dikemukakan di berbagai bahagian di bawah ini dan aturkannya menurut susunan yang tepat. Tulis ayat pengenalan yang sesuai.

Tulis satu paragraf yang menyatakan apa yang harus dilakukan polisi untuk berhasil menangkapi pembunuh Tran. Dasarkan paragraf itu pada rincian yang diberikan di berbagai bagian di bawah ini dan aturkannya menurut susunan yang tepat. Tulis kalimat pembukaan yang tepat.

Write a paragraph in which you state what the police would have to do to succeed in catching the killer or killers of Tran. Base your paragraph on the information presented in the various sections below and arrange your paragraph in a logical sequence. Write an appropriate topic sentence.

Tran: Hidupnya ganas, matinya ngeri

1. **Latar Belakang**

    1.1 TM Tran datang ke Australia sebagai pelarian ketika berumur tujuh tahun.

    1.2 Ketika berumur 12 tahun dia telah mengugut seorang guru dengan sebilah parang.

    1.3 Dalam usia 13 tahun Tran dituduh terlibat dalam satu kes pembunuhan seorang anggota kumpulan samseng berusia 16 tahun keturunan Vietnam. Pemudi itu ditembak enam kali dengan sepucuk raifal.

    1.4 Dua tahun kemudian Tran didakwa pula mengambil bahagian dalam satu pembunuhan beramai-ramai menggunakan parang.

    1.5 Dalam usia 14 tahun, Tran terselamat daripada dua tuduhan membunuh dan dia menjadi pengedar dadah terkenal yang kaya raya.

1.6 Tran menjadi ketua bagi salah sebuah sindiket mengedar heroin terkemuka di Australia. Kumpulan yang dipimpin Tran, iaitu 5T, menguasai kawasan dagangan dadah dari Kings Cross hingga ke kawasan pinggir bandar Sydney.

1.7 Anggota-anggota kumpulan 5T boleh dikenali dengan tanda tatu lima huruf T pada lengan dan pergelangan tangan mereka. Mereka menggunakan huruf T dalam bahasa Vietnam sebagai menterjemah perkataan cinta, wang, penjara, pembunuhan dan jenayah.

2. **Pembunuhan**

2..1 Sebaik sahaja mencecah 20 tahun, Tran mati dalam keadaan yang mengerikan. Tubuhnya ditemui berlumuran darah dengan dua peluru menembusi muka hingga ke belakang kepalanya sementara dua peluru lagi berada dalam genggamannya.

2.2 Turut terbunuh bersamanya ialah orang kuatnya dalam kumpulan 5T, TH Nguyen, 19 tahun.

2.3 Menurut mereka yang menyaksikan kejadian, kedua-dua mereka ditemui mati pada awal pagi di Cabramatta, kawasan sunyi di bandar Sydney yang dikenali sebagai tempat tinggal sebilangan besar rakyat Vietnam.

2.4 Adalah dipercayai Tran membuka pintu kediamannya di sebuah flet dan pembunuhnya menyerbu masuk dan terus menembaknya dari jarak dekat.

2.5 Kakak Tran berkata dia percaya Tran dibunuh oleh kumpulan 5T yang mahu habuan mereka. "Saya yakin ada orang dalam kumpulan 5T yang mengkhianatinya," kata kakaknya lagi.

3. Tindakan Polis

3.1 Pembunuhan Tran dipercayai dilakukan oleh anggota kumpulan 5T. Seorang Detektif Inspektor polis di Cabramatta berkata, beberapa orang anggota Tran telah ditahan untuk disoal siasat.

3.2 "Kumpulan 5T itu sudah terlalu jauh aktif di kawasan itu. Agak sukar bagi kami untuk mengesan tindakan mereka," kata Inspektor itu. Pihak berkuasa dan ahli perniagaan tempatan sudah memberi sokongan kepada kumpulan tersebut.

3.3 Kumpulan 5T mengancam akan membunuh sesiapa sahaja yang membantu pihak polis. Penduduk sekitar kawasan itu tidak akan membuka mulut biarpun mereka tahu apa yang berlaku.

3.4 Lebih 20 orang saksi yang dipanggil memberi keterangan berhubung pembunuhan sebelum itu tidak muncul-muncul.

3.5 Polis juga berkata kumpulan 5T merupakan sebuah pergerakan sulit yang mana tidak seorang pun berani campur tangan.

3.6 Apa yang diketahui mengenai Tran semuanya tidak berguna kepada polis kerana gerak lakunya sangat lincah dan sukar dikesan. Hidupnya seperti orang biasa. Keluarganya sangat dihormati dan bapanya seorang pengeluar pakaian.

3.7 Pihak polis menambah bilangan anggotanya untuk mengawal di kawasan itu dan ahli-ahli politik di New South Wales pula berjanji akan membersihkan kawasan itu.

3.8 Penduduk kawasan itu hanya menggelengkan kepala. Sebelum ini polis tidak mengambil berat tentang keadaan di kawasan itu kerana undang-undang di kawasan itu bukan terletak di tangan polis tetapi orang-orang Tran.

[Mingguan Malaysia - 291095]

LATIHAN 10.5

Tulis sebuah perenggan di mana kamu menunjukkan apa yang mungkin terjadi kepada sebuah medan selera yang banyak bergantung kepada pelanggan dari terminal bas apabila terminal itu berpindah ke tempat baru. Dasarkan perenggan itu pada maklumat yang diberikan di bawah dan aturkannya dalam golongan yang sesuai. Tulis ayat pengenalan yang sesuai.

Tulis satu paragraf di mana Anda menunjukkan apa yang mungkin terjadi kepada sebuah tempat penjualan makanan yang banyak bergantung pada pelanggan dari terminal bus apabila terminal itu berpindah ke lokasi baru. Dukung paragraf itu menurut informasi yang diberikan di bawah dan aturlah dalam kelompok yang sesuai. Tulis kalimat pembukaan yang tepat.

Write a paragraph is which you indicate what might happen to a food court which depends on the presence of an express bus terminal for much of its custom when that terminal moves to a new location. Base your paragraph on the information presented below. Arrange items in your paragraph in relevant groups and write an appropriate topic sentence.

Medan selera tiada pengunjung

1. Pelanggan, yang sebelum itu kebanyakannya adalah penumpang bas ekspres, tidak akan datang lagi. Pemandu serta pekerja di syarikat bas ekspres juga tidak akan hadir.

2. Keadaan di gerai akan menjadi suram, sunyi dan lenggang dari kelibat orang ramai.

3. Ketiadaan pelanggan mungkin menyebabkan kemudahan yang disediakan di gerai mula tidak terurus apabila ada tempat duduk yang tertanggal dan payung yang rosak.

4. Orang yang sudah lama berniaga di situ akan melihat pendapatan hariannya merosot sebanyak 50 peratus.

5. Peniaga akan terpaksa mencari sumber pendapatan lain untuk menampung segala bayaran sewa dan pinjamannya bagi memastikan dapat terus berniaga.

6. Kekurangan pelanggan akan memaksa peniaga tutup gerai mereka lebih awal. Kalau sebelum itu mereka buka dari jam 8 hingga 10 malam, mereka akan terpaksa tutup kira-kira pada jam 7 petang.

7. Ketiadaan pelanggan juga akan memaksa peniaga mengurangkan bekalan bahan mentah yang dibeli untuk meminimumkan kerugian.

8. Peniaga yang sebelum itu adalah sebanyak 50 orang, bilangannya akan turun sampai 25 atau 20 orang apabila mereka terpaksa berpindah ke medan selera yang lain.

[Berita Harian 170505]

TULISAN 10 • Writing 10

LATIHAN 10.6

Tulis sebuah perenggan di mana kamu membuat hipotesis tentang kehidupan manusia pada waktu 50 tahun akan datang. Dasarkan hipotesis itu pada butir yang diberikan di bawah. Atur maklumat itu dalam golongan yang sesuai dan tulis ayat pengenalan yang tepat.

Tulis satu paragraf di mana Anda membuat hipotesa tentang bagaimana kehidupan manusia pada waktu 50 tahun mendatang. Dasarkan hipotesis itu menurut rincian yang diberikan di bawah. Atur informasi itu dalam kelompok yang sesuai dan tulis kalimat pembukaan yang tepat.

Write a paragraph in which you hypothesise about what life will be like in 50 years time. Base your hypothesis on the details presented below. Arrange the information in relevant groups and introduce your paragraph with an appropriate topic sentence.

Fokus: Petaka Alam

1. Penipisan lapisan ozon terus mengancam manusia kerana pencemaran udara yang masih berterusan. Dianggarkan antara lima hingga 20 peratus lebih banyak sinaran radioaktif ultraviolet masuk ke bumi.

    1.1 Hal in dapat mengakibatkan rantai makanan, sama ada di dalam laut atau di darat, terjejas.

    1.2 Kesihatan manusia juga terganggu kerana mengalami penyakit barah kulit, penyakit bular dan penekanan sistem imuniti.

2. Penggunaan air secara rakus membahayakan bekalannya untuk kegunaan manusia.

    2.1 Tuntutan tinggi terhadap air permukaan mengakibatkan kekurangan air yang serius di 80 buah negara yang mengandungi 40 peratus penduduk bumi.

    2.2 Pencemaran air sungai, tasik dan air bawah tanah turut menghadkan bekalan air yang pasti menjejaskan kehidupan lain di bumi.

3. Tekanan yang merosakkan laut kian teruk.

   3.1 Sungai yang dahulunya hanya membawa tanah terhakis ke laut kini turut mengangkut sisa industri, pertanian dan sebagainya yang sebilangannya beracun.

   3.2 Kini banyak laut diserang oleh kesan air pasang merah yang membahayakan kehidupan laut dan hasilnya.

   3.3 Di kawasan pantai yang menghasilkan tangkapan ikan yang tinggi, hidupan laut yang dahulunya banyak, semakin pupus.

4. Kehilangan kesuburan atau daya hasil tanah kerana amalan pertanian dan ternakan yang tidak lestari menjadi masalah.

   4.1 Setiap tahun proses penandusan meragut lebih kurang 15 juta ekar tanah.

   4.2 Kepadatan penduduk yang lebih tinggi daripada yang mampu ditampung oleh tanah adalah punca utama penandusan itu berlaku.

   4.3 Punca lain adalah kegiatan pertanian dan proses pengairan yang berlebihan.

5. Hutan hujan tropika serta hutan kering tropika dan hutan iklim sederhana dimusnahkan dengan pesatnya.

   5.1 Bersama hutan, yang turut pupus ialah sebilangan besar spesies haiwan dan tumbuh-tumbuhan. Menjelang tahun 2100, sepertiga spesies yang kini hidup akan pupus.

   5.2 Banyak spesies di hutan tropika merupakan sumber penting bagi ubat-ubatan. Satu dalam empat jenis ubat berpunca dari hutan itu.

   5.3 Apabila hutan berkurangan, karbon dibebaskan. Hal ini menyebabkan haba terperangkap di atmosfera, lalu meningkatkan pemanasan dunia.

TULISAN 10 • Writing 10

LATIHAN 10.7

Pilih satu daripada runtuhan yang digambarkan di bawah ini dan tulis sebuah perenggan di mana kamu membuat suatu hipotesis bagaimana runtuhan itu mungkin terjadi. Antara perkara yang boleh ditimbangkan adalah: peperangan dan penyerbuan, bencana alam seperti gempa bumi, taufan dan banjir, pemindahan penduduk dan unsur politik dan masyarakat yang semakin lama semakin berubah. Gunakan juga istilah sebab dan akibat yang berkaitan. Tulis ayat pengenalan yang sesuai.

Pilih satu dari reruntuhan yang dilukiskan di bawah ini dan tulis satu paragraf di mana Anda membuat satu hipotesa bagaimana reruntuhan itu bisa terjadi. Antara hal yang dapat dipertimbangkan adalah: peperangan dan penyerbuan, bencana alam seperti gempa bumi, angin topan dan banjir, pemindahan penduduk dan unsur politik dan masyarakat yang semakin lama semakin berubah. Gunakan juga istilah sebab dan akibat yang bersangkutan. Tulis kalimat pembukaan yang tepat.

Choose one of the ruins shown below and write a paragraph in which you make a hypothesis about how its destruction may have come about. Some of the things which you might consider are: war and invasion, natural disasters such as earthquakes, typhoons and floods, the movement of populations and the changing face of politics and society over time. Also use terms of cause and effect where relevant. Write an appropriate topic sentence.

A Formosa - Kota yang didirikan orang Portugis mulai tahun 1511 setelah berjaya mengalahkan kesultanan Melaka.	**A Formosa** - Kota yang dibangun orang Portugis mulai tahun 1511 setelah berhasil mengalahkan kesultanan Malaka.
Intramoros - Kawasan Sepanyol di Filipina yang didirikan mulai tahun 1606, 50 tahun setelah Sepanyol mengambil alih hampir semua bahagian negara itu.	**Intramoros** - Lokasi Spanyol di Filipina yang dibangun mulai tahun 1606, 50 tahun setelah Spanyol mengambil alih hampir semua bagian negara itu.
Ayuthia - Ibu negara yang awal Negeri Thai, ditubuhkan pada abad ke-14.	**Ayuthia** - Ibu negeri yang awal Thailand, didirikan pada abad ke-14.
Angkor Wat - Pusat agama dan pemerintahan Kerajaan Khmer (Kemboja), mulai didirikan pada abad ke-9.	**Angkor Wat** - Pusat agama dan pemerintahan Kerajaan Khmer (Kamboja), mulai dibangun pada abad ke-9.
Borobudur - Pusat agama dan pemerintahan Kerajaan Mataram di Jawa, mulai didirikan pada abad ke-8.	**Borobudur** - Pusat agama dan pemerintahan Kerajaan Mataram di Jawa, mulai dibangun pada abad ke-8.

A Formosa
Melaka ᴹ / Malaka ᴵ

Intramoros, Manila

Ayuthiya, Negeri
Thai ᴹ / Thailand ᴵ

Angkor Wat,
Kemboja ᴹ / Kamboja ᴵ

Borobudur, Jawa

TULISAN 10 • Writing 10

LATIHAN 10.8

Tulis sebuah perenggan berdasarkan garis kasar di bawah ini. Beri tajuk yang sesuai.

Tulis satu paragraf berdasarkan garis besar di bawah ini. Beri judul yang tepat.

Write a paragraph based on the outline below. Supply an appropriate title.

Jika hendak menyelesaikan masalah jenayah di kalangan kaum muda, akan saya teliti keluarga, masyarakat dan sistem pengadilan.

1. Saya akan mengkaji bagaimana keadaan keluarga dari segi:
1.1 Kewangan: sama ada pendapatannya tinggi, rendah atau lumayan.
1.2 Sosial: sama ada termasuk ke dalam kelas bawahan, atasan atau pertengahan.
1.3 Etnis: sama ada termasuk dalam golongan besar atau kecil.

2. Saya akan meneliti masyarakat untuk mengetahui:
2.1 Tingkat jenayah pada umumnya.
2.2 Peratusan jenayah di kalangan kaum muda dan sama ada peratusan itu naik atau turun.
2.3 Kalau terdapat satu kaum tertentu yang merupakan sebahagian besar peratusan ini.
2.4 Bagaimana tingkat jenayah di kalangan kaum muda di masyarakat ini dibandingkan dengan tingkat jenayah di masyarakat lain.

3. Saya akan melihat kalau sistem pengadilan:
3.1 Memberi hukuman yang saksama kepada semua rakyatnya.
3.2 Menaruh syak wasangka terhadap satu kaum tertentu.
3.3 Mengadakan rancangan pemulihan terhadap kalangan yang telah melakukan jenayah.

Dalam rangka memecahkan masalah kejahatan di kalangan pemuda, akan saya teliti keluarga, masyarakat dan sistem pengadilan.

1. Saya akan mengkaji bagaimana keadaan keluarga dari segi:
1.1 Keuangan: apakah pendapatannya tinggi, rendah atau lumayan.
1.2 Sosial: apakah termasuk ke dalam kelas bawah, atas atau menengah.
1.3 Etnis: apakah termasuk dalam mayoritas atau minoritas.

2. Saya akan meneliti masyarakat untuk mengetahui:
2.1 Tingkat kejahatan pada umumnya.
2.2 Persentase kejahatan di kalangan pemuda dan apakah persentase itu naik atau turun.
2.3 Kalau terdapat satu kelompok tertentu yang merupakan sebagian besar persentase ini.
2.4 Bagaimana tingkat kejahatan kelompok pemuda di masyarakat ini dibandingkan dengan tingkat kejahatan di masyarakat lain.

3. Saya akan melihat apakah sistem pengadilan:
3.1 Memberi hukuman yang adil kepada semua rakyatnya.
3.2 Menaruh syak wasangka terhadap satu kalangan tertentu.
3.3 Mengadakan perencanaan pemulihan nama baik kelompok yang melakukan kejahatan.

LATIHAN 10.9

Tulis <u>2 DUA</u> perenggan mengenai dua daripada perkara-perkara di bawah ini. Gunakan istilah hipotesis, dan istilah lain yang sesuai. Setiap perenggan ini hendaklah sepanjang 100 patah perkataan. Tulis ayat pengenalan dan beri tajuk yang sesuai.

Tulis <u>2 DUA</u> paragraf mengenai dua dari topik-topik di bawah ini. Gunakan istilah hipotesis, dan istilah lain yang sesuai. Setiap paragraf ini harus sebanyak 100 kata. Tulis kalimat pembukaan dan beri judul yang sesuai.

Write <u>2 TWO</u> paragraphs about two of the topics below. Use terms for hypothesis, and other terms that are appropriate. Each paragraph should be 100 words long. Write a topic sentence and give an appropriate title.

1. Apakah yang akan terjadi kalau minyak dijumpai di tengah-tengah sebuah bandar raya?

2. Bagaimana kehidupan kita akan berubah kalau menjadi seorang pelarian?

3. Perubahan yang manakah akan berlaku dalam suatu masyarakat kalau cukai pendapatan diganti dengan cukai penggunaan?

4. Langkah-langkah yang manakah akan kamu ambil jika hendak menyelesaikan masalah pengangguran?

5. Apakah yang akan terjadi kalau perang nuklear meletus?

6. Percubaan yang manakah akan kamu lakukan jika hendak membuktikan manusia boleh hidup di angkasa lepas?

7. Apakah yang akan kamu lakukan jika hendak dianggap sebagai seorang yang terkenal baik atau buruknya?

1. Apakah yang akan terjadi kalau minyak ditemukan di tengah-tengah suatu kota besar?

2. Bagaimana perubahan kehidupan kita kalau jadi seorang pengungsi?

3. Perubahan apakah yang akan terjadi dalam masyarakat kalau pajak pendapatan diganti dengan pajak konsumsi?

4. Apakah langkah-langkah yang akan kamu ambil jika hendak menyelesaikan masalah pengangguran?

5. Apakah yang akan terjadi kalau perang nuklir pecah?

6. Percobaan apakah yang akan kamu lakukan untuk membuktikan apakah manusia bisa hidup di angkasa luar?

7. Apakah yang akan kamu lakukan jika ingin dianggap sebagai seorang yang terkenal karena kebaikan atau keburukannya?

8. Apakah yang akan terjadi kalau universiti atau sekolah kamu disatukan dengan maktab perguruan, universiti atau sekolah lain?

9. Kesan-kesan yang manakah akan didapati di kalangan mahasiswa dan pensyarah kalau penilaian ujian diberhentikan?

10. Apakah yang patut dilakukan jika hendak membentuk satu teori mengenai sebabnya penuntut universiti gagal?

11. Apakah kesan pada sebuah negara kalau jumlah penduduk bertambah dua kali?

12. Apakah yang akan terjadi kalau sebuah bandar diberi amaran akan dilanda gempa bumi atau tsunami tidak lama lagi?

13. Apakah yang akan kamu lakukan sebagai persiapan kalau diberi peluang menyertai pasukan sukan olimpik sebuah negara?

14. Apakah yang akan terjadi kalau suatu negara kehabisan logam dan barang-barang galian yang lain?

15. Apakah yang mungkin terjadi sekiranya nilai mata wang sebuah negara terus merosot?

16. Bagaimana kehidupan kita mungkin berubah kalau satu hari internet lesap dari dunia?

17. Apakah yang akan terjadi kalau manusia terjangkit flu unggas?

---

8. Apakah yang akan terjadi kalau universitas atau sekolah kamu disatukan dengan institut keguruan, universitas atau sekolah lain?

9. Apakah pengaruhnya terhadap mahasiswa dan dosen kalau penilaian ujian ditiadakan?

10. Apa yang sebaiknya dilakukan untuk merumuskan sebab kegagalan mahasiswa universitas?

11. Apakah pengaruhnya terhadap suatu negara kalau jumlah penduduk bertambah dua kali?

12. Apakah yang akan terjadi kalau suatu kota diperingatkan akan dilanda gempa bumi atau tsunami tidak lama lagi?

13. Apakah yang akan kamu persiapkan kalau diberi kesempatan menyertai tim olah raga olimpiade suatu negara?

14. Apakah yang akan terjadi kalau suatu negara kehabisan logam dan barang-barang galian yang lain?

15. Apakah yang mungkin terjadi sekiranya nilai mata uang suatu negara terus merosot?

16. Bagaimana perubahan kehidupan kita kalau satu hari internet menghilang dari dunia?

17. Apakah yang akan terjadi kalau manusia terjangkit flu burung?

TULISAN 11

CADANGAN ᴹ / USULAN ᴵ
Proposals

When we make proposals, we introduce plans which we intend to implement in the future. We make such proposals because we hope to change some existing state or situation. For this reason, we generally defend the proposals we make on the basis of why the current situation needs to be changed, and how our proposals will bring about a change for the better.

The three main components of a complete proposal, then, are: a general statement of the plan you hope to follow, the reasons for proposing a change, and the reasons why you feel your proposals will be successful.

ISTILAH

cadangan
proposal

usulan / saran
proposal

rancangan
plan, programme

perencanaan
plan, programme

Saya mencadangkan (bahawa) ___
I propose that ___

Saya mengusulkan (bahwa) ___
I propose that ___

Saya bercadang untuk membuat ___
I propose to do / to make ___

Saya mempunyai usul untuk membuat ___
I propose to do / to make ___

Saya akan mengesyorkan ___
I would suggest that ___

Saya akan sarankan ___
I would suggest that ___

___ *menganjurkan* ___
___ propose ___

___ *menganjurkan* ___
___ propose ___

187

TULISAN 11 • Writing 11

☆ ___ *merancangkan* ___
___ plan to ___

___ *merencanakan* ___
___ plan to ___

☆ ___ *menggalakkan* ___
___ encourage / urge ___

___ *menggalakkan* ___
___ encourage / urge ___

☆ ___ *mendesakkan* ___
___ demand ___

___ *mintakan* ___
___ demand ___

☆ ___ *merayu* ___
___ plead ___

___ *mengajukan* ___
___ plead ___

☆ ___ *berjanji* ___
___ promise ___

___ *berjanji* ___
___ promise ___

☆ ___ *bersumpah* ___
___ pledge ___

___ *bersumpah* ___
___ pledge ___

Saya mencadangkan untuk melarang ___ *dari* ___
I would make plans to forbid ___ from ___

Saya rencanakan untuk melarang ___ *dari* ___
I would make plans to forbid ___ from ___

___ *menyingkirkan* ___
___ to exclude ___

___ *menyingkirkan* ___
___ to exclude ___

___ *menyekat* ___ *dari* ___
___ bar ___ from ___

___ *menyekat* ___ *dari* ___
___ bar ___ from ___

Mengenai ___, *saya akan mencegah* <u>*perkara / hal*</u> *ini supaya tidak terjadi.*
Regarding ___, I would prevent this from happening.

Mengenai ___, *saya akan mencegah hal ini supaya tidak terjadi.*
Regarding ___, I would prevent this from happening.

☆ *Untuk memudahkan* ___, *kita harus* ___
In order to facilitate ___, we must ___

Untuk memudahkan ___, *kita harus* ___
In order to facilitate ___, we must ___

Untuk menentukan ___, *kita patut juga* ___
In order to determine ___, we should also ___

Untuk menentukan ___, *kita seharusnya juga* ___
In order to determine ___, we should also ___

☆ *Satu cara untuk* ___ *ialah dengan* ___.
Cara lain ialah ___
One way to ___ is by ___ . Another way is ___

Satu cara untuk ___ *ialah dengan* ___ .
Cara lain ialah ___
One way to ___ is by ___ . Another way is ___

Proposals

Disebabkan oleh ___ *saya akan mencadangkan* ___
Because of ___ I would propose to ___

Disebabkan oleh ___ *saya akan mengusulkan* ___
Because of ___ I would propose to ___

Oleh kerana ___ *adalah benar, saya akan mengemukakan berbagai cadangan untuk* ___
Because ___ is true, I would present various proposals to ___

Oleh karena ___ *adalah benar, saya akan mengemukakan berbagai usulan untuk* ___
Because ___ is true, I would present various proposals to ___

___ *mungkin dapat dilakukan jika* ___
___ would be feasible if ___

___ *mungkin dapat dilakukan jika* ___
___ would be feasible if ___

Mungkin menguntungkan untuk ___
It would probably be profitable to ___

Mungkin menguntungkan untuk ___
It would probably be profitable to ___

Mungkin lebih senang / mudah kalau ___

It would most likely be more expedient if ___

Mungkin lebih mudah kalau ___

It would most likely be more expedient if ___

Mungkin merugikan ___
It might be unprofitable to ___

Mungkin merugikan ___
It might be unprofitable to ___

Penting sekali ___
It is imperative to ___

Penting sekali ___
It is imperative to ___

LATIHAN 11.1

Sebagai Pengurus Rancangan Radio Australia, tulis sebuah laporan di mana kamu kemukakan cadangan-cadangan yang disediakan di bawah. Tulis ayat pengenalan di mana kamu juga menyatakan tujuan program tersebut.

Sebagai Direktur Perencanaan Radio Australia, tulis satu laporan di mana kamu kemukakan saran-saran yang disediakan di bawah. Tulis kalimat pembukaan di mana kamu juga menyatakan tujuan program tersebut.

As Director of Programming of Radio Australia write a report in which you present the proposals set out below. Write a topic sentence in which you also mention the aims of the programme.

Radio Australia lancar program untuk pelajar

1. Melancarkan program berjudul "Study in Australia"

2. Mulai akhir tahun ini.

3. Siaran akan menyentuh isu-isu penting yang akan dihadapi oleh pelajar dan keluarga mereka.

4. Program akan dilaksanakan dengan kerja sama:

   Jabatan Buruh
   Jabatan Pendidikan dan Latihan
   Program Pembangunan Antara Bangsa Universiti dan Kolej Australia

5. Program bersiri ini yang akan termasuk:

   Hidup di Australia
   Kemandirian
   Bagaimana dapat nasihat tentang kursus-kursus tertentu
   Bahasa Inggeris - piawaian yang diperlukan
   Bagaimana mendapatkan visa

6. Program akan disiarkan pagi, petang dan malam

[Utusan Malaysia, 031291]

LATIHAN 11.2

Tulis sebuah perenggan di mana kamu menyebutkan cadangan-cadangan yang diberikan di bawah. Ayat pengenalan hendaklah juga menyebutkan pentingnya melakukan kempen tersebut.

Tulis satu paragraf di mana kamu menyebutkan saran-saran yang diberikan di bawah. Kalimat pembukaan harus juga menyebutkan pentingnya melakukan kampanye tersebut.

Write a paragraph in which you mention the proposals presented below. The topic sentence should also mention the importance of carrying out the campaign.

Terjemahan kacau bilau ke Bahasa Malaysia dianggap "polusi"

1. Menjalankan satu kempen bagi menyedarkan orang ramai tentang kesalahan-kesalahan terjemahan yang ada sekarang.

2. Segala usaha dijalankan bagi membetulkan terjemahan-terjemahan yang salah.

3. Papan-papan tanda yang disalah terjemahkan digantikan dengan yang betul.

4. Satu jawatan kuasa khas dibentuk bagi mengawasi supaya hanya papan-papan tanda yang betul dinaikkan.

5. Badan-badan berkenaan diberi tanggung jawab bagi memastikan hanya terjemahan yang betul dipapankan kepada umum.

6. Kanak-kanak sekolah dan para guru disedarkan perbezaan struktur Bahasa Malaysia dengan bahasa-bahasa lain.

[Berita Harian 300477]

TULISAN 11 • *Writing 11*

LATIHAN 11.3

Tulis sebuah perenggan di mana kamu kemukakan berbagai cadangan untuk memajukan pelancongan di New Orleans. Nyatakan perkara yang sepatutnya disokong, dan perkara yang patut diubah. Gunakan butir-butir yang diberikan di bawah. Tulis ayat pengenalan yang sesuai.

Tulis satu paragraf di mana kamu kemukakan berbagai usulan untuk memajukan usaha pariwisata di New Orleans. Nyatakan hal-hal yang harus dikembangkan dan yang harus diubah. Gunakan rincian yang diberikan di bawah. Tulis kalimat pembukaan yang tepat.

Write a paragraph in which you present several proposals to advance the cause of tourism in New Orleans. State what you would support and what you would change. Use the details presented below. Write and appropriate topic sentence.

French Quarter

French Quarter

French Quarter

Mencicipi Kesohoran Mississippi

1. Tingkat kriminalitas sangat tinggi. Kalau di New Orleans, jangan keluar seorang diri.

2. Di sepanjang jalan banyak terdapat pengemis. Ada yang berani mencolek atau menepuk bahu minta uang atau rokok.

3. Tari telanjang yang jorok ada.

4. Tempat hiburan yang menyajikan adegan "gulat" banyak terdapat.

5. Sungguh nikmat menyaksikan dan mendengarkan musik jazz. New Orleans Kota Jazz. Orang di situ lahir dan besar untuk jazz.

6. Jenis musik rock dan pop juga tergelar. Pemusik-pemusik yang non-jazz ini bermain di halaman atau samping restoran.

7. Terdapat rumah-rumah mewah yang besar di kawasan bersejarah *French Quarter*. Ini membuktikan pengaruh Prancis yang lebih dominan di situ.

8. Melihat Sungai Mississippi merupakan suatu kewajiban. Ada dua kapal khusus untuk membawa para turis berlayar.

[Jawa Pos 071191]

LATIHAN 11.4

Selaku Pengurus sebuah Pusat Bimbingan Mangsa Perkosaan, atau umumnya disebut *Rape Crisis Centre*, tulis satu laporan yang mengemukakan berbagai cadangan untuk menolong perempuan mengelakkan kemungkinan dirogol. Pilih cadangan ini dari butir-butir yang disediakan dan bahagikannya dalam golongan yang sesuai. Tulis ayat pengenalan yang sesuai.

Sebagai Direktur sebuah Pusat Penanganan Korban Perkosaan, atau istilah populer disebut *Rape Crisis Centre*, tulis satu laporan yang mengemukakan berbagai usulan untuk menolong wanita menghindari kemungkinan diperkosa. Kutip usulan itu dari rincian yang disediakan dan tempatkannya dalam kelompok yang sesuai. Tulis kalimat pembukaan yang tepat.

As the Director of a Rape Crisis Centre, write a report which presents various proposals to help women avoid the possibility of rape. Choose these proposals from the details presented and divide them into relevant groups. Write an appropriate topic sentence.

Kiat Menghindari Perkosaan

1. Di rumah:

   Beri penerangan yang cukup di luar rumah.
   Pastikan bahwa jendela dan pintu terkunci.
   Pastikan siapa yang di luar pintu sebelum membuka pintu.

2. Di jalan:

   Amati apa yang berlangsung di sekitar Anda.
   Jangan memakai terlalu banyak perhiasan.
   Berjalan cepat tapi tenang.
   Pakailah pakaian yang memudahkan berlari.
   Jangan berjalan di jalan gelap yang ada segerombolan pemuda nongkrong.
   Jika Anda ketakutan teriaklah, "kebakaran," bukan "tolong" atau "perkosaan".

3. Selalu menyiapkan "senjata":

    Korek api, deodorant semprot -- botolnya bisa Anda isi dengan amonia -- cincin batu, jepit rambut, dan payung bisa Anda gunakan sebagai senjata untuk menangkis serangan.

4. Melawan:

    Gunakan sikut atau tinju wajahnya. Menjerit sekeras mungkin di telinga pelaku atau gigit telinganya.
    Jika Anda bisa menendang, tujukan ke bagian yang "berbahaya", lalu jambak rambutnya.

5. Melarikan diri adalah cara efektif mempertahankan diri:

    Melarikan diri kerap membuat penyerang Anda bingung dan gugup. Larilah ke tempat umum di mana di situ banyak orang. Cara ini akan melelehkan hasrat pemerkosa untuk mengikut Anda.
    Lalu berteriaklah, lambaikan tangan, jangan takut ditertawakan karena Anda membutuhkan perhatian.

6. Jika Anda menghadiri sebuah acara dan didekati pria yang Anda kenal, bersikaplah seadanya. Untuk menghindarinya hampirilah orang banyak di mana Anda merasa aman.

7. Bacalah tentang perkosaan:

    Bacaan tentang itu akan membuat Anda untuk mengetahui tanda-tanda pelaku, cara "operasi" dan cara menghindarinya.

    [Republika 261194]

LATIHAN 11.5

Sebagai seorang aktuari (orang yang menilai risiko) sebuah syarikat insurans, buat beberapa cadangan kepada pengarah syarikat berkaitan dengan menawarkan insurans bagi orang yang mungkin mati akibat Sindrom Kematian Mengejut (SDS). Buat cadangan-cadangan itu tepat. Yang penting, tunjukkan bagaimana orang itu boleh dikenal dari orang ramai supaya premium insurans yang dibayar adalah sewajar dengan risiko. Dasarkan cadangan-cadangan itu pada maklumat yang diberikan di bawah.

Sebagai seorang aktuari (orang yang menilai risiko) satu perusahaan asuransi, buat beberapa usulan kepada direktur perusahaan itu yang berhubungan dengan menawarkan asuransi kepada orang yang mempunyai risiko tinggi meninggal dari Sindrom Kematian Mengejut (SDS). Buat usulan-usulan itu tepat. Yang penting, tunjukkan bagaimana orang itu bisa dikenal dari orang banyak supaya premi asuransi yang dibayar adalah sesuai dengan risiko. Dasarkan usulan-usulan itu menurut informasi yang diberikan di bawah.

As an actuary (one who evaluates risk) of a life insurance company, make a number of proposals to the head of your company regarding the insuring of people with the potential to die from Sudden Death Syndrome (SDS). Make your proposals specific, indicating, above all, how such people may be identified in the general populace so that the premiums they pay for their insurance are in accordance with the risk. Base your proposals on the information supplied below.

SDS sindrom kematian mengejut

1. Sudden Death Syndrom (SDS), atau sindrom kematian mengejut, digunakan untuk berbagai-bagai punca yang menyebabkan kematian mengejut di kalangan orang dewasa.

2. Masalah jantung adalah punca utama SDS yang boleh berlaku pada mana-mana peringkat umur, tetapi biasanya menyerang lelaki dewasa sekitar umur 30-an.

3. Punca-punca lain termasuk:

    Miokarditis (inflamasi otot jantung yang akut atau kronik)
    Penyakit arteri koronari
    Anomali (penyimpangan) arteri koronari

4. Gejala-gejaja SDS termasuk:

   Susah bernafas (nafas cungap-cungap)
   Sakit dada, kebiasaannya berlaku ketika melakukan aktiviti fizikal
   Berdebar-debar, jantung laju dan tidak seragam.

5. Ujian diagnostik termasuk:

   Ekokardiogram, ujian bagi melihat struktur jantung dan berupaya mengesan keadaan-keadaan yang boleh diwarisi
   Sinaran X dada
   Ujian darah
   Ujian senaman yang direkodkan sebelum, semasa dan selepas seseorang bersenam.

6. Sesetengah puncanya boleh dikesan awal manakala sesetengahnya lagi tidak menunjukkan sebarang tanda. Satu dalam 20 kes SDS tidak pernah diketahui punca penyebabnya walaupun selepas postmortem ke atas mayat mangsa.

7. Sindrom Kematian Mengejut bersifat keturunan dan boleh melibatkan lebih ramai lelaki berbanding wanita dari sebarang kumpulan etnik atau bangsa.

   Gen tidak normal yang terlibat di dalam pembentukan protein bagi pengecutan jantung turut menjadi penyebabnya.

   Ramai yang tidak menyedari mereka mempunyai SDS sehinggalah ahli keluarga yang lain mendapat serangannya.

   Peluangnya boleh dikatakan 50-50 untuk diwarisi.

8. Individu yang mengalami SDS biasanya mempunyai tubuh badan yang sihat serta mengamalkan gaya hidup yang juga sihat seperti gemar bersukan dan tidak merokok.

   Bersukan tidak menyebabkan SDS tetapi ia boleh mencetuskan SDS sekiranya seseorang itu telah mempunyai masalah kesihatan yang tidak dikesan sebelum itu.

[Utusan Malaysia 180305]

LATIHAN 11.6

Selaku Naib Presiden Kanan kemajuan pengeluaran di Indosat, tulis sebuah laporan kepada ketua syarikat itu di mana kamu anjurkan bahawa masa sekarang tidak baik untuk mengemukakan teknologi 3G. Sokong cadangan itu dengan menggunakan butir yang diberikan di bawah. Bincangkan alasan-alasan yang dipilih dalam golongan yang sesuai.

Sebagai Wakil Direktur Senior perkembangan produksi di Indosat, tulis satu laporan kepada kepala perusahaan itu di mana Anda menganjurkan bahwa waktu sekarang tidak baik untuk memperkenalkan teknologi 3G. Dukung usulan itu dengan menggunakan rincian yang diberikan di bawah. Bicarakan alasan-alasan yang dikutip dalam kelompok yang sesuai.

As Senior Vice President of product development at Indosat, write a report to the head of your company in which you propose that now is not the right time to introduce 3G technology. Support your proposal using the information presented below. Discuss your reasons in relevant groups.

Implementasi Jaringan WCDMA/UMTS Perlu Investasi Besar

1. Penerapan 3G memerlukan investasi besar. Salah satunya, pembaruan BTS (Base Transceiver Stations) dari level 2G (generasi kedua) menjadi 3G (generasi ketiga).

   Untuk memperbarui satu BTS diperlukan dana minimal Rp 2-3 milyar. Saat ini semua BTS Indosat yang harus diganti mencapai 2.000 lebih.

2. Dari sisi pasar, sebagian besar masyarakat Indonesia masih belum membutuhkan 3G.

   Hal ini terlihat dari tingkat layanan nirkabel konsumen yang masih berkutat pada telepon, SMS (Short Message Service) dan (MMS Multimedia Messaging Service).

3. Permanfaatan layanan data seperti *browsing* internet maupun *video streaming* masih sangat jarang. Apalagi layanan *video conference* seperti yang ditawarkan 3G.

   Percuma saja kita jualkan 3G sementara pembelinya tidak ada.

4. Kemungkinan besar 3G hanya akan laku di kota-kota besar. Kalau itu terjadi, kita harus memilah jaringannya menjadi dua. Satu jaringan untuk 3G di kota dan satu jaringan lagi untuk 2G di luar kota.

5. Di daerah perkotaan sendiri tidak semua konsumen sudah menggunakan ponsel kelas 3G. Jika dipaksakan, sama artinya kita membuang pelanggan.

6. 3G baru layak diterapkan di Indonesia jika konsumen sudah terbiasa bermain *email* dan internet melalui ponsel.

   Selama perilaku konsumen hanya memakai ponsel untuk telepon, SMS dan sibuk main potret, selama itu pula 3G tidak ada artinya.

7. Jika kebutuhannya untuk akses data dan informasi, Indosat telah memiliki *BlackBerry-Mentari* yang siap melayani kebutuhan data lewat ponsel selama 24 jam tanpa harus *dialling*.

[Republika 160305]

TULISAN 11 • *Writing 11*

LATIHAN 11.7

Sebagai seorang calon datuk bandar di bandar yang mengeluarkan besi yang digambarkan di bawah, nyatakan cadangan yang mana kamu akan kemukakan untuk membersihkan bandar dan memulihkan alam sekeliling. Kemukakan cadangan ini sebagai pidato ringkas yang diberikan kepada pengundi dalam kempen kamu. [Gambar di bawah dipetik pukul 12:00 tengah hari pada hari terang.]

Sebagai seorang calon wali kota di kota yang mengeluarkan besi yang dilukiskan di bawah, sebutkan mana-mana usulan yang akan Anda kemukakan untuk membersihkan kota dan memulihkan alam sekitar. Kemukakan usulan ini sebagai pidato ringkas yang diberikan kepada pengundi dalam kampanye Anda. [Foto di bawah diambil jam 12:00 siang pada hari terang.]

As candidate for mayor in a coming election in the steel producing town shown below, indicate what proposals you would make to clean up the town and restore the natural environment. Present your proposals as a short campaign speech which you give to the voters. [The picture below was taken at 12:00 noon on a sunny day.]

LATIHAN 11.8

Tulis sebuah perenggan berdasarkan garis kasar yang diberikan. Beri tajuk yang sesuai.

Write a paragraph based on the given outline. Supply an appropriate title.

Kalau saya menjadi guru besar sebuah sekolah menengah rendah, saya akan mengemukakan berbagai cadangan untuk menegakkan tatatertib.

1. Pelajar yang datang terlambat:
1.1 Kali pertama akan diminta keterangan.
1.2 Kali kedua akan ditahan di bilik guru besar dan tidak akan dibenarkan bermain di pekarangan.
1.3 Kali ketiga akan dihantar pulang untuk membincangkan masalah bersama ibu bapanya.

2. Pelajar yang mengganggu pelajar lain:
2.1 Akan disuruh minta maaf dan berjanji tidak akan melakukannya lagi.
2.2 Akan dipaksa tinggal selepas waktu sekolah dan menolong membersihkan halaman sekolah.
2.3 Akan diberi amaran dilarang memasuki sekolah.

3. Pelajar yang tidak membuat pekerjaan yang dikehendaki
3.1 Akan diberi pekerjaan tambahan.
3.2 Akan dilarang menduduki peperiksaan akhir.

Kalau saya menjadi kepala suatu sekolah menengah pertama, saya akan mengajukan berbagai usulan untuk menguatkan disiplin.

1. Pelajar yang datang terlambat:
1.1 Pertama kali akan diminta penjelasan.
1.2 Kedua kali akan ditahan di ruangan kepala sekolah dan tidak akan diizinkan bermain di halaman.
1.3 Ketiga kali akan diantar pulang untuk membicarakan masalahnya bersama orang tuanya.

2. Pelajar yang mengganggu pelajar lain:
2.1 Akan disuruh minta maaf dan berjanji tidak akan melakukannya lagi.
2.2 Akan dipaksa tinggal sesudah waktu sekolah dan menolong membersihkan halaman sekolah.
2.3 Akan diberi peringatan dilarang memasuki sekolah.

3. Pelajar yang tidak membuat pekerjaan rumah yang diwajibkan:
3.1 Akan diberi pekerjaan tambahan.
3.2 Akan dilarang mengikuti ujian akhir.

TULISAN 11 • Writing 11

LATIHAN 11.9

Pilih 1 SATU perkara di bawah ini dan tulis sebuah karangan sepanjang 200 patah perkataan. Tulis ayat pengenalan dan nyatakan sebab-sebab yang sesuai untuk membuktikan cadangan ini. Beri tajuk yang sesuai.

Pilih 1 SATU topik di bawah ini dan tulis karangan sebanyak 200 kata. Tulis kalimat pembukaan dan nyatakan alasan yang sesuai untuk mendukung saran ini. Beri judul yang sesuai.

Choose 1 ONE topic below and write an essay 200 words long. Write a topic sentence and state relevant reasons to support your proposal. Give an appropriate title.

1. Katakanlah kamu dicalonkan sebagai Perdana Menteri atau Presiden suatu negara. Apakah yang akan kamu cadangkan tentang masa depan negara itu?

2. Sebagai Menteri Besar sebuah negeri apakah yang akan kamu anjurkan kepada rakyat negeri itu mengenai perhubungan dengan kerajaan pusat?

3. Katakanlah kamu dilantik sebagai ketua sistem penerbangan Australia. Apa yang akan kamu mengesyorkan kepada penumpang dan para pemegang saham?

4. Sebagai naib cancelor sebuah universiti, apakah yang akan kamu galakkan tentang pengajaran bahasa?

5. Sebagai ketua sebuah penjara, apakah yang akan kamu rancangkan untuk orang tahanan di penjara itu?

6. Katakanlah kamu dipilih sebagai Menteri Hal Ehwal Orang Asli di sebuah negara. Apakah yang akan kamu cadangkan kepada kerajaan?

1. Katakanlah kamu dicalonkan sebagai Perdana Menteri atau Presiden suatu negara. Apakah yang akan kamu usulkan tentang masa depan negara itu?

2. Sebagai Gubernur suatu negara bagian apakah yang akan kamu anjurkan kepada rakyat negeri itu mengenai hubungan dengan pemerintah pusat?

3. Katakanlah kamu dilantik sebagai ketua sistem penerbangan Australia. Apa yang akan kamu sarankan kepada penumpang dan para pemegang saham?

4. Sebagai rektor sebuah universitas, apakah yang akan kamu galakkan tentang pengajaran bahasa?

5. Sebagai kepala sebuah penjara, apakah yang akan kamu rencanakan untuk orang tahanan di penjara itu?

6. Katakanlah kamu dipilih sebagai Menteri Urusan Orang Aborigin di suatu negara. Apakah yang akan kamu usulkan kepada pemerintah?

Proposals

7. Andainya kamu memegang jawatan sebagai ketua parti pembangkang. Apakah yang akan kamu anjurkan mengenai pengelolaan kerajaan?	7. Andaikan kamu memegang jabatan sebagai kepala partai oposisi. Apakah yang akan kamu anjurkan mengenai pengelolaan pemerintah?
8. Selaku Presiden Gabungan Pelajar sebuah universiti, apa yang akan kamu syorkan untuk memudahkan pembelajaran?	8. Selaku Presiden Gabungan Pelajar suatu universitas, apa yang akan kamu sarankan untuk memudahkan proses belajar?
9. Sekiranya kamu dilantik sebagai Presiden Majlis Kesatuan Pekerja sebuah negara, apakah yang akan kamu cadangkan mengenai ekonomi negara itu dalam lima tahun akan datang?	9. Sekiranya kamu dilantik sebagai Presiden Majlis Kesatuan Pekerja suatu negara, apakah yang akan kamu usulkan mengenai ekonomi negara itu dalam lima tahun akan datang?
10. Sebagai wakil pihak Rusia di perundingan gencatan senjata nuklear, apakah yang akan kamu janjikan kepada Amerika Syarikat?	10. Sebagai wakil pihak Rusia di perundingan gencatan senjata nuklir, apakah yang akan kamu janjikan kepada Amerika Serikat?
11. Sebagai pengelola sumber air di sebuah bandar raya, apakah yang akan kamu cadangkan kepada dewan bandar raya untuk menentukan terdapat bekalan air pada tahun-tahun akan datang?	11. Sebagai pengelola sumber air di suatu kota, apakah yang akan Anda usulkan kepada wali kota untuk menentukan bahwa akan ada persediaan air pada tahun-tahun mendatang?

TULISAN 12

PENYANGKALAN DAN ADUAN
Refutation and Complaint

When we refute someone's opinion, we present ideas counter to that opinion with the aim of proving it wrong. We then support our own views or opinions with a set of examples or facts. Refer to Section 7 for more detail on the writing of opinion.

The writing of complaints is a related exercise. We look at a particular service, product or type of behaviour and attempt to show why it is unacceptable. We do this by showing the negative consequences produced which the person or company may or may not be aware of.

ISTILAH

Bahagian 1: Penyangkalan

☆ *benar*
true, correct

☆ *tidak benar*
   incorrect, false, untrue

   ___ *adalah perkara / hal yang tidak benar.*
   ___ is a falsity / is a matter which is incorrect.

☆ *Walau pun sebahagiannya adalah benar, akan tetapi* ___
Although some of it is true, nevertheless ___

☆ *salah*
wrong, incorrect

Bagian 1: Penyangkalan

benar
true, correct

tidak benar
incorrect, false, untrue

___ *adalah sesuatu / hal yang tidak benar.*
___ is a falsity / is a matter which is incorrect.

Walau pun sebagiannya adalah benar, akan tetapi ___
Although some of it is true, nevertheless ___

salah
wrong, incorrect

Refutation and Complaint

Kenyataan mengenai ___ adalah salah.
The statement about ___ is in error.

Apa yang kita ketahui mengenai ___ adalah bertentangan dengan apa yang sebenarnya kita dapati apabila ___
What we know about ___ is at variance with what we actually find when ___

Terdapat salah faham antara ___
A misunderstanding exists between ___

Terdapat perselisihan mengenai ___
A disagreement has been found regarding ___

Menentang pendapat ___ (bahawa) ___, saya berpendapat ___
In opposition to the opinion of ___ that ___, I am of the opinion ___

Penentangan terhadap ___ sepatutnya tidak disokong oleh pihak kita kerana ___
Opposition to ___ should not be supported by our group / faction because ___

Bertentangan dengan ___ terdapat / kita dapati ___
Contrary to / In contradiction to ___ we find ___

___ adalah berlawanan dengan ___
___ is contrary to ___

Sebaliknya ___
Conversely / On the other hand ___

Sukar mencapai persetujuan mengenai ___ disebabkan ___
It is difficult to reach agreement on ___ because ___

Pernyataan mengenai ___ adalah salah.
The statement about ___ is in error.

Apa yang kita ketahui mengenai ___ adalah bertentangan dengan apa yang sebenarnya kita temukan jika ___
What we know about ___ is at variance with what we actually find when ___

Terdapat salah paham antara ___
A misunderstanding exists between ___

Terdapat perselisihan mengenai ___
A disagreement has been found regarding ___

Bertentangan dengan / Berbeda pendapat ___ (bahwa) ___, saya berpendapat ___
In opposition to the opinion of ___ that ___, I am of the opinion ___

Ketidaksetujuan terhadap ___ seharusnya tidak didukung oleh pihak kita karena ___
Oppsition to ___ should not be supported by our group / faction because ___

Bertentangan dengan ___ terdapat / kita dapati ___
Contrary to / In contradiction to ___ we find ___

___ adalah berlawanan dengan ___
___ is contrary to ___

Sebaliknya ___
Conversely / On the other hand ___

Sukar mencapai persetujuan mengenai ___ disebabkan ___
It is difficult to reach agreement on ___ because ___

TULISAN 12 • Writing 12

★ *Saya tidak setuju dengan ___*
I do not agree with ___

★ *logik*
logic

★ *Secara logik, ___*
Logically, ___

★ *kesimpulan / rumusan*
deduction, conclusion, solution

★ *Saya menyimpulkan ___*
I deduce / I have come to the conclusion that ___

★ *tetap*
consistent, set, fixed

★ *selaras*
in accordance with

★ *___ adalah tidak selaras dengan ___*
___ is inconsistent with ___

★ *ketetapan*
consistency

★ *tidak adil*
unjust

★ *Walau pun ___, saya menganggap pendirian ini berat sebelah.*
Even though ___, I consider that this policy is biassed.

★ *Perkara / Hal itu menunjukkan syak wasangka kepada ___*
That matter reveals prejudice toward ___

Saya tidak setuju dengan ___
I do not agree with ___

logika
logic

Secara logika, ___
Logically, ___

kesimpulan / rumusan
deduction, conclusion, solution

Saya menyimpulkan ___
I deduce / I have come to the conclusion that ___

tetap
consistent, set, fixed

selaras
in accordance with

___ adalah tidak selaras dengan ___
___ is inconsistent with ___

keselarasan
consistency

tidak adil
unjust

Walau pun ___, saya menganggap kebijaksanaan ini berat sebelah.
Even though ___, I consider that this policy is biassed.

Hal itu menunjukkan syak wasangka kepada ___
That matter reveals prejudice toward ___

Refutation and Complaint

Bahagian 2: Aduan

★ *aduan*
complaint

★ *Saya hendak membuat aduan mengenai ___*
I would like to file a complaint about ___

Saya telah mengadukan hal ini dalam ___ tetapi ___
I have already complained about this matter in ___ but ___

Bagi pihak ___, saya ingin membuat pengaduan ini kepada tuan.
On behalf of ___, I wish to make this complaint to you.

Saya ingin meminta perhatian tuan mengenai ___
I wish to bring to your attention about ___

Dengan berat hati, saya membawa kepada perhatian tuan (bahawa) ___
I reluctantly bring to your attention that ___

Dengan hormatnya, saya ingin menghubungi tuan mengenai ___
I respectfully wish to contact you regarding ___

Dengan duka cita saya sekali lagi mengadu tentang ___
With great reluctance, I again must complain about ___

Saya ingin merayu supaya ___
I wish to request / to make an appeal so that ___

Bagian 2: Aduan

aduan
complaint

Saya ingin membuat aduan mengenai ___
I would like to file a complaint about ___

Saya telah mengadukan hal ini dalam ___ tetapi ___
I have already complained about this matter in ___ but ___

Atas nama ___, saya ingin membuat pengaduan ini kepada Anda.
On behalf of ___, I wish to make this complaint to you.

Saya ingin meminta perhatian Anda mengenai ___
I wish to bring to your attention about ___

Dengan berat hati, saya mintakan perhatian anda (bahwa) ___
I reluctantly bring to your attention that ___

Dengan segala hormat, saya ingin menghubungi anda mengenai ___
I respectfully wish to contact you regarding ___

Dengan berat hati saya sekali lagi terpaksa mengadu tentang ___
With great reluctance, I again must complain about ___

Saya ingin mengajukan permintaan supaya ___
I wish to request / to make an appeal so that ___

TULISAN 12 • *Writing 12*

★ *Saya khuatir sekiranya* ___
I am worried in the event that ___

Saya khawatir sekiranya ___
I am worried in the event that ___

★ <u>*Oleh yang demikian / Kerana itu*</u>, *saya berharap* ___
Consequently / Therefore, I hope ___

<u>*Oleh yang demikian / Karena itu*</u>, *saya berharap* ___
Consequently / Therefore, I hope ___

Saya harap tuan akan mengambil langkah-langkah yang sewajarnya untuk menyelesaikan ___
I hope that you will take appropriate steps to settle / resolve ___

Saya harap Anda akan mengambil langkah-langkah yang sewajarnya untuk menyelesaikan ___
I hope that you will take appropriate steps to settle / resolve ___

LATIHAN 12.1

Tulis sebuah perenggan di mana kamu menyangkal kenyataan polis mengenai pembunuhan dua orang penjahat yang diterangkan di bawah. Beri pendapat sendiri tentang apa yang sebenarnya mungkin berlaku. Tulis ayat pengenalan yang sesuai.

Tulis satu paragraf di mana kamu menyangkal pernyataan polisi mengenai terbunuhnya dua orang penjahat yang dijelaskan di bawah. Beri pendapat sendiri tentang apa yang sebenarnya bisa terjadi. Tulis kalimat pembukaan yang sesuai.

Write a paragraph in which you refute the police statements about the killing of the two criminals described below. Give your own opinion about what must have actually happened. Write an appropriate topic sentence.

Tersangka perampok tewas diterjang peluru polisi

1. Begitu turun dari kendaraan, Wiryo berusaha lari. Polisi mengejarnya dan berteriak agar berhenti. Akhirnya polisi melepaskan tembakan peringatan dilanjutkan dengan sasaran ke kaki. Wiryo tetap berusaha lari. Karena jengkel, polisi mengarahkan pistolnya ke tubuh Wiryo. Peluru yang dilepaskan menerjang bagian punggung hingga tembus ke dada. Wiryo pun tewas seketika.

2. Rahmatullah berusaha kabur dari tahanan dengan cara membongkar jeruji jendela kamar mandi. Polisi menembaknya karena tidak menggubris perintah berhenti dari polisi yang tengah jaga malam itu. Penjahat tewas dengan tiga luka tembakan.

[Kompas 23/12/91:7]

TULISAN 12 • *Writing 12*

LATIHAN 12.2

Tulis sebuah perenggan di mana kamu menyangkal kenyataan Vietnam mengenai kejadian-kejadian di Kemboja. Berikan bukti dari keterangan yang berikut untuk membuktikan penyangkalan itu. Tulis ayat pengenalan yang sesuai.

Tulis satu paragraf di mana kamu menyangkal pernyataan Vietnam mengenai kejadian-kejadian di Kamboja. Berikan bukti dari keterangan berikut untuk mendukung penyangkalan itu. Tulis kalimat pembukaan yang tepat.

Write a paragraph in which you refute Vietnam's statements about the events in Cambodia. Cite proof from the information presented below to support your refutation. Write an appropriate topic sentence.

Vietnam dakwa tentera-tentera Kemboja berontak

A1. Satu siaran resmi Radio Hanoi mendakwa pasukan-pasukan pemberontak, termasuk tentera-tentera Kemboja yang menentang kerajaan Phnom Penh, telah:

  i. menguasai beberapa batang jalan raya yang penting dan sebuah lapangan terbang
  ii. menyerang beberapa buah bandar besar

A2. Radio Hanoi mensifatkan pemberontakan itu sedang merebak ke seluruh Kemboja.

A3. Radio Hanoi menambah rapat-rapat umum dan tunjuk-tunjuk perasaan telah diadakan di kilang-kilang dan ladang-ladang negara mendesak rakyat supaya memberontak dan menggulingkan rejim Pol Pot - Ieng Sary.

A4. Siaran itu berkata pemberontak-pemberontak di kawasan barat telah menembak pegawai pemerintah mereka dan orang ramai melarikan diri secara beramai-ramai ke dalam wilayah Thailand.

B1. Siaran tidak menyatakan di wilayah yang mana pemberontakan itu berlaku.

B2. Tidak ada sebarang laporan mengenai kedatangan orang-orang pelarian secara beramai-ramai ke dalam Thailand disiarkan di Bangkok setakat ini.

B3. Vietnam telah melaporkan tentang pemberontakan di Kemboja beberapa kali sebelum ini, tetapi orang luar melihat sedikit saja bukti.

B4. Pegawai-pegawai intelijen telah meragui pemberontakan itu sedang berjalan secara besar-besaran.

B5. Dua minggu lalu Radio Hanoi berkata 16 dari 19 wilayah Kemboja telah dilanda pemberontakan.

[Utusan Malaysia 251078]

LATIHAN 12.3

Tulis sebuah perenggan di mana kamu mengambil pendirian sama ada Pluto masih patut disifatkan sebagai planet atau hanya sebagai objek lain di angkasa lepas. Tahankan pendirian itu dengan menyangkal kenyataan yang bertentangan. Dasarkan perenggan itu pada maklumat yang diberikan di bawah. Tulis ayat pengenalan yang sesuai.

Tulis satu paragraf di mana Anda mengambil keputusan apakah Pluto masih harus dianggap sebagai planet atau hanya sebagai objek lain di angkasa luar. Dukung sikap itu dengan menyangkal kenyataan yang bertentangan. Dasarkan paragraf itu pada informasi yang diberikan di bawah. Tulis kalimat pembukaan yang tepat.

Write a paragraph is which you take a position on whether Pluto should still be considered a planet, or whether it should be considered as just another object in space. Defend your position by refuting the opposing arguments. Base your paragraph on the information presented below. Write an appropriate topic sentence.

Pluto

Pluto, Ditemukan 75 Tahun Lalu dan Tetap Misterius

A1. Pluto segera diangkat sebagai planet kesembilan di tata surya sejak pertama terlihat pada tanggal 18 Februari 1930 dan dianggap sebagai planet selama 75 tahun.

A2. Pada saat ditemukan, Pluto adalah satu-satunya objek di luar Neptunus yang diketahui. Lalu ketika bulan yang mengelilinginya, Charon, terlihat, maka hal itu justru makin menguatkan status Pluto sebagai planet.

A3. Mengubah pengertian bahwa Pluto bukan sebuah planet adalah sesuatu yang tidak mudah. Namanya berserta posisi dan predikatnya sebagai planet terkecil sudah terlanjur populer dalam kalangan orang banyak.

A4. Pluto memiliki bentuk bundar seperti planet, sedangkan komet dan asteroid cenderung berbentuk tak beraturan.

A5. Pluto mempunyai atmosfer dan musim layaknya planet.

B1. Para astronom, setelah Pluto ditemukan, telah menemukan sekitar 1.000 objek kecil lain di luar Neptunus yang juga mengelilingi Matahari. Di sana mungkin ada sekitar 100.000 objek serupa yang dikenal sebagai objek Sabuk Kuiper.

B2. Pluto sendiri, dengan orbit yang memanjangnya yang aneh, memiliki perilaku lebih mirip objek Sabuk Kuiper.

B3. Pluto berukuran amat kecil, bahkan lebih kecil dari bulan Bumi, sehingga terlalu kecil untuk disebut planet.

B4. Tidak ada definisi resmi mengenai apa itu planet, misalnya mengenai batas ukuran atau pola orbitnya.

B5. Bila Pluto tetap dianggap sebagai planet, bagaimana nasib objek lain yang mungkin lebih besar darinya bila ditemukan nanti?

[Kompas 140205]

LATIHAN 12.4

Kamu telah mendaftarkan diri dalam kursus bahasa Indonesia di universiti di Jogjakarta yang berlangsung selama satu bulan. Kamu tidak tinggal di kampus tetapi, sebaliknya, mengikuti nasihat kawan dan menyewa bilik di sebuah hotel di jalan besar di bandar. Walau pun kamu senang tinggal di pusat kebudayaan bandar itu, usaha-usaha kamu untuk belajar sentiasa terganggu. Tulis sepucuk surat kepada kawan yang mengesyorkan kamu tinggal di tempat seperti itu. Nyatakan masalah yang kamu hadapi serta menyangkal nasihatnya bahawa tempat tinggal di pusat bandar paling baik. Gunakan istilah pendapat yang berkaitan. Dasarkan surat itu pada maklumat yang diberikan di bawah. Tulis ayat pengenalan yang sesuai.

Anda telah mendaftarkan diri dalam kursus bahasa Indonesia di universitas di Jogjakarta yang berlangsung selama satu bulan. Anda tidak tinggal di kampus tetapi, sebaliknya, mengikuti nasehat sahabat dan menyewa kamar di hotel di jalan induk di kota. Walau pun Anda gembira tinggal di pusat kebudayaan kota itu, usaha Anda untuk belajar sering terganggu. Tulis satu surat kepada sahabat yang menyarankan Anda tinggal di tempat seperti itu. Sebutkan masalah yang ada dan sangkallah nasehatnya bahwa tempat tinggal di pusat kota paling baik. Gunakan istilah pendapat yang berhubungan. Dasarkan surat itu pada informasi yang diberikan di bawah. Tulis kalimat pembukaan yang tepat.

You have enrolled in a one-month course in Indonesian at a university in Jogjakarta. Instead of staying on campus, you took a friend's advice and rented a hotel room on the main street in the city. While you were happy to be in the cultural heart of the city, you found that your attempts to study were constantly disrupted. Write a letter to the friend who suggested you stay in such a location, indicating the problems you had and countering his advice that such a location was ideal. Use terms for opinion where relevant. Base your letter on the information presented below. Write an appropriate topic sentence.

Jejak jalanan Malioboro

1. Sepanjang jalan itu ada deretan kedai dan di kaki limanya berselerak pelbagai jenis pedagang kecil. Mereka berniaga dari pagi tetapi lebih meriah pada waktu malam. Ini bermakna jalan sepanjang dua kilometer itu sentiasa berdenyut dengan pelbagai kegiatan, tidak kira siang atau malam.

2. Di tengah kesibukan ini, pengunjung boleh menaiki kereta kuda untuk mengelilingi kota atau menaiki beca, selain pengangkutan awam lain. Terdengar bunyi dari kaki kuda di muka jalan, dan deram motorsikal yang terpantul dari bangunan-bangunan di tepi jalan. Asap dari bas tercampur dengan udara yang panas lembab.

3. Pada waktu malam lampu neon pelbagai warna tak terpadam dan berkelip-kelip menyerikan kaki lima di sepanjang jalan itu.

4. Pengunjung boleh menikmati hidangan berbagai macam. Baunya nasi leleh dengan berlaukkan ayam kampung, puyuh goreng dan pelbagai jenis ulam meresap ke dalam udara dan masuk rumah melalui pintu dan jendela terbuka.

5. Pengamen (pemuzik jalanan) pasti ditemui, terutama ketika senja. Seniman ini sangat ramah dan kebanyakannya berbakat besar. Mereka tidak segan silu menyanyi sambil memetik gitar atau bermain dram.

[Berita Harian 140305]

LATIHAN 12.5

Tulis sebuah perenggan berdasarkan garis kasar yang berikut. Beri tajuk yang sesuai.

Tulis satu paragraf berdasarkan garis besar berikut. Beri judul yang tepat.

Write a paragraph based on the following outline. Supply an appropriate title.

Menentang pendapat bahawa bahasa kebangsaan diperlukan untuk menyatukan sebuah negara, saya berpendapat bahasa kebangsaan boleh mengancam kesatuan. Biar saya memberi berbagai contoh untuk membuktikan pendapat saya ini.	Berbeda pendapat bahwa bahasa kebangsaan diperlukan untuk menyatukan suatu negara, saya berpendapat bahasa kebangsaan bisa merusak kesatuan. Mari saya tunjukkan berbagai contoh untuk mendukung pendapat saya ini.

1. Di Filipina
1.1 Terdapat dua bahasa yang sama banyak penuturnya.
1.2 Penutur bahasa Cebuano merasa tersinggung kerana bahasa Tagalog dipilih sebagai bahasa kebangsaan.
1.3 Penutur bahasa Cebuano enggan belajar bahasa Tagalog dan enggan mengajarkannya kepada anak-anak mereka.

2. Di Sri Lanka
2.1 Bahasa Singhala dijadikan bahasa kebangsaan dan diperlukan untuk memasuki perkhidmatan awam.
2.2 Bahasa Tamil disingkirkan dan menjadi satu sebab orang Tamil berusaha menubuhkan negara sendiri.

3. Di Belgium
3.1 Percubaan mengikhtirafkan sebuah bahasa kebangsaan ditinggalkan.
3.2 Negaranya terpaksa dibahagikan kepada dua wilayah untuk mengekalkan kesatuan.
3.3 Di satu wilayah bahasa Belanda menjadi bahasa resmi, dan di wilayah lain, bahasa Perancis.

---

1. Di Filipina
1.1 Terdapat dua bahasa yang sama banyak penuturnya.
1.2 Penutur bahasa Cebuano merasa tersinggung karena bahasa Tagalog dipilih sebagai bahasa kebangsaan.
1.3 Penutur bahasa Cebuano enggan belajar bahasa Tagalog dan enggan mengajarkannya kepada anak-anak mereka.

2. Di Sri Lanka
2.1 Bahasa Singhala dijadikan bahasa kebangsaan dan menjadi persyaratan untuk menjadi pegawai negeri.
2.2 Bahasa Tamil disingkirkan dan menjadi salah satu penyebab orang Tamil berusaha membentuk negara sendiri.

3. Di Belgia
3.1 Percobaan memproklamasikan suatu bahasa kebangsaan dilupakan.
3.2 Negaranya terpaksa dibagi dua wilayah untuk mengekalkan kesatuan.
3.3 Di satu wilayah bahasa Belanda menjadi bahasa resmi, dan di wilayah lain, bahasa Prancis.

LATIHAN 12.6

Tulis sebuah karangan sepanjang 200 patah perkataan berdasarkan satu perkara yang berikut. Beri tajuk yang sesuai. Dalam karangan ini kamu hendak menyangkal pendapat yang dinyatakan. Tulis ayat pengenalan yang sesuai.

Tulis sebuah karangan sebanyak 200 kata berdasarkan satu topik berikut. Beri judul yang tepat. Dalam karangan ini kamu harus menyangkal pendapat yang dinyatakan. Tulis kalimat penerangan yang tepat.

Write an essay 200 words long based on one of the topics which follow. Give an appropriate title. In this essay you are to refute the opinion stated. Write an appropriate topic sentence.

1. Wang adalah perkara yang paling penting dalam kehidupan manusia.
2. Memasuki universiti adalah suatu keperluan bagi orang kaya saja.
3. Kemudahan perubatan patut diberi percuma kepada orang miskin saja.
4. Imigrasi ke Australia patut diberhentikan.
5. Pendidikan universiti menjamin kehidupan yang cemerlang pada masa akan datang.
6. Negara-negara dunia ketiga lebih baik diperintahkan oleh kuasa penjajahan daripada pemerintahan sendiri.
7. Pertandingan Sukan Olimpik patut diadakan setiap empat tahun di Athens, dan bukan di bandar raya-bandar raya yang berlainan.
8. Pertuturan bahasa tidak patut diutamakan bagi penuntut-penuntut bahasa asing yang belajar di luar dari negara di mana bahasa itu digunakan.

1. Uang adalah hal yang paling penting dalam kehidupan manusia
2. Memasuki universitas adalah suatu keperluan bagi orang kaya saja.
3. Fasilitas pengobatan seharusnya diberikan cuma-cuma kepada orang miskin saja.
4. Imigrasi ke Australia sebaiknya dihentikan.
5. Pendidikan universitas menjamin kehidupan yang cemerlang pada masa akan datang.
6. Negara-negara dunia ketiga lebih baik diperintah oleh penjajah daripada pemerintahan sendiri.
7. Pertandingan Olah Raga Olimpiade seharusnya diadakan setiap empat tahun di Atena dan bukan di kota-kota besar yang berbeda.
8. Pertuturan bahasa tidak seharusnya diutamakan bagi mahasiswa-mahasiswa bahasa asing yang belajar di luar dari negara di mana bahasa itu digunakan.

9. Tenaga nuklear adalah satu-satunya cara menjana elektrik yang dapat mengelakkan meningkatnya jumlah karbon dioksida di udara, iaitu gas yang menyebabkan pemanasan dunia.

10. Orang tua lebih baik dirawat di rumah orang tua uzur daripada rumah orang sendiri.

9. Tenaga nuklir adalah satu-satunya cara membangkitkan tenaga listrik yang dapat mengelakkan meningkatnya jumlah karbon dioksida di udara, iaitu gas yang menyebabkan pemanasan dunia.

10. Orang yang sudah tua sebaiknya diasuh di rumah sakit bagi orang tua lanjut usia dan tidak di rumahnya sendiri.

LATIHAN 12.7

Katakanlah kamu baru membeli alat yang diiklankan di bawah ini. Setelah menggunakannya beberapa kali kamu dapati berbagai kekurangan yang bertentangan dengan apa yang disebutkan dalam iklan. Tulis sepucuk surat kepada pengusaha di mana kamu adukan kekurangan ini.

Katakanlah kamu baru membeli alat yang diiklankan di bawah ini. Setelah menggunakannya beberapa kali kamu dapati berbagai kekurangan yang bertentangan dengan apa yang disebutkan dalam iklan. Tulis sebuah surat kepada pengusaha di mana kamu adukan kekurangan ini.

Let us assume you have just bought the appliance advertised below. After using it several times you find a number of shortcomings which are counter to what has been mentioned in the advertisement. Write a letter to the manufacturer in which you complain about these shortcomings.

Anteng Screw Air Compressor

Anteng Screw Air Compressor menjamin kelancaran usaha industri anda

Berkualitas sangat prima

Hemat listrik 20%

Kompak dan suara halus

Perawatan mudah

Tangguh dan tahan lama

[Jawa Pos 160991]

LATIHAN 12.8

Katakanlah kamu telah men-dapatkan pekerjaan yang ditawarkan di bawah. Setelah beberapa minggu bekerja di situ, kamu dapati apa yang dijanjikan dalam iklan tidak selaras dengan apa yang sebenarnya diberikan kepada pekerja. Tulis sepucuk surat kepada pengurus syarikat tersebut di mana kamu adukan perbezaan yang didapati.	Katakanlah kamu telah berhasil men-dapatkan pekerjaan yang ditawarkan di bawah. Setelah beberapa minggu bekerja di situ, kamu dapati apa yang dijanjikan dalam iklan tidak selaras dengan apa yang sebenarnya diberikan kepada pekerja. Tulis sebuah surat kepada kepala serikat tersebut di mana kamu adukan perbedaan yang terdapat.

Let us say you were successful in obtaining the employment offered below. After several weeks working there you discover that what was promised in the advertisement is not actually what is being offered to the workers. Write a letter to the director of the company in which you complain about the differences you have discovered.

Futura Electric (Malaysia) Sdn. Bhd.

OPERATOR PENGELUARAN

Kami menawarkan:

Tempat tinggal yang dilengkapkan sepenuhnya secara percuma
Berhampiran dengan kilang
TV dalam setiap apartmen
Kipas angin dalam setiap bilik
Seterika elektrik dan peti sejuk dalam setiap apartmen
Subsidi makanan di kilang dan hostel
Kemudahan rekreasi yang terbaik
Pakaian seragam percuma yang menarik
Peluang untuk naik pangkat

[Utusan Malaysia 300190]

TULISAN 12 • Writing 12

LATIHAN 12.9

Katakanlah kamu telah menjadi sukarelawan sebuah Pertubuhan Bukan Kerajaan (NGO). Kamu setuju ditugaskan ke kawasan pedesaan untuk memperkenalkan rancangan pembangunan mampan. Pertubuhan itu setuju membayar elaun dan memberi perumahan percuma. Walau pun dihuraikan sebagai perumahan sederhana, kamu sedikit terkejut apabila mengetahui betapa sederhananya rumah itu.

Tulis sepucuk surat kepada ketua pertubuhan tersebut dan menyuarakan kekhawatiran kamu tidak diberikan maklumat yang lengkap. Nyatakan bagaimana jenis perumahan dan kemudahan yang terdapat berbeza dari apa yang diharapkan.

Katakanlah Anda telah menjadi sukarelawan sebuah Organisasi Non Pemerintah (NGO). Anda setuju ditugaskan ke daerah pedesaan untuk memperkenalkan rencana pembangunan berkelanjutan. Organisasi itu setuju membayar tunjangan dan memberi perumahan gratis. Walau pun dilukiskan sebagai perumahan sederhana, Anda sedikit terkejut ketika mengetahui betapa sederhananya rumah itu.

Tulis sebuah surat kepada kepala organisasi tersebut dan menyatakan kekuatiran Anda karena tidak diberikan informasi yang lengkap. Sebutkan bagaimana tipe perumahan dan fasilitas yang terdapat berbeda dengan apa yang diharapkan.

Let us say that you have joined a non-government organisation (NGO) as a volunteer. You have agreed to be sent to a rural area to introduce a programme of sustainable development. The organisation has agreed to pay you a stipend and give you free housing. Although the housing was described as adequate, you were somewhat surprised to find out exactly how basic it was.

Write a letter to the head of your organisation in which you express your concern that you were not given all relevant information. Indicate how the type of housing and facilities you have differs from that which you were given to expect.

LATIHAN 12.10

1. Tulis sepucuk surat sepanjang 200 perkataan kepada ketua sebuah syarikat, perbadanan, perniagaan, atau restoran. Dalam surat ini hendaklah kamu mengadukan suatu pendirian, perkhidmatan, barang, cara menjalankan perniagaan, dan sebagainya berkenaan dengan perusahaan itu.

2. Tulis sepucuk surat sepanjang 200 perkataan kepada jiran kamu di mana kamu mengadukan satu hal yang mengancam persahabatan kedua keluarga.

1. Tulis sebuah surat sebanyak 200 kata kepada kepala sebuah serikat, korporasi, perniagaan atau restoran. Dalam surat ini harus kamu mengadukan suatu kebijaksanaan, pelayanan, barang, cara menjalankan perniagaan, dan sebagainya berkenaan dengan perusahaan itu.

2. Tulis sebuah surat sebanyak 200 kata kepada tetangga kamu di mana kamu mengadukan satu hal yang bisa merusak hubungan kedua keluarga.

CONTOH: Surat Kepada Peniaga (Malaysia)

Alamat pengirim:	A. Abdul Bakar 24 Jalan Batu Lancang 11800 Pulau Pinang
Tarikh:	22 Januari 2007
Alamat penerima:	Tuan Pengurus Syarikat Teh Cap Gajah 153 Jalan Tun Sambanthan, Brickfields 50500 Kuala Lumpur
Kata-kata tujuan:	Tuan,
Perkara:	<u>Mutu Teh</u>
Kata-kata pengenalan:	Dengan hormatnya saya ingin membawa kepada perhatian tuan mengenai mutu teh yang dikeluarkan dari kilang tuan baru-baru ini.
Isi:	
Kata-kata penutup:	Saya harap tuan akan memberikan perhatian yang sewajarnya untuk menyelesaikan masalah ini. Sekian, terima kasih.
Penutup:	Yang benar,
Tanda tangan:	A. Abdul Bakar

CONTOH: Surat Bisnis (Indonesia)

Tempat dan Tanggal:	Jakarta, 22 Januari 2007
Hal:	<u>Mutu Teh</u>
Alamat Penerima:	Kepada Pimpinan Perusahaan Teh Cap Gajah Jl. Cipinang Muara Raya 39 Jakarta Timur 13220
Kata Pembuka:	Dengan Hormat,
	Sehubungan dengan pembelian teh sebanyak 30 botol dari perusahaan Anda, bersama ini saya sampaikan bahwa terdapat perbedaan mutu teh yang saya beli dengan apa yang dijanjikan sebelumnya.
Isi:	
Kata penutup:	Saya berharap Anda dapat memberi perhatian sewajarnya untuk menyelesaikan masalah ini.
	Atas perhatian Anda, saya, ucapkan terima kasih,
Tanda tangan:	Eddy Yosef
Alamat pengirim:	Jl. Tengku Umar 103 Menteng Jakarta Pusat 10700

CONTOH: Surat Kepada Jiran (Malaysia)

Alamat pengirim:	Khadijah Zamri 8 Lorong Hijau 30300 Ipoh
Tarikh:	13 Februari 2007
Alamat penerima:	Puan Zainah Ali 10 Lorong Hijau 30300 Ipoh
Kata-kata tujuan:	Ke hadapan Puan Zainah,
Kata-kata pengenalan:	Dengan berat hati, saya sekali lagi mengadukan tentang ...
Isi:	
Kata-kata penutup:	Saya harap puan akan mengambil langkah-langkah sewajarnya untuk ...
Penutup:	Yang ikhlas,
Tanda tangan:	Khadijah Zamri

CONTOH: Surat Kepada Tetangga (Indonesia)

Tempat dan Tanggal:	Bogor, 13 Februari 2007
Alamat penerima:	Nyonya Zulaiha yang terhormat Kp. Sayuran RT 08 / RW 05 Desa Laladon Cililin, Bogor 16610
Kata pembuka:	Dengan hormat,
	Dengan berat hati, saya sekali lagi mengadukan tentang ...
Isi:	
Kata penutup:	Saya harap nyonya akan mengambil langkah-langkah sewajarnya untuk ...
	Salam hormat,
Tanda tangan:	Astuti
Alamat pengirim:	Kp. Sayuran RT 08 / RW 05 Desa Laladon Cililin, Bogor 16610

DAFTAR KATA
Glossaries

DAFTAR KATA 1

BAHASA INGGRIS - INDONESIA
BAHASA INGGERIS - MALAYSIA

English - Indonesian / Malay

See page 8 of the **Introduction** for an explanation of the format followed in this **Glossary**.

a

a (one person), *seorang* 1; (one) *satu, suatu* 5
about (regarding), *mengenai* 4, 7; *tentang* 8, 12; (approximately), *kira-kira, lebih kurang, kurang lebih* 5
above *di atas* 2
accepted: to be accepted *diterima* 5
accordance: in accordance with *selaras dengan* 4, 12
according to *menurut, sesuai dengan* 3, 5
acknowledged: to be acknowledged *dikenali* 5
across from *bertentangan dengan, berhadapan dengan* 2
actually *sebenarnya, sebetulnya,* 5, 12
addition: in addition to *di samping itu* 4
adjacent to *berdekatan dengan, berhampiran dengan* 2
admitted: to be admitted *diakui* 5
aim *tujuan* 6; **to have as its aim** *bertujuan* 6
after *selepas, sesudah, setelah* 1; **after that** *selepas itu, sesudah itu, setelah itu* 1
afterward *kemudian, lalu* 1
again *sekali lagi* 12
ago *lalu* 1
agree: to agree *setuju* 7
agreement *persetujuan* 12
alike *sama* 4
all *semua* 5, 7
almost *seakan-akan, hampir* 4, 8
along *di sepanjang* 2
already *sudah* 1
although *walau pun, sungguh pun, meski pun* 4
always *selalu, sentiasa, senantiasa* 5
among *di antara* 3, *antara* 5
and *dan* 1

animal *binatang* 8
apparatus *perkakas* 8
appeal: to make an appeal *merayu, mengajukan permintaan* 12
appear: to appear to be *nampaknya, tampaknya* 4
appliance *perkakas* 8
appropriate *sewajarnya* 12
approximately *kira-kira, lebih kurang, kurang lebih* 5
are see **be**; **there are** *terdapat, ada* 6
area *kawasan* 3; **in the area of** *di sekitar* 2
argue: I argue *saya membahaskan, argumentasi saya* 7
around *di sekitar* 2
as *sebagai, seperti* 1, 5; **as far as I'm concerned** *bagi saya, buat saya, pada saya* 7; **as follows** *seperti yang berikut, seperti berikut* 1, 5; **as I see it** *pada pandangan saya, menurut pandangan saya* 7
aspect *aspek* 3, 8; **from the aspect of** *dari segi* 3, 4
assume: to assume *anggap* 7
at *di* 2
attention *perhatian* 5; **to bring something to someone's attention** *meminta perhatian, membawa kepada perhatian, mintakan perhatian* 12; **to draw attention** *menarik perhatian* 5
attribute *sifat* 3, 8; *ciri, butir* 8
average: on the average *pada purata, rata-rata* 5

b

back *belakang* 2; **at the back of** *di belakang* 2
bad *buruk* 6

bar: to bar *menyekat* 11
base: to base *dasarkan* 7
based: to be based on *berdasarkan* 5, 6; *mengikut dari* 6
basic *asas, dasar* 3; *mendasar* 6; **basically** *pada dasarnya* 4
basis *asasnya* 3
be to be *ialah* 3; *adalah* 3; **to be at** *ada di, berada di* 2; **to be found** *terdapat* 2, 3; *didapati, ditemui* 3
because *kerana, karena* 6; *oleh kerana, oleh karena* 11; **because of** *disebabkan oleh* 11; **because of this** *dengan itu* 6
before *sebelum, dulu, tadinya* 1; **before that** *sebelum itu* 1
begin: to begin with *pada awalnya, pada mulanya, mula-mula* 1; **at the beginning of** *pada permulaan, pada awal* 1
behalf: on behalf of *bagi pihak, atas nama* 7, 12; **on our behalf** *bagi pihak kami, atas nama kami* 7
behind *di belakang* 2
believe: to believe *percaya* 7
bend *selekoh, belokan* 2
beneath *di bawah* 2
beside *di tepi, di samping* 2
besides *lagi pun, selain daripada, selain dari* 4; **besides that** *di samping itu* 4
best *terbaik* 8
between *antara* 1, 12; *di antara* 2, 4
biassed *berat sebelah* 12
big *besar*; **as big as** *sebesar* 5
birthday *hari jadi, ulang tahun* 1
born: to be born *dilahirkan* 7
both *kedua-duanya, keduanya* 4, 8; *baik ... mahupun, baik ... maupun* 8
boundary *sempadan, perbatasan* 2
bring: to bring about *mendatangkan* 6; **to bring something to someone's attention** *meminta perhatian* 12
but *tetapi* 4, 7; *namun* 8
by (location) *di* 2; (used in passive sentences), *oleh* 5

c

can *dapat, bisa* 4, 7; *boleh* 7
category *kategori* 3, 8; *golongan, kumpulan, kelompok* 3
cause *akibat* 6; **to cause** *menyebabkan, menjadikan, mendatangkan, mengakibatkan* 6; **the cause of** *yang menjadi punca, yang menjadi sumber* 6; **is the cause of** *ialah akibat kepada, berakibat kepada* 6
characteristic *sifat, ciri* 3
cite: to cite *tunjukkan* 5
claim *dakwaan* 5; **to claim** *mendakwa, menuntut* 7
clarification *penjelasan* 5, 7
clarify: to clarify *menerangkan, menjelaskan* 8
class *golongan, kelompok* 3
classified: to be classified *dikelaskan, diklasifikasikan, tergolong* 3
clear *jelas* 7
clearest *paling jelas* 5
clearly *jelas* 3; **clearly recognisable** *jelas dikenali, bisa dilihat* 3
compare: to compare *bandingkan* 4
compared: to be compared to *berbanding dengan* 4
complain: to complain *mengadu, mengadukan* 12
complaint *aduan, pengaduan* 12; **to file a complaint** *membuat aduan* 12
concerned: as far as I'm concerned *bagi saya, buat saya, pada saya* 7
concerning *mengenai* 3
conclude: to conclude *memutuskan, menyimpulkan* 7
conclusion *kesimpulan, rumusan* 12; **to come to a conclusion** *menyimpulkan* 12
condition *keadaan* 8
consequence *akibat* 6
consequently *jadi* 6; *oleh yang demikian, kerana itu, karena itu* 12
consider: to consider *anggap* 5, 7; *pertimbangkan* 7; *menganggap* 12
consist: to consist of *terdiri daripada, terdiri dari, termasuk ke dalam* 3
consistency *ketetapan* 12
consistent *tetap* 12
contact: to contact *menghubungi* 12
contain: to contain *mempunyai* 8
contend: to contend *mendakwa, menuntut* 7
contradiction: in contradiction to *bertentangan dengan* 12
contradictory *bertentangan* 3
contrary: contrary to *bertentangan dengan, berlawanan dengan* 12; **on the contrary**

DAFTAR KATA • Glossary

sebaliknya 4, 5
contrast: in contrast to *berbeza dengan, berbeda dengan* 4
contrasting *berlainan, berbeda* 3
conversely *sebaliknya* 12
corner *sudut, penjuru, pojok* 2
correct *benar* 12
correspond: to correspond to *sama dengan* 4
cross: to cross *menyeberang, melintas* 2
curve *selekoh, belokan* 2
cut: to cut across *memotong, berpotongan dengan* 2

d

day *hari;* **one day** *satu hari, suatu hari* 1
deduce: to deduce *menyimpulkan* 12
deduction *kesimpulan, rumusan* 12
define: to define *menerangkan, menjelaskan* 8
definite *tepat, pasti* 5
demand: to demand *mendesakkan, mintakan* 11
depend: to depend on *bergantung kepada, tergantung pada* 3, 6
derive: to derive from *berpunca dari, bersumber dari* 1
detail *butir, rincian* 3
determine: to determine *menentukan* 11
device *alat* 8
differ: to differ *berbeza, berbeda* 4, 8; *berlainan* 4; **to differ from** *berbeza dari, berbeda dengan* 4
difference *perbezaan, perbedaan* 4; *bezanya, bedanya* 4
different *berbeza, berbeda* 4
differentiate: to differentiate *membezakan, membedakan* 8
differing *berlainan, berbeda* 3
difficult *susah, sulit* 5; *sukar* 12
difficulty *kesusahan, kesulitan* 5
direction *arah* 2
disagree: to disagree *tidak setuju* 7
disagreement *salah faham, salah paham* 12
discussed: to be discussed *dibincangkan, dibahaskan* 4
dissimilar *tidak sama, tidak serupa* 3, 4
distance *jarak* 2; **at a distance of** *pada jarak* 2

distinct *jelas, kentara, berbeda* 3
distinguish: to distinguish *membezakan, membedakan* 8
district *wilayah* 3
divided: to be divided *dibahagikan, dibagi, dipisahkan* 3
division *bahagian, bagian* 3
due: to be due to *disebabkan* 6; **due to that** *oleh sebab itu* 6
during *masa, ketika, semasa, sewaktu* 1; **during that time** *semasa itu, sewaktu itu* 1

e

each *tiap-tiap, setiap* 5
earlier *tadi* 1
early *awal* 1
east *timur* 2
easy *senang, mudah* 7
edge: at the edge *di pinggir* 2
effect *akibat, kesan, pengaruh* 6; **to have an effect on** *mempunyai kesan ke atas, mempunyai pengaruh terhadap* 6
effective *berkesan, efektif* 6
eighth *kelapan, kedelapan* 1
element *unsur* 3
enable: to enable *membolehkan, memungkinkan* 6
encourage: to encourage *menggalakkan* 11
end *akhir* 1; **at the end** *di hujung, di ujung* 2; **at the end of** *pada penghabisan, pada akhir* 1
endpoint *titik penghabisan, titik akhir* 2
enter: to enter *masuk* 7
era *zaman* 3
error: in error *salah* 12
essential *penting;* **just as essential** *diperlukan sama banyak, diperlukan seperti pentingnya* 4; **not as essential** *tidak begitu diperlukan* 4
essentially *pada dasarnya* 4
even so *walau bagaimana pun, meski pun demikian* 4
event *kejadian* 6; **in the event that** *sekiranya* 12
every *tiap-tiap, setiap* 1, 5
examine *teliti, perhatikan* 3; *meneliti* 8
example *contoh* 5; **for example** *sebagai contoh, contohnya, umpamanya, misalnya* 5; **primary example** *misalan yang utama,*

contoh utama 5; **to give an example** *memberi contoh* 8
exclude: to exclude *menyingkirkan* 11
exemplified: to be exemplified *dicontohkan* 6
exists *terdapat* 12; **exists at** *ada di, berada di* 2
expedient *lebih senang, lebih mudah* 11
experience *pengalaman* 5
experienced: to be experienced *dialami* 5
explain: to explain *menerangkan, menjelaskan* 8
explained: to be explained *dijelaskan, diterangkan* 4
exterior *bahagian luar, bagian luar* 2

f

facilitate: to facilitate *memudahkan* 11
fact *fakta* 3, 4, 5
faction *pihak* 12
factor *faktor* 3
fall: to fall into *terdiri daripada, terdiri dari, termasuk ke dalam* 3
false *tidak benar* 12
far *jauh* 2; **as far as** *sampai, sehingga* 2
feasible: to be feasible *dapat dilakukan* 11
finally *akhirnya, akhir sekali, terakhir* 1
find: we find *terdapat* 4, 12; *kita dapati* 4, 12
first *pertama* 3
firstly *pada awalnya, pada mulanya, mula-mula* 1
fixed *tetap* 12
follow: to follow from *mengikut dari* 6; **as follows** *seperti yang berikut, seperti berikut* 1, 5
following *berikut* 4; **following on from** *berikutan dengan* 1
for *untuk* 6; **for me** *bagi saya*; (a particular length of time), *selama* 1
forbid: to forbid *melarang* 11
form *benda, barang* 8; **to be in the form of** *berbentuk* 8
former *bekas, mantan* 1
formerly *dulu, tadinya* 1
found: to be found *terdapat* 2, 3; *didapati, ditemui* 3
frequently *biasanya* 5
from *dari* 1; **from then on** *seterusnya* 1
front: in front of *di depan* 2

fully *sepenuhnya* 5
furthermore *lagi pula, lagi pun* 1; *lagi pun, selain daripada, selain dari* 4

g

general *umum* 7; **in general** *pada umumnya* 3, 5; *secara umum* 5
generally speaking *pada umumnya* 3, 5; *secara umum* 5
goal *tujuan* 6; **to have as its goal** *bertujuan* 6
good *baik* 6
government *kerajaan, pemerintah* 7
great: as great as *sebesar* 5
greater *lebih besar* 4; **is greater than** *lebih ... dari* 4
group *golongan, kumpulan, kelompok* 3, 8; *pihak* 12; **to be grouped** *digolongkan, dikelompokkan* 3

h

hand: on the other hand *sebaliknya* 4, 5, 12
have: to have *mempunyai* 4; **have you ever** *pernah* 1
head: to head toward *menuju ke, mengarah ke* 2
hesitate: to hesitate *teragak, ragu-ragu* 5, 7
holiday *cuti, liburan* 1
hope: to hope *berharap, harap* 12
how *bagaimana* 5
however *walau bagaimana pun, meski pun demikian* 4; *namun* 8

i

if *jika* 3; *kalau* 5; (in the case of), *sekiranya, dalam kasus jika* 7
illustrate: to illustrate (give an example), *beri contoh* 5; **to be illustrated** *dicontohkan* 5
imagine: to imagine *bayangkan* 5
imperative *penting sekali* 11
implement *alat* 7
implication *maksud, erti, arti* 8
implied: what is implied *apa yang diertikan, apa yang diartikan* 5
important *penting* 3
in *di* 2
include: to include *termasuk* 3

inconsistent *tidak selaras* 12
incorrect *tidak benar, salah* 12
indeed *memang, sungguh* 4
indicate: to indicate *menunjukkan* 5
inside *di dalam* 2
insignificant *kurang penting* 3
instance *misalan, contoh* 5; **for instance** *sebagai contoh, contohnya, umpamanya, misalnya* 5
intent *tujuan* 6; **to have as its intent** *bertujuan* 6
interior: the interior part *bahagian dalam, bagian dalam* 2
intersect *memotong, berpotongan* 2
intersection *persimpangan, perempatan* 2; **three-way intersection** *pertigaan* 2
intrigue: to intrigue (interest), *menarik perhatian* 5
is see **be**
item *butir, rincian* 3

j

junction *persimpangan, perempatan* 2; **T-junction** *pertigaan* 2
just *saja* 7

k

kind *jenis, tipe* 3, 8
know *ketahui* 12; **as far as I know** *setahu saya, sepanjang yang saya tahu* 7; **I don't know** *saya tidak tahu* 7; **what most people know** *apa yang diketahui oleh kebanyakan orang* 7

l

last *yang terakhir* 1; **last time** *dulu, tadinya* 1
lastly *akhirnya, akhir sekali, terakhir* 1
later *nanti* 1; *kemudian, lalu* 1; **sometime later**, *kelak* 1
left: on the left side *di sebelah kiri* 2
less: is less than *kurang ... dari* 4; **no less than** *tidak kurang daripada, tidak kurang dari* 5
lesser *lebih kecil* 4
let: let me *biar saya, mari saya* 5; **let us say** *katakanlah* 5

level *tingkat* 1
like *sama, serupa* 4; **to be like** *sama dengan* 4
limit *had, batas* 2
line *garis* 2
located at *terletak di, berlokasi di* 2
location: the location of *letaknya* 2
logic *logik, logika* 12
logically *secara logik, secara logika* 12
lower: the lower part *bahagian bawah, bagian bawah* 2

m

made: to be made from *dibuat daripada, dibuat dari* 8
main *utama* 3
major *utama* 3
majority: a majority of *kebanyakan* 5
make: to make *membuat, menjadikan* 4, 6; **in the making of** *dalam membuat, dalam pembuatan* 3
manner *cara, metode* 3, 4; *bentuk* 4
many: as many as *sebanyak* 5
materials *bahan* 8
matter *perkara, hal* 5, 12; **this matter** *perkara ini, hal ini* 5
may (possibly) *mungkin* 5
me *saya*; **for me** *bagi saya* 7; **to me** *bagi saya* 7
mean: to mean *bermakna, berarti* 8; **I mean** *maksud saya* 8; **it means** *maksudnya* 8
meaning *makna, erti, arti* 8; **its meaning** *maknanya, ertinya, artinya* 8
meant: to be meant *maksudnya, artinya* 8; **what is meant** *apa yang diertikan, apa yang diartikan* 5; *apa yang dimaksudkan* 8
meanwhile *sementara itu* 1
method *kaedah, kaidah, cara, metode* 3, 8
metre *meter* 2; **several metres from** *beberapa meter dari* 2
middle *pertengahan* 1; **in the middle of**, *pada pertengahan* 1; *di tengah* 2; **the middle part** *bahagian tengah, bagian tengah* 2
midpoint *titik pertengahan, titik tengah* 2
might *mungkin* 5, 11
minor *kurang penting* 3
mistaken: if I'm not mistaken *kalau tak salah saya, kalau saya tidak salah* 7

misunderstanding *salah faham, salah paham* 12
more *lebih* 5; **no more than** *tidak lebih daripada, tidak lebih dari* 5
most *kebanyakan* 5, 7
much: as much as *sebanyak* 5
must *patut, harus* 5, 11; *mesti* 5
my (own) *sendiri* 5

n

near *dekat* 2
necessary: to be necessary *perlu* 8
need: to need *memerlukan* 7
never *tak pernah, belum pernah* 1; *tidak pernah* 5
nevertheless *meski pun demikian* 4; *walau bagaimana pun* 4, 7; *akan tetapi* 12
next *kemudian, lalu* 1; **next to** *di tepi, di samping* 2
north *utara* 2
northeast *timur laut* 2
northern: the northern part *bahagian utara, bagian utara* 2
northwest *barat laut* 2
noticeable *paling jelas, paling kelihatan* 4
now *sekarang* 1
nowadays *zaman ini* 1
number: a number of *sejumlah* 5

o

object *benda, barang* 8
observe: to observe *memperhatikan* 3
occur: to occur *berlaku* 5
occurrence *kejadian* 6
of (about, regarding) *mengenai* 5
old (having a particular age), *berumur* 1
on *di* 2; **on top** *di atas* 2; **on** (regarding), *terhadap* 6; *mengenai* 12
once *pernah* 1, 5
one *satu, suatu* 5; **one of** *salah satu* 5, 8; (someone), *seseorang* 3
only *hanya* 7
opinion *hemat, pendapat* 7; **to be of the opinion** *berpendapat* 12
opposite *bertentangan* 3
opposition: to be in opposition *berlawanan, bertentangan* 4; **opposition to** *penentangan terhadap, ketidaksetujuan terhadap* 12; **in opposition to** *menentang pendapat, bertentangan dengan, berbeda pendapat* 12
order: in order to *untuk* 1, 11
origin *asalnya* 1, 3; *punca, sumber* 6; **to have its origins in** *berpunca dari, bersumber dari* 6
originate: to originate from *berasal dari* 1
other: in other words *dalam lain perkataan* 5, 8; *dalam ertikata yang lain, dalam kata-kata yang lain, dalam artikata yang lain* 8; **on the other hand** *sebaliknya* 4, 5, 12
otherwise *sebaliknya* 4
outcome *akibat* 6
outside *di luar* 2
outstanding *lebih ketara, jelas berbeda* 4
over *di atas* 2
overlapping *bertindih, tupang-tindih, berhimpitan* 2
oversimplification *sesuatu yang dipermudahkan, sesuatu yang terlalu disederhanakan* 7
owing to *oleh kerana, oleh karena* 6

p

pair *pasang* 2
parallel *selari, sejajar* 2
paraphrase: to paraphrase *menulis kembali dalam perkataan yang lain, menulis kembali dalam kata-kata lainnya* 8
part *bahagian, bagian* 3
pass: to pass (time), *berlalu* 1
people *orang* 7; **there are people** *ada orang* 7
percent *peratus, persen* 5
percentage *peratusan, persentase* 4
perimeter: at the perimeter *di pinggir* 2
person *orang* 8
phase *tahap* 1
place *tempat* 8
plan *rancangan, perancangan* 11; **to plan** *merancangkan, merencanakan, mencadangkan* 11
plead: to plead *merayu, mengajukan* 11
pledge: to pledge *bersumpah* 11
point *titik* 2; **end point** *titik penghabisan, titik akhir* 2; **midpoint** *titik pertengahan, titik tengah* 2; **starting point** *titik permulaan, titik awal* 2
policy *pendirian, kebijaksanaan* 12

position *kedudukan* 8; **the position of** *kedudukan* 2
possess: to possess *mempunyai* 4, 8
possible: to make it possible *memungkinkan* 6
possibility *kemungkinan* 5; **to give rise to the possibility** *memungkinkan* 6
possibly *mungkin, barang kali, boleh jadi* 5
practice: in practice *sebenarnya, sebetulnya* 5
prejudice *syak wasangka* 12
present: to be present *wujud, terwujud* 3; **at the present time**, *masa ini, saat ini, waktu ini* 1
present: to present *mengemukakan, menyampaikan* 5, 11
prevent: to prevent *mencegah* 11
primary *pertama* 3; *utama* 5
principle *kaedah, kaidah* 3, 8
prior to *sebelum* 1
probably *mungkin* 11
problem *masalah* 5
profitable *menguntungkan* 11
programme *rancangan, perancangan* 11
promise: to promise *berjanji* 11
proof *bukti* 5; **as proof** *sebagai bukti* 5
proposal *cadangan, usulan, saran* 11
propose: to propose *mencadangkan, mengusulkan, bercadang, mempunyai usul, menganjurkan* 11
prospective *bakal* 1
prove: to prove *untuk membuktikan* 5
purpose *tujuan* 6; **to have as its purpose** *bertujuan* 6

q

quality *sifat* 3

r

range: to range from *adalah dari, berkisar dari* 5
rarely *jarang* 5
rate *kadar* 4
reach: to reach *mencapai* 12
read: to read *membaca* 1
reality: in reality *sebenarnya, sesungguhnya* 8

reason *sebab, alasan* 5, 6; *sebabnya* 6; **for this reason** *untuk sebab ini, untuk alasan ini* 6; **the reason for it is** *sebabnya ialah, alasannya ialah* 6
recognised: to be recognised *dikenali* 3
regard: with regard to *dalam hal* 4
regarding *mengenai* 11
region *daerah* 3
related: to be related *berkaitan* 4
reluctance: with great reluctance *dengan duka cita, dengan berat hati* 12
reluctantly *dengan berat hati* 12
request: to request *merayu, mengajukan permintaan* 12
resemblance: to bear a resemblance to *menyerupai* 4
resemble: to resemble *menyerupai* 4
resolve: to resolve *menyelesaikan* 12
resolved: to be resolved *diselesaikan* 5
respect: with respect to *menurut, sesuai dengan* 3
respectfully *dengan hormatnya, dengan segala hormat* 12
result *akibat* 6; **to result in** *ialah akibat kepada, berakibat kepada, mengakibatkan* 6; **as a result of it** *disebabkannya* 6; *akibatnya, sebagai akibatnya* 6; **the result of** *akibat dari* 6
reveal: to reveal *menunjukkan* 12
right: on the right side *di sebelah kanan* 2
roundabout *bulatan, bundaran* 2

s

said: it is said *dikatakan* 7
same *sama* 4; *serupa* 8; **to be the same as** *sama dengan* 4
say: to say *katakan* 5; *mengatakan* 7; **let us say** *katakanlah* 5; **we can say** *bolehlah kita katakan, bisa dikatakan* 7
school *sekolah* 1
scientists *ahli-ahli sains, para ilmuan* 5, 7
secondary *kedua* 3
section *bahagian, bagian* 3
see: as I see it *pada pandangan saya, menurut pandangan saya* 7
seems: it seems that *nampaknya, tampaknya, kelihatannya* 7
seen: can be seen *boleh dilihat, bisa dilihat* 6

seldom *jarang* 5
set *tetap* 12
settle: to settle *menyelesaikan* 12
several *beberapa* 6; **several metres from** *beberapa meter dari* 2
should *patutnya, harusnya* 5; *patut, seharusnya* 11, 12; *sepatutnya* 12
side: on the side of *di sebelah* 2; **on the left side** *di sebelah kiri* 2; **on the right side** *di sebelah kanan* 2; **on the other side** *di seberang* 2; **on the other side of** *di sebelah sana, di sebelah lain dari* 2; **on this side** *di sebelah sini* 2
similar *sama, serupa* 3, 4; **to be similar to** *sama dengan* 4
similarity *persamaan* 4
since *sejak* 1
six *enam* 7
so (therefore), *jadi* 6; (comparative), *terlalu, begitu* 6; **so that** *supaya* 11, 12
solution *kesimpulan, rumusan* 12
some *setengah, beberapa* 7; *sebahagiannya* 12
something *sesuatu* 7, 8
sometimes *kadang-kadang* 7
source *punca, sumber* 1, 3, 6; **primary source** *punca utama, sumber utama* 1; **the source of** *yang menjadi punca, yang menjadi sumber* 6
south *selatan* 2
southeast *tenggara* 2
southwest *barat daya* 2
space *ruang* 2
species *jenis* 8
stage *tahap* 1
state *keadaan* 8
statement *kenyataan, pernyataan* 7, 12
status *kedudukan* 8
step *langkah* 1
still *lagi, masih* 1; *walau bagaimana pun, meski pun demikian* 4
straight *lurus* 2; **straight ahead** *terus* 2; **walk straight** *jalan terus* 2
starting point *titik permulaan, titik awal* 2
steps *langkah* 12
study: to study *belajar* 1
subsequent *seterusnya, berikutnya* 3; *selanjutnya* 6
subsequently *seterusnya* 1
substantiation: in substantiation *sebagai bukti* 5
suggest: to suggest *mengesyorkan, sarankan* 11
supported: to be supported *disokong, didukung* 12
suppose: to suppose *agak, kira, menyangka* 7
sure *pasti, yakin* 6; **to be sure of** *pastikan, dipastikan* 5

t

take: to take *ambil* 5; *mengambil* 12
tell: to tell about *menceritakan tentang*
that (relative pronoun), *yang* 5; (coordinating conjunction), *bahawa, bahwa* 5; **it is said that**, *dikatakan* 7; **so that**, *sehingga* 6
then *jadi* 6
there are *terdapat, ada* 6; **there are people** *ada orang* 7
therefore *jadi* 6; *oleh yang demikian, kerana itu, karena itu* 12
thing *perkara, hal* 5; *benda, barang* 8; **this thing** *perkara ini, hal ini* 5
think: to think *fikir, pikir* 7
throughout *di sepanjang, di seluruh* 2
time: time period *zaman* 3; **at the same time** *semasa itu, sewaktu itu, pada masa yang sama, pada waktu yang sama* 1; **at almost the same time** *pada masa yang hampir sama, pada saat yang hampir sama* 1
to *untuk* 5; *terhadap* 12
tool *alat* 7
toward *kepada* 12; **to head toward** *menuju ke, mengarah ke* 2
traced: to be traced back to *berpunca dari, bersumber dari* 6
traffic circle *bulatan, bundaran* 2
true *benar* 5, 11, 12; **it might be true** *mungkin benar* 7
turn *belok, pusing, putar* 2 **to turn around** *patah balik, putar kembali* 2; **to turn back** *patah balik, putar kembali* 2
two *dua*; **the two** *kedua-duanya, keduanya* 4
type *jenis, tipe* 3, 8; **a type of** *sejenis* 8

u

under *di bawah* 2
understand: to understand *memahami* 8
unfair *tidak adil* 5
unimportant *kurang penting* 3
unjust *tidak adil* 12
unlike *tidak sama, tidak serupa* 4
unprofitable *merugikan* 11
unrelated: to be unrelated *tidak berkaitan, tidak ada kaitan* 4
until *sampai, sehingga* 1, 2
untrue *tidak benar* 12
up to *sampai, sehingga* 1, 2
upper: the upper part *bahagian atas, bagian atas* 2
urge: to urge *menggalakkan* 11
use: to use *menggunakan* 8
used: to be used *digunakan* 8
usually *biasanya* 5

v

variance: at variance *bertentangan* 12
various *berbagai* 11
vehicle *kenderaan, kendaraan* 8
very *sekali* 6
vicinity: in the vicinity of *berdekatan dengan, berhampiran dengan* 2
view: point of view *pandangan* 7; **from my point of view** *pada pandangan saya, menurut pandangan saya* 7
viewpoint *sudut pandangan, sudut pandang, pokok pandangan* 3; **from my viewpoint** *pada pandangan saya, menurut pandangan saya* 7; **from the viewpoint of** *dari segi* 4

w

walk *jalan*; **walk straight** *jalan terus* 2
was see **be**
way *cara, metode* 3, 8
were see **be**
west *barat* 2
when *bila, ketika, masa, saat, waktu, kapan, apabila* 1
whenever *apabila, ketika* 1
where *di mana* 2; **from where** *dari mana* 2; **to where** *ke mana* 2
whereas *sedangkan, sementara* 1, 5, 8
whether *sama ada, apakah* 7
which (relative pronoun), *yang* 5; **at which** *di mana* 2; **in which** *di dalam mana* 2; **from which** *dari mana* 2; **to which** *ke mana* 2
while *ketika, semasa, sewaktu* 1; *sambil* 1; *sedangkan, sementara* 1, 4, 8
who (relative pronoun) *yang* 5
whole: on the whole *pada keseluruhannya, secara menyeluruh* 5
widely held (general), *umum* 7
wish: to wish *ingin* 12
word *perkataan, kata-kata* 5; **in other words** *dalam lain perkataan* 5
worried *khuatir, khawatir* 12
would *akan, mungkin* 11; **would like** *hendak, ingin* 12
wrong *tidak benar* 12

y

year *tahun* 1; **in the year** *pada tahun, dalam tahun* 1

DAFTAR KATA 2

BAHASA INDONESIA - INGGRIS
BAHASA MALAYSIA - INGGERIS

Indonesian / Malay - English

See page 8 of the **Introduction** for an explanation of the format followed in this **Glossary**.

a

abad century
abang older brother; **Cik Abang** young men (used by girlfriends to refer to their boyfriends)
abnormal abnormal
aborigin aboriginal
acara event, program, function
ada there is, there are; exists; **mengadakan** to hold (as a meeting), to organise; **diadakan** to be held; **berada** to be (is, are, was, were); **berada di** is at; **keadaan** situation, condition, state; **ketiadaan** the lack of; **adalah** to be (is, are, was, were); it is; **adanya** the existence of; **dengan adanya** with the existence of; **tidak adanya** the lack of; **seadanya** as necessary, as fits the situation
adab: **peradaban** civilisation
adat traditions; **adat istiadat** customs and traditions
adegan scene; **adegan gulat** wrestling shows
adik younger brother or sister; **Cik Adik** young women (used by boyfriends to refer to their girlfriends)
adil just; **tidak adil** unjust; **pengadilan** justice; **ketidakadilan** (tidak + adil) injustice
adu: **adukan** to complain about; **mengadukan** to complain about; **pengaduan** complaint, accusation; **aduan** complaint
Afrika Africa
agak to infer, guess, suppose; rather, somewhat; **teragak** to hesitate
agama religion
agar so that
agensi agency, bureau; **Agensi Meteorologi** Bureau of Meteorology; **Agensi Polis Kebangsaan** National Police Bureau
agung great, supreme
Agustus August
ahli expert, member; **ahli keluarga** family members; **ahli masak** cook; **ahli perniagaan** business person; **ahli politik** politician; **ahli sains** scientist
air sea, water; **air pasang** high tide; **air pasang anak** high tide during the first or last quarter of the moon; **air pasang merah** red tides, algal blooms; **air pasang perbani** neap tide; high tide during the full moon; **air surut** low tide; **air tawar** fresh water; **pengairan** waterworks; irrigation
ajak to invite
ajar: **mengajar** to teach; **mengajarkan** to teach something to; **dipelajari** to be studied; **belajar** to study, learn; **pelajaran** study, studies, lessons; **pembelajaran** studies, learning; **pengajar** teacher
aju: **mengajukan** to plead; **diajukan** to be submitted; to be sent to
akan will; **akan datang** in the future; **akan tetap** will still be; **seakan** as if; **seakan-akan** almost
akhir end; **akhir sekali** finally, lastly; **pada akhir** at the end of; **titik akhir** endpoint; **terakhir** final, last; latest; finally, lastly; **akhirnya** finally, lastly
akibat effect, result, outcome, consequence; due to, arising from; **akibat dari** the result of; **mengakibatkan** to cause, result in; **diakibatkan** to be caused by; **berakibat kepada** results in, causes
akses access
aksi: **beraksi** to act
aktif active

DAFTAR KATA • Glossary

aktiviti activity
aktuari actuary
aku I; *diakui* to be accepted, acceptable
akuisisi to acquire
akuntansi accountancy
akurat accurate
akut acute
alam world, nature; natural; *alam sekeliling* natural environment; *alam sekitar* natural environment; *bencana alam* natural disaster; *petaka alam* natural disaster; *sumber alam* natural resources; *mengalami* to experience; *dialami* to be experienced; *pengalaman* experience
alamat address
alas: *alasan* reasons
alat implement, tool, device; instrument
alias alias
alih: *mengambil alih* to take over
alir: *mengalir* to flow; *aliran* trend; flow, course
am general, public; *pada amnya* in general
amal: *mengamalkan* to follow (as a particular course of action); to put into practice; *amalan* practices
aman safe, secure; *dengan aman* safely, securely; *sabuk pengaman* seatbelt; *mengamankan* to hold in custody; *keamanan* safety, security
amar: *amaran* warning
amat very, rather
amat: *amati* to examine, observe
ambil to take; *mengambil* to take; *mengambil bahagian* to take part; *mengambil berat* to take seriously; *diambil* to be taken, hired; *pengambilan* the consumption of
Amerika America; *Amerika Serikat* USA; *Amerika Syarikat* USA
amonia ammonia
anak child; *anak panah* arrow; *anak perusahaan* subsidiary company; *anakan* offspring
ancam: *mengancam* to threaten; *ancaman* threat; *ancaman pembunuhan* death threats
anda you, your, yours; *anda ni* you (emphatic)
Anda you, your, yours
andai: *andaikata* supposing; *andaikan* supposing; *andainya* supposing

aneh strange, unusual
anggap to consider, assume; *menganggap* to presume, consider; *dianggap* to be considered; *anggapan* presumption, assumption
anggar: *dianggarkan* to be estimated
anggota member; *beranggotakan* to be comprised of particular members; *keanggotaan* membership
anggur: *pengangguran* unemployment
angin air, wind
angka number, figure; *angka bahagia* lucky number; *perangkaan* figures, statistics
angkasa space; *angkasa lepas* outer space; *angkasa luar* outer space
angkat to lift; to remove (by lifting out); *angkat sumpah* to take an oath; to be sworn in; *diangkat* to be designated; *perangkat* equipment; *angkatan* force; *angkatan bersenjata* armed forces
angkut: *mengangkut* to carry; *pengangkutan* transportation; *pengangkutan awam* public transportation; *angkutan* transportation
animisme animism
aniyaya: *penganiyayaan* mistreatment, cruel treatment
anjak: *beranjak* to move, push; to reach
anjur: *menganjurkan* to propose; *anjurkan* to propose, recommend, suggest
anomali anomaly
antar to send, accompany; *mengantar* to send, accompany; *diantar* to be sent; *diantar pulang* to be sent home
antara between, among; *di antara* between, among; *antara bangsa* international; *pasaran antara bangsa* international markets
antaranggota among members
antisipasi anticipation; *mengantisipasi* to anticipate
anugerah: *dianugerahkan* to be awarded
anut: *dianuti* to be followed (religions); *penganut* follower
apa what; *apakah* what, whether; *apapun* whatever; *mengapa* why
apabila when, whenever
apalagi moreover, especially; even more so
apartemen apartment
apartmen apartment

api fire; *bahan api* fuel; *korek api* matches; *ber<u>api</u>* fiery; *gunung ber<u>api</u>* volcanoes
Arab Arab, Arabic
arah direction; *meng<u>arah</u>* to head in the direction of; to head towards; *meng-<u>arahk</u>an* to aim, point; *<u>arah</u>an* directions, instructions; *peng<u>arah</u>* director
arak: *per<u>arak</u>an* parade
arang charcoal; *arang batok kelapa* coconut shell charcoal; *arang kayu* wood charcoal
argon argon
argumentasi argument
arsitektur architecture
arteri artery
arti meaning; *<u>arti</u>nya* its meaning being; *sama <u>arti</u>nya* it is the same as; *tidak ada <u>arti</u>nya* has no meaning; *di<u>arti</u>kan* to be understood; *ber<u>arti</u>* to mean; *peng<u>arti</u>an* meaning, implication
artikel article
artritis arthritis
AS (Amerika Serikat, Amerika Syarikat) USA
asal originally from; *asal-usul* origin; *tempat asal* place of origin; *ber<u>asal</u>* to originate; *<u>asal</u>nya* origin; the origin of
asam sour; *asam manis* sweet and sour
asap smoke, fumes
asas basic; *<u>asas</u>nya* basis, the basis of
ASEAN Association of Southeast Asian Nations
Asia Asia; *Asia Tenggara* Southeast Asia
asing foreign
asli original, primal; natural; *getah asli* natural rubber
asmara love
aspek aspect
asteroid asteroid
astronom astronomers; *para astronom* astronomers
asuh: *meng<u>asuh</u>* to care for, nurse
asuransi insurance
atas due to; over; *di atas* over, above, on top of; *ke atas* on, over; *atas nama* on behalf of; *atas perhatian Anda* thanking you for your attention; *bagian atas* upper part; *bahagian atas* upper part; *<u>atas</u>an* upper
atau or; *atau pun* or
atlit athlete
atmosfer atmosphere

atmosfera atmosphere
atur to arrange; *<u>atur</u>kan* to arrange; *meng-<u>atur</u>* to arrange; *ter<u>atur</u>* nicely arranged, orderly; *ber<u>atur</u>an* uniform; *per<u>atur</u>an* rules, regulations
automatik automatic
automobil automobile
awal early; the beginning, start; *pada awal* at the beginning of; *pada <u>awal</u>nya* firstly, to begin with; *titik awal* starting point
awam public; *perkhidmatan awam* public service
awan cloud
awas careful, watch out; *meng<u>awas</u>i* to supervise, oversee; *peng<u>awas</u>an* supervision
awet: *di<u>awet</u>kan* to be preserved; *peng-<u>awet</u>an* preserving, preservation
ayam chicken; *ayam golek* chicken dish (type); *ayam kampung* free-range chicken
ayat sentence; *ayat pe<u>ngenal</u>an (kenal)* topic sentence
ayo go on
azimat charm, talisman

b

baca to read; *mem<u>baca</u>* to read; *di<u>baca</u>* to be read; *ter<u>baca</u>* read; *<u>baca</u>an* readings; *bahan <u>baca</u>an* reading material
badan body; *tubuh badan* the entire body; *per<u>badan</u>an* corporation
bagai: *ber<u>bagai</u>* various; *ber<u>bagai</u>-<u>bagai</u>* various; *pel<u>bagai</u>* various; *<u>bagai</u>mana* how, what about; *walau <u>bagai</u>mana pun* nevertheless, still, however, even so; *se<u>bagai</u>* as; *se<u>bagai</u>mana* just as, such as; *se<u>bagai</u>nya* and so on
bagi for, in order to; *bagi saya* as far as I'm concerned; *se<u>bagi</u>an* a part, section, division; *se<u>bagi</u>an besar* majority
bagi to divide; *di<u>bagi</u>* to be divided; *ber<u>bagi</u>* to share; *<u>bagi</u>an* division, part, section; *<u>bagi</u>an atas* upper part; *<u>bagi</u>an bawah* lower part; *<u>bagi</u>an dalam* interior; *<u>bagi</u>an luar* exterior; *<u>bagi</u>an utara* northern part
bahagi to divide; *di<u>bahagi</u>kan* to be divided into; *<u>bahagi</u>an* division, part, section; *<u>bahagi</u>an atas* upper part; *<u>bahagi</u>an*

DAFTAR KATA • Glossary

bawah lower part; ***bahagian dalam*** interior; ***bahagian luar*** exterior; ***bahagian tengah*** middle part; ***bahagian utara*** northern part; ***sebahagian*** a part, section, division; ***sebahagian besar*** majority

bahagia happy; ***angka bahagia*** lucky number; ***kebahagiaan*** happiness

bahan material; ***bahan api*** fuel; ***bahan bacaan*** reading material; ***bahan bakar*** fuel; ***bahan mentah*** raw materials

bahas to discuss, confer; ***membahaskan*** to argue; ***dibahas*** to be discussed; ***dibahaskan*** to be discussed

bahasa language; ***bahasa Inggeris*** English; ***bahasa kebangsaan*** national language; ***bahasa lisan*** spoken language

bahawa that

bahaya danger; ***membahayakan*** to endanger; ***berbahaya*** dangerous; ***merbahaya*** dangerous

bahkan even

bahu shoulder

bahwa that

baik: good; ***baik ... mahupun*** both ... and; ***baik ... maupun*** both ... and; ***lebih baik*** better; ***membaik*** to get better; ***memperbaiki*** to improve; ***terbaik*** best; high standard; ***kebaikan*** benefit; ***sebaik sahaja*** as soon as; ***sebaiknya*** should be

bajik: ***kebajikan*** welfare; ***kebajikan am*** public welfare

baju clothes; ***baju tunik*** tunic

bakal the prospective

bakar to singe, burn; to grill; grilled; ***bahan bakar*** fuel; ***membakar*** to burn; ***terbakar*** to burn; ***pembakaran*** the burning of ***kebakaran*** fire; to be burnt

bakat talent; ***berbakat*** to be talented; ***berbakat besar*** to be very talented

balai hall; ***Balai Kota*** Town Hall; ***Balai Polis*** Police Station

balak: ***membalak kayu*** timber processing; ***pembalakan*** lumbering

balap race; ***pembalap*** racer

balas: ***berbalas*** to exchange, return (as gunfire)

balik to return, go back; ***patah balik*** to turn around; to turn back; ***sebaliknya*** on the other hand, on the contrary, otherwise

balon balloon

ban tyre

bandar town, city; ***datuk bandar*** mayor

bandara airport

bandar raya city

banding: ***bandingkan*** to compare; ***membandingkan*** to compare; ***berbanding dengan*** compared to

banduan prisoner

bangkang: ***pembangkangan*** opposition; ***pembangkang*** opponent

bangkit: ***membangkit*** to generate (electricity)

bangku seat, bench

bangsa nationality; ***kebangsaan*** national; ***bahasa kebangsaan*** national language

bangun: ***membangun*** to develop; ***dibangun*** to be built; ***pembangunan*** development; ***bangunan*** building

banjir flood; to flood; ***banjiri*** to flood

bank bank

bantu to help; ***membantu*** to help; ***bantuan*** aid, assistance

banyak many, much, a lot; ***begitu banyak*** so many; ***orang banyak*** the general public; ***sama banyak*** just as much, the same number; ***kebanyakan*** majority, most, a majority of; ***sebanyak*** as many as, as much as

bara: ***batu bara*** coal

barah cancer; ***barah kulit*** skin cancer

barang thing, form, object; things; ***barangan*** things, goods; ***barang-barang*** things, items; ***barang-barang eceran*** retail goods; ***barang-barang runcit*** retail goods; ***kedai barang-barang runcit*** retail shop, store; ***toko barang-barang eceran*** retail shop, store; ***sebarang*** any; ***sebarang minat*** any interest

barang kali possibly, probably

barat west, western; ***barat daya*** southwest; ***barat laut*** northwest

baru new; only then; newly, just, only then; ***baru nak*** to be about to; ***memperbarui*** to renew; ***terbaru*** newest; ***pembaruan*** renewal; ***baru-baru ini*** recently

bas bus; ***bas ekspres*** express bus; ***perhentian bas*** bus stop; ***terminal bas*** bus terminal

basikal bicycle

basis bases; ***basis militer*** military basis

basuh to wash
batal cancelled; to cancel; **membatalkan** to cancel
batang stick, rod; numerical classifier for long, thin objects; **sebatang** a, one
batas limit; **membatasi** to limit; **dibatasi** to be limited to; **bagaikan** to limit; **perbatasan** boundary; **batasan** limit
batok: **batok kelapa** coconut shell
batu stone; gemstone; **batu bara** coal; **batuan** boulder, rocks
bau smell
bauksit bauxite
bawa: **membawa** to carry, bring, take; **membawa kereta** to drive; **membawakan** to perform; **dibawa** to be carried, performed
bawah: lower; **bagian bawah** lower part; **bahagian bawah** lower part; **di bawah** under, beneath, below; **bawahan** lower; **kelas bawahan** lower class
bawang garlic
bayang: shadow; **bayangkan** to imagine
bayar to pay; **dibayar** to be paid; **bayaran** payment
bayi infant, child
beban burden
bebas free; **secara bebas** freely; **dibebaskan** to be set free; **kebebasan** freedom
bebek duck
beberapa some; a few, several; **beberapa lama** for some time
beca tricycle, pedicab
beda: **berbeda** contrasting, differing; **membedakan** to distinguish, differentiate; **perbedaan** difference; **perbedaan pandangan** differing views; **bedanya** the difference
bedak powder
beg bag
begini like this
begitu like that; so very; **begitu banyak** so many; **begitu turun** as soon as (he) got down; **tidak begitu** not as, not very; **walau pun begitu** nevertheless, be that as it may
bekal: **bekalan** supply; **bekalan air** water supplies; **bekalan bahan bakar** fuel supplies
bekas the former
bekas container
bekerja to work

beku frozen
belah side; **di sebelah** on the side (as the 'right side', 'left side') **kedua-dua belah** both sides
belajar to study, learn
belakang back; **latar belakang** background; **di belakang** at the back, behind; **tulang belakang** backbone, spine; **belakangan ini** recently
Belanda Netherlands
belang-belang stripes
belanja: **perbelanjaan** costs, expense, expenditure, outlay
belasa to whip, thrash
Belgia Belgium
beli to buy; **membeli** to buy; **dibeli** to be bought; **pembelian** the purchase of; **pembeli** purchasers
beliau he, she
belok to turn; **berbelok-belok** curved, winding; **belokan** bend, curve
belon balloon
belum not yet; **belum lagi** not yet; **sebelum** before, prior to; **sebelum itu** before that, previous; **sebelumnya** previous, previously
benar true, real; sincere; **secara benar** properly, accordingly; **yang benar** yours sincerely; **benarkan** to verify, confirm; **dibenarkan** to be permitted; **sebenarnya** reality, actuality; real, actual
bencana disaster; **bencana alam** natural disaster
benda thing, form, object
bensin petrol
bentuk form, shape, appearance; manner, way; **dibentukkan** to be formed; **berbentuk** to be in the form of; **pembentukan** the formation of
benua continent
beracun to contain poisons
berada to be (is, are, was, were); **berada di** is at
beragam varied
berakibat kepada results in, causes
beraksi to act
beramai-ramai large numbers; **pembunuhan beramai-ramai** gang killing; **secara beramai-ramai** in large numbers
beranggotakan to be comprised of particular members

berani brave; to be brave; to have the nerve to
beranjak to move; to push, reach
berapa how much, how many; **beberapa** several, a few, some
berapi fiery; **gunung berapi** volcano
berarti to mean
beras husked rice
berasal to originate
berat heavy; weight; **berat hati** reluctant; **dengan berat hati** reluctantly; **berat sebelah** biassed; **mengambil berat** to take seriously
beraturan uniform
beratus-ratus thousands
berbagai various; **berbagai-bagai** various
berbagi to share
berbahaya dangerous
berbalas to exchange, return (as gunfire)
berbanding (dengan) compared to
berbeda contrasting, differing; **berbeda dengan** to be different from; **berbeda pendapat** in opposition to; in disagreement with
berbelok-belok curved, winding
berbentuk to be in the form of
berbeza differing, contrasting; **berbeza dari** to be different from
berbicara to speak
berbilang numerous; **berbilang kaum** multicultural
berbohong to lie
bercadang to propose
bercakap to speak
bercakap-cakap to speak, chat
bercerai to be divorced
berdasarkan to be based on
berdebar to beat (the heart)
berdekatan adjacent to, in the vicinity of
berdenyut to throb, beat
berdiri to stand; to be established
berek barracks
bergantung (ke)pada to depend upon
bergerak to move
bergeser to shift, move
berguna useful
berhadapan across from, opposite
berhampiran adjacent to, in the vicinity of
berharap to hope; to look forward to
berhasil to succeed

berhati-hati to be careful
berhawa to be comprised of air; **berhawa panas** comprising hot air
berhenti to stop
berhimpitan overlapping
berhubung with regard to, regarding; to communicate
berhubungan with regard to; to communicate (with one another)
berhulu to have a hilt, handle
beri to give; **memberi** to give; **berikan** to give; **memberikan** to give; **diberikan** to be given
berikut to follow; *(adalah) seperti yang berikut* are as follows; **berikutnya** subsequent
berikutan following on from, due to; **berikutan dengan** following on from
berinteraksi to interact
berisi filled with
berita news
berjalan to walk, to travel; to go ahead; **berjalan jauh** to travel far; to go long distances; **berjalan kaki** to walk; to go on foot
berjangkit to spread (disease)
berjanji to promise
berjaya to succeed
berjudul to be titled
berjumlah to total
berkaitan to be related; in connection with; **tidak berkaitan** to be unrelated
berkali-kali repeatedly
berkas: memberkas to round up, capture
berkata to say
berkebolehan to possess the ability to
berkekuatan to have a strength of
berkelanjutan sustainable
berkelip-kelip to flicker; to blink
berkembang to develop
berkenaan in question, respective; **berkenaan dengan** with regard to
berkenalan to meet someone; to get to know one another
berkepanjangan lengthy, extended
berkesan effective; **secara berkesan** effectively
berkesempatan to have an opportunity to
berkisar dari to range from
berkobar to flare up

DAFTAR KATA • Glossary

*ber**kualitas*** possessing the quality of
*ber**kuasa*** to be in power; to have power; ***pihak berkuasa*** those in power
*ber**kuatan*** to have a strength of
*ber**kulit** hitam* blacks, African-Americans
*ber**kumpul*** to gather
*ber**kurang*** to lessen, decline, decrease; to lack
*ber**kurangan*** to continue; to shrink, decrease
*ber**lainan*** contrasting, differing, different
*ber**laku*** to happen, occur; to be valid; *ber**lakunya*** the occurrence of
*ber**lalu*** to pass (as 'time'); to occur
*ber**langsung*** to take place
*ber**larian*** to escape; to run off
*ber**laukkan*** with a main dish of
*ber**lawanan*** to be in opposition; to be contrary to
*ber**layar*** to go sailing; to have a screen; ***berlayar** lebar* widescreen
*ber**lebihan*** excessive, excessively
*ber**lokasi*** to be located
*ber**lumuran*** to be covered with
*ber**main*** to play
*ber**makna*** to mean
*ber**minggu**-minggu* for weeks
*ber**mula*** to begin
*ber**mutu*** to be of a high quality
*ber**nafas*** to breathe
*ber**niaga*** to trade; to engage in business
*ber**nyawa*** to live
berontak to revolt; *pem**berontakan*** revolt, revolution; *pem**berontak*** revolutionary, rebel
*ber**peluh*** sweating; to sweat
*ber**pendapat*** to be of the opinion that
*ber**pengaruh*** influential
*ber**pikiran*** to have thoughts
*ber**pindah*** to move, transfer
*ber**pisah*** to split up, separate
*ber**potongan*** intersects with, cuts across
*ber**praktek*** to practice (as medicine)
*ber**punca** dari* to derive from
*ber**pusat*** to be centred at; to have its epicentre at; to have its headquarters at
*ber**saing*** to compete
*ber**sama*** together, joint; *ber**sama** ini* together with this
*ber**sangkutan*** involved, under discussion
*ber**satu*** to unite; *ber**satu** padu* to unite

*ber**sedih*** to be sad
*ber**sejarah*** historic
*ber**selekoh*** curved, winding
*ber**selerak*** to be spread about; to be scattered, dispersed
*ber**selisih** paham* to have a misunderstanding
*ber**sembang*** to talk to; to chat to
*ber**senam*** to exercise
*ber**senjata*** armed; *angkatan* ***bersenjata*** armed forces
*ber**serikat*** to federate, unite; to become associates
*ber**serta*** together with
*ber**siap*** to get ready, prepare
*ber**sifat*** has the characteristics of being
*ber**sih*** clean, pure; *mem**bersihkan*** to clean; *di**bersihkan*** to be cleaned; *ke**bersihan*** cleanliness; *se**bersih-bersihnya*** as clean as possible
*ber**sikap*** to act; to adopt an attitude
*ber**siri*** in a series; *program ber**siri*** a series of programs
*ber**sukan*** to play sport
*ber**sumber** dari* to derive from
*ber**sumpah*** to pledge
*ber**tahap*** to reach a stage
*ber**tambah*** to increase
*ber**tanggungjawab*** *(tanggung + jawab)* to take responsibility
*ber**tani*** to farm
*ber**tanyakan*** to ask about something
*ber**tekad*** to be determined
*ber**temakan*** to have a particular theme; to be based around a particular topic
*ber**temu*** to meet
*ber**tentangan*** across from, opposite; contradictory; to be in opposition to; to be at variance with
*ber**teriak*** to yell, shout
*ber**terusan*** continual, uninterrupted
*ber**tindak*** to act, behave
*ber**tindih*** overlapping
*ber**tujuan*** to have as an aim, goal, purpose, intent
*ber**tutur*** to speak
*ber**ukuran*** measuring, measured; to have a particular measurement;
*ber**ulang*** to repeat; *ber**ulang** kali* repeatedly
*ber**umur*** to be a particular age

DAFTAR KATA • Glossary

berupaya to have the capacity to
berus brush
berusaha to strive to; to make efforts to; to attempt to
berusia of the age
berutus to send
berwarna coloured
besar big, great; to grow up; ***terbesar*** biggest, supreme, greatest; ***sebesar*** as big as, as great as; ***besar-besaran*** large scale; ***secara besar-besaran*** on a large scale
besi iron, steel
betapa how; how very
betul: true, correct; ***membetulkan*** to correct; ***sebetulnya*** in practice, actually
beza: ***berbeza*** differing, contrasting; ***perbezaan*** difference, contrast; ***bezanya*** the difference
biar let; to let; ***biar saya*** let me
biarpun even though
biasa common, usual, ordinary; ***biasa didapati*** easily available, commonly found; ***terbiasa*** to be used to; ***kebiasaan*** customary, commonplace; ***kebiasaannya*** usually; ***biasanya*** usually
bicara: ***bicarakan*** to discuss; to refer to; ***membicarakan*** to discuss; ***berbicara*** to speak
bidang field
bijaksana: ***kebijaksanaan*** policy
bijih ore
bikin to make, do; ***pembikinan*** production
bil bill, account
bila when, if
bilah blade; numerical classifier for bladed or barbed implements
bilang: ***berbilang*** numerous; ***bilangan*** number; ***sebilangan*** a number of; ***sebilangan besar*** a majority of, a large number of
bilau: ***kacau bilau*** haphazard, confusing
bilik room
bilion billion
bimbing to guide; ***bimbingan*** guidance
bimbit to carry in the hand; ***telefon bimbit*** mobile phone, cellphone
binasa: ***membinasakan*** to destroy; destructive; ***dibinasakan*** to be destroyed
binatang animal
bincang: ***bincangkan*** to discuss; ***membincangkan*** to discuss; ***dibincangkan*** to be discussed
bingung confused; ***membingungkan*** to be confusing
bintang star; ***bintang filem*** film star; ***bintang film*** film star
biologi biology
bioskop movie theatre, cinema
bis bus; ***perhentian bis*** bus stop; ***terminal bis*** bus terminal
bisa can, can be; to be able to
bisnis business
bocor punctured, flat (as a tyre); holed, leaking
bohong to lie; ***berbohong*** to lie
bola ball; ***bola sepak*** soccer
boleh can, can be; to be able to; ***boleh jadi*** possibly, probably; ***tidak boleh*** can't; ***membolehkan*** to enable; ***berkebolehan*** to possess the ability to; ***kebolehan*** ability
bomba pump; ***kereta bomba*** fire engine; ***pasukan bomba*** firemen
bongkar: ***membongkar*** to force open
botol bottle
brutal brutal; ***kebrutalan*** brutality
BTS Base Transceiver Station
buah fruit; ***membuahkan*** to bear fruit; to produce a result; ***sebuah*** a, one; numerical classifier for objects of indeterminate shape
buang: ***buangkan*** to get rid of; ***membuangkan*** to throw away; to get rid of
buat: to do, make; set up by; ***buat saya*** as far as I'm concerned; ***membuat*** to make, do; ***dibuat*** to be done, made; ***diperbuat*** to be made from; ***pembuatan*** the making of; ***buatan*** make, the finish of
bubar to break up, disband
budaya: ***kebudayaan*** culture, cultural
Budha Buddhist
buka to open, start; ***membuka*** to open; ***dibuka*** to be opened; ***terbuka*** open; ***pembukaan*** opening; ***pembuka*** opening
bukan no, not
bukti proof; ***sebagai bukti*** as proof, in substantiation; ***membuktikan*** to prove, substantiate, demonstrate; ***pembuktian*** proof, authentication
buku book
bulan moon; ***bulan baru*** new moon; ***bulan gelap*** new moon; ***bulan mati*** new moon; ***bulan penuh*** full moon; ***bulan perempat***

DAFTAR KATA • Glossary

(akhir) last quarter; **bulan per_empat_** *(awal)* first quarter; **bulan purnama** full moon; **bulan suku akhir** last quarter; **bulan suku pertama** first quarter; **gerhana bulan** eclipse of the moon; **se_bulan_** a month; **se_bulan_ se_kali_** once a month
bular cataracts
bulat round, circular; **bula_t_an** roundabout, circle
bulu fur, feathers, body hair; **bulu roma** pin feathers
bumbu spices
Bumi Earth
bundar round, circular; **bunda_r_an** roundabout, circle
bunga flower; **Taman Bunga** Flower Garden, Botanical Garden
bungkam: **mem_bungkam_** to gag, silence
bunuh: **mem_bunuh_** to kill; **ter_bunuh_** to be killed; **ter_bunuh_nya** the killing of; **pem_bunuh_an** murder, killing, the killing of; **pem_bunuh_an be_ramai_-ramai** gang killing; **pem_bunuh_** killer, murderer
bunyi sound
bupati regent; **ka_bupat_en** regency
buru: **di_buru_** to be hunted; **buru_an_** hunting; **pem_buru_** hunter
buru-buru hurriedly, quickly
buruh labour; **Ja_bata_n Buruh** Department of Labour
buruk bad, adverse; **ke_buruk_an** drawbacks
burung bird
bus bus; **terminal bus** bus terminal
busuk rotten; **pem_busuk_an** decaying
but boot
butir detail, item; **butir-butir** properties
butuh to need, require; **mem_butuh_kan** to need, require; **ke_butuh_an** need, requirement

c

ca stir-fried; **ca kangkung ayam** stir-fried kangkung with chicken; **ca kangkung udang** stir-fried kangkung with prawns
cadang: **men_cadang_kan** to propose something; **ber_cadang_** to propose; **cadang_an_** proposal; reserves, supplies; **cadang_an_ bahan bakar** fuel reserves, supplies

cahaya rays, beams of light
cair liquid; **ca_ir_an** a liquid; **ce_cair_** liquid
cakap: **ber_cakap_** to speak; **ber_cakap_-cakap** to speak, chat
cakap qualified; **tidak cakap** unqualified
cakup: **men_cakup_** to encompass, include
Caledonia Baru New Caledonia
calon candidate; **di_calon_kan** to be chosen as a candidate
camat: **ke_camat_an** subdistrict
camca spoon
campak: **di_campak_kan** to be discarded
campur to mix; **campur tangan** to interfere; **ter_campur_** to mix
cancelor chancellor; **naib cancelor** vice chancellor
candu opium; intoxicating; **ke_candu_an** addicted
canggih sophisticated; **ke_canggih_an** sophistication; **se_canggih_** as sophisticated as
cangkir cup
cap brand; seal; **di_cap_** to be branded, labelled
capai: **men_capai_** to achieve, reach
cara way, manner, method; matter; **se_cara_** in a particular way
cari to look for; **men_cari_** to look for; **men_cari_ tahu** to find out
catat to take notes; **men_catat_** to record; **ter_catat_** recorded; **catat_an_** note
cecah: **men_cecah_** to touch, reach
cedera injured
cegah: **men_cegah_** to prevent
celaka: **ke_celaka_an** accident
cemar: **pen_cemar_an** pollution, contamination
cemas apprehensive, anxious; **ke_cemas_an** emergency
cemburu jealous; to be jealous
cemerlang bright
cendawan mushroom
cenderung inclined to be, having a tendency to
cepat quick, fast; quickly; **makanan cepat saji** fast food, junk food
cerai to divorce; **ber_cerai_** to be divorced; **ter_cerai_** divorced
ceria bright, cheerful
cerita story; **cerita pendek** short story; **men_cerita_kan** to tell, narrate; **cerita_kan_** to tell about

DAFTAR KATA • Glossary

cerut cigar
cetus: *mencetuskan* to bring about; to cause a flare-up of
cicip: *mencicipi* to taste, experience
cicir: *keciciran* dropout
Cik: *Cik Abang* young men (used by girlfriends to refer to their boyfriends); *Cik Adik* young women (used by boyfriends to refer to their girlfriends)
Cina China, Chinese
cincin ring; *cincin batu* gemstone ring
cinta love
cipta: *mencipta* to produce, create
ciri characteristic; *ciri-ciri* properties, characteristics
cirit diarrhoea
cium: *tercium* can be smelled
coba: *percobaan* experiment
cocok suitable; *kecocokan* compatibility
colek: *mencolek* to lightly touch, tap
contoh example; *sebagai contoh* as an example; *dicontohkan* to be exemplified; *contohnya* for example, for instance
corak design, pattern; *corak pasaran* market profile
corong: *mencorong* to be brilliant
cuaca weather
cuba to try; *mencuba* to try; *percubaan* attempt, experiment
cuci to clean; *mencuci* to clean; *dicuci* to be cleaned; *pencuci* cleanser
cukai tax; *cukai pendapatan* income tax
cukup enough; very
cuma-cuma free; fruitless
cumi-cumi squid
cungap to pant
curah: *curahan* showers
cuti holiday

d

dada chest
dadak: *mendadak* sudden, suddenly
daerah region, area
daftar list; *daftar isi* contents; *mendaftarkan* to register, enrol; *terdaftar* registered
dagang: *dagangan* trade; *perdagangan* trade; *pedagang* traders, merchants
daging meat, flesh

dah already
dahsyat terrible
dahulunya previously
daki grime, dirt (on the face, body)
daki: *pendaki* climber; *pendaki gunung* mountain climber
dakwa: to claim; *mendakwa* to contend, claim; *didakwa* to be accused; *dakwaan* claim
dalam in, inside; *di dalam* in, inside; *dalam mana* in which; *bagian dalam* interior; *bahagian dalam* interior
damai peaceful; *perdamaian* peace
dampak impact
dan and; *dan lain-lain* etcetera
dana fund, donation; *dukungan dana* financial support
dapat to be able to, can; to get; *mendapatkan* to achieve, obtain, receive, get; *dapati* to find; *didapat* to be obtained; *didapati* to be found; *terdapat* is, is found, we find; there were; *pendapat* opinion, income
dapur kitchen
darah blood
darat land; *mendarat* to land
dari from; *dari mana* from where, from which; *dari segi* from the aspect of
daripada from, of; than (used in comparisons)
darjah degree
darurat emergency
dasar basic; policy; base, bottom; *dasarkan* to base something on; *berdasarkan* to be based on; *dasarnya* essentially, basically
data data
datang to arrive; to come from; *mendatang* to be upcoming, forthcoming; the future; *mendatangkan* to cause, bring about; *kedatangan* arrival; *pendatang* immigrant
datuk bandar mayor
daun leaf; *daun terup* playing cards
dawat ink
daya capacity; *daya hasil tanah* the capacity of the land to produce
debar: *berdebar* to beat (the heart)
debu dust
definisi definition
dekat near; *didekati* to be approached
delapan eight; *kedelapan* eighth
demam fever; *demam panas* high fever

DAFTAR KATA • Glossary

demi for the sake of

demikian like that; *oleh yang demikian* consequently, therefore; *meskipun demikian* nevertheless, still, however, even so; *walau pun demikian* nevertheless, still, however, even so

demokrasi democracy

dengan with, by; *dengan itu* because of this

dengar: to hear; *dengarkan* to listen to; *mendengarkan* to listen to; *terdengar* to hear; to be heard

dentum: *dentuman* booming

denyut: *berdenyut* to throb, beat

depan front; *di depan* in front of; *masa depan* future

derajah degree

deram roar

deras fast; heavy (rain); *hujan deras* heavy rain

deret: *deretan* a line of

desa village; *pedesaan* rural areas, villages

desak: *mendesak* to urge; *mendesakkan* to demand

Desember December

detektif detective; *Detektif Inspektor* Detective Inspector

detik second; *per detik* per second

dewan council; *Dewan Bandar Raya* City Council; *Dewan Kepulauan* Island Council; *dewan kota* city council

dewasa adult

dewasa nowadays, currently

di at, by, in, on; *di antara* between, among; *di atas* over, above, on top of; *di bawah* beneath, below; *di belakang* at the back, behind; *di dalam* in, inside; *di dalam mana* in which; *di depan* in front; *di luar* outside, beyond; *di mana* where; *di pinggir* at the perimeter, edge; *di samping* beside, next to; *di sebelah* on the side (as 'left side', 'right side'); *di seberang* on the other side of (roads, rivers); *di sekitar* around, in the area of; *di tengah* in the middle; *di tepi* beside, next to

dia him, her; he, she; his, hers

diabetes diabetes

diadakan to be held

diagnostik diagnostic

diajukan to be submitted, sent to

diakibatkan to be caused by

diakui to be accepted; to be acceptable

dialami to be experienced

diam: *kediaman* residence

diambil to be taken, hired

dianggap to be considered

dianggarkan to be estimated

diangkat to be designated

diantar to be sent; *diantar pulang* to be sent home

dianugerahkan to be awarded

dianuti to be followed (religions)

diartikan to be understood

diawetkan to be preserved

dibaca to be read

dibagi to be divided

dibahagikan to be divided into

dibahas to be discussed

dibahaskan to be discussed

dibangun to be built

dibawa to be carried; to be performed

dibayar to be paid

dibebaskan to be set free

dibeli to be bought

dibenarkan to be permitted

dibentuk to be formed

diberhentikan to be stopped; to be done away with

diberikan to be given

dibersihkan to be cleaned

dibincangkan to be discussed

dibuat to be done; to be made

dibuka to be opened

dibunuh to be killed

diburu to be hunted

dicalonkan to be chosen as a candidate

dicampakkan to be discarded

dicap to be branded, labelled

dicontohkan to be exemplified

dicuci to be cleaned

didakwa to be accused

didapat to be obtained

didapati to be found; *biasa didapati* readily available, easily found

didekati to be approached

didik: *pendidikan* education; *pendidikan tinggi* higher education

didirikan to be built

diduduki to be sat on

didukung to be supported

dielak to be avoided

dielakkan to be avoided
diertikan to be understood
diganti to be displaced; to be replaced
digantikan to be replaced
digiling to be ground
digolongkan to be grouped
digoncang to be shaken
digunakan to be used
dihabiskan to be spent
dihadapi to be faced
dihadapkan to be confronted with
dihantar to be sent; *dihantar pulang* to be sent home
dihapuskan to be wiped out
diharapkan to be expected
dihasilkan to be produced
dihemat to be saved
dihentikan to be stopped
dihiaskan to be decorated with
dihidupkan to be brought to life
dihindari to be avoided
dihormati to be respected
dihukum to be judged
dihuraikan to be described
diiklankan to be advertised
diikuti to be followed by
diingat to be remembered, kept in mind
diisi to be filled with; to be filled in
diizinkan to be permitted
dijadikan to be made into
dijahit to be sewn
dijalankan to be carried out
dijangka to be estimated
dijanjikan to be promised
dijelaskan to be explained, described
dijual to be sold
dijumpai to be found
dikaitkan to be related to; to be connected to
dikatakan to be said
dikehendaki to be needed, required
dikelaskan to be classified
dikelompokkan to be grouped
dikeluarkan to be produced
dikembangkan to be developed
dikemudikan to be driven, controlled
dikemukakan (kemuka) to be presented
dikenal to be known; *tidak dikenal* unknown
dikenali to be recognised; to be acknowledged

dikesan to be traced
diketahui to be known
dikirimkan to be sent
diklasifikasikan to be classified
dikonsumsi to be consumed
dikunjungi to be visited
dikutip to be chosen, selected
dilahirkan to be born
dilaksanakan to be implemented
dilakukan to be carried out; to be done; *dapat dilakukan* feasible
dilalui to be traversed, passed
dilanda to be struck
dilanjutkan to be continued, extended; to be followed by
dilaporkan to be reported
dilarang to be banned; to be forbidden
dilengkapi to be equipped with
dilengkapkan to be furnished with; to be equipped
dilepaskan to be fired
dilewati to be traversed, passed
dilihat to be seen
dilukiskan to be illustrated, described
dilupakan to be abandoned; to be forgotten about
dimakan to be eaten
dimaksudkan to be meant, intended, implied
dimanfaatkan to be made use of
dimasak to be cooked
dimasuki to be entered by
dimiliki to be owned
diminta to be requested; to be asked to; *diminta keterangan* to be asked to explain; *diminta penjelasan* to be asked to explain
dimintai to be requested from
dimulakan to be begun
dimusnahkan to be destroyed
dinaikkan to be raised; to be put up
dinas bureau, department
dinding wall
dingin cold
dinyatakan to be mentioned, stated
dioksida dioxide; *karbon dioksida* carbon dioxide
diolah to be prepared
dipaksa to be forced to
dipaksakan to be forced
dipandang to be seen, viewed
dipanen to be harvested

dipanggil to be called
dipantau to be monitored
dipapankan to be made available on signs
dipasangkan to be installed
dipasarkan to be marketed
dipastikan to be sure of; to be certain to
dipekerjakan to be employed
dipelajari to be studied
dipelihara to be cared for
dipenjarakan to be imprisoned
diperbuat to be made from
dipercayai to be believed, trusted
diperingatkan to be warned
diperintahkan to be ruled
diperkenalkan to be introduced
diperkirakan to be predicted
diperkosa to be raped
diperkuat to be strengthened
diperlukan to be needed, required
dipermudahkan to be oversimplified
diperoleh to be obtained
dipetik to be taken, snapped (a photograph)
dipikirkan to be thought of
dipilih to be chosen
dipimpin to be led
dipinjam to be borrowed
dipinjamkan to be lent
dipisahkan to be divided
dipotong to be cut
diraih to be found, obtained, achieved
diramalkan to be predicted
dirancang to be planned
dirasa to be felt; *yang dirasa* which one feels
dirasakan to be felt
direktur director; *wakil direktur* senior assistant director
direndam to be soaked, marinated
direnjis to be sprinkled
diri oneself; *diri (Anda) sendiri* oneself; *percaya diri* to have confidence in oneself; *mendirikan* to build; *didirikan* to be built; *berdiri* to stand; to be established; *terdiri daripada* consists of, comprises; *pendirian* policy, position
dirogol to be raped
disajikan to be served
disaksikan to be witnessed, seen
disalah terjemahkan to be incorrectly translated
disamakan to equalise; equivalent

disambungkan to be continued, extended
disapu to be spread, applied
disatukan to be merged with
disebabkan to be due to
disebut to be called
disebutkan to be mentioned
disedarkan to be made aware of
disederhanakan to be oversimplified
disediakan to be prepared
diselesaikan to be resolved
disembelih to be butchered, slaughtered
disengaja to be deliberate, intentional
disengajakan to be done deliberately
diserang to be attacked; *diserang hendap* to be ambushed
disesuaikan to be adjusted
disiarkan to be broadcast
disifatkan to be considered
disingkirkan to be sidelined
disoal to be questioned; *disoal siasat* to be interrogated
disokong to be supported
disuruh to be asked to
disusul to be followed by
disusun to be arranged
ditahan to be detained, kept back
ditaklukkan to be subjugated, overrun
ditambah to be added to
ditampung to be accommodated, supported
ditanam to be planted
ditanyakan to be asked
ditawarkan to be offered
ditembak to be shot; *ditembak mati* to be shot dead
ditemukan to be discovered, found
ditemui to be found
ditentukan to be determined
diterangkan to be explained, described
diterima to be accepted; to be acceptable
diterjang to be struck
ditertawakan to be laughed at
ditiadakan to be done away with
ditim to be steamed
ditinggalkan to be abandoned
ditingkatkan to be raised
ditonton to be watched
dituai to be harvested
ditubuhkan to be founded, established
dituduh to be charged
ditugaskan to be assigned a particular task;

DAFTAR KATA • Glossary

to be sent to a particular place to work
dituju to be followed
ditulis to be written
ditumbangkan to be felled
ditutup to be closed
diubah to be changed
diumumkan to be made public; to be announced
diutamakan to be given priority
diutuskan to be sent
diwajibkan to be required
diwarisi to be inherited
dokter doctor; *dokter gigi* dentist; *kedokteran* medicine; *ilmu kedokteran* medical science
doktor doctor; *doktor gigi* dentist; *kedoktoran* medicine
dominan dominant
dominasi domination
dompet wallet
donor donor
dorong: *mendorong* to influence
dosen lecturer
dram drum
drama drama
dropout dropout
dua two; *kedua* the second, both; *kedua-dua* both; *kedua-dua belah* both sides
duduk: *tempat duduk* seats; *menduduki* to sit for; *diduduki* to be sat on; *kedudukan* position, state, status; *penduduk* population, inhabitants
duga to infer, guess; *dugaan* hunch, supposition
duka cita reluctant; *dengan duka cita* with great reluctance
dukung to support; *mendukung* to support; *didukung* to be supported; *dukungan* sponsorship, support; *dukungan dana* financial sponsorship
dulu before, formerly, last time; first
dunia world; *dunia ketiga* the third world

e

ecer: *eceran* retail
edar: *mengedar* to distribute; *pengedar* distributor; *peredaran* rotation
edukatif educational

efektif effective
egronomis ergonomically
ehwal: *hal ehwal* affairs, interests; **Hal Ehwal Orang Asli** Aboriginal Affairs
ekar acre
ekokardiagram ecocardiagram
ekonomi economics
ekor tail; numerical classifier for animals; *seekor* one (animal)
ekspedisi expedition
ekspres express; *bas ekspres* express bus
elak: *dielak* to be avoided; *mengelakkan* to avoid; to protect one from; *dielakkan* to be avoided; *terelakkan* to be avoided
elaun allowance, stipend
elektrik electricity; **Lembaga Elektrik** Electricity Board
elektronika electronics
elemen elements
emas gold; *keemasan* golden
e-mel email
emosi emotions
emosional emotional
empat four; *perempatan* four-way junction, intersection
empuk soft, tender
En (Encik) Mr.
enak comfortable
Encik (En) Mr
enggan to refuse to; to be reluctant to
England England
enjin engine
enyah: *mengenyahkan* to drive off, beat back
Eropa Europe
Eropah Europe
erti meaning; *diertikan* to be understood; *pengertian* meaning, implication; understanding
Eslandia Iceland
etnik ethnic
etnis ethnicity

f

faham to understand; *memahami* to understand; *perselisihan faham* misunderstanding
fakta fact
faktor factor

fasa phase
fasilitas facilities
fauna fauna
Februari February
fenomena phenomena
fesyen fashion
fikir to think
filem film; *bintang filem* flim star
Filipina Philippines
film film; *bintang film* flim star
filsafat philosophy
fisik physical
fisikal physical
fitnah slander, libel
flet flat, apartment
flora flora
flu flu; *flu burung* bird flu; *flu unggas* bird flu
fokus focus
formalin formaldehyde
formulir form
fosil fossil
fungsi function

g

gabenor governor; *Gabenor Jeneral* Governor General
gabung to associate; *gabungan* association; *Gabungan Pelajar* Student Association
gagal to fail; *kegagalan* failure
gairah passion, desire; *menggairahkan* to become more passionate
gajah elephant
galak: *galakkan* to encourage; *menggalakkan* to encourage, urge
galas: *menggalas* to carry on the shoulder
gali to dig; *galian* minerals
gambar film, picture; *gambarkan* to describe
ganas wild; *pengganas* terrorist
ganggu: *mengganggu* to disturb, bother; *terganggu* disturbed
gangsa bronze; *Zaman Gangsa* Bronze Age
ganti: *mengganti* to replace; *menggantikan* to replace; *diganti* to be displaced, replaced; *digantikan* to be replaced
gantung: *menggantungkan* to depend upon; *bergantung kepada* to depend on; *tergantung pada* to depend on
garam salt

garis line; *garis kasar* outline; *garis pantai* coastline; *garis pusat* diameter; *garis tengah* diameter
gas gas; *gas alam* natural gas
gatal: *menggatal* to be eager for sex; to be horny
gaya style, fashion; *gaya hidup* lifestyle
gedung building; *gedung megah* renowned building
gegar: *menggegarkan* to shake; *gegaran* tremors, aftershocks
gejala symptoms, signs
gelang: *pergelangan* wrist
gelap dark; *bulan gelap* new moon
gelas glass
geledah: *penggeledahan* searching, ransacking
gelombang wave
gemar to be fond of; to enjoy; *kegemaran* hobby
gembira happy
gempa: *gempa bumi* earthquake
gemuk fat; *kegemukan* being fat, overweight
gen gene
genang: *menggenangi* to inundate, flood
gencat stopped, suspended; *gencatan* truce, cessation; *gencatan senjata* disarmament; *gencatan senjata nuklear* nuclear disarmament; *gencatan senjata nuklir* nuclear disarmament
generalisasi generalisation
generasi generation; *generasi terakhir* latest generation
genggam: *genggaman* grasp, clenched hand
geografis geographic
gerai food stall
gerak: *gerak laku* movements; *bergerak* to move; *gerakan* movement; *pergerakan* movement
gereja church
gerhana eclipse; *gerhana bulan* eclipse of the moon; *gerhana mata hari* eclipse of the sun
gerombol: *segerombolan* a gang, band; an assembly of
geser: *bergeser* to shift, move
getah rubber; *getah asli* natural rubber
getar: *getaran* shaking, trembling
ghairah to be keen
giat active, enterprising; *kegiatan* activities

DAFTAR KATA • *Glossary*

gigi teeth, tooth; ***dokter gigi*** dentist; ***doktor gigi*** dentist
gigit to bite
gila crazy
giling: ***digiling*** to be ground
gincu rouge
gitar guitar
gizi nutrients
goda: ***godaan*** lure, temptation
gol goal
golong: ***menggolongkan*** to group; ***digolongkan*** to be grouped; ***tergolong*** to be classified; ***penggolongan*** classification; ***golongan*** group, category; ***golongan besar*** majority; ***golongan kecil*** minority
goncang: ***digoncang*** to be shaken
goreng fried
gratis free
gubah: ***menggubah*** to devise, come up with
gubernur governor
gubris: ***menggubris*** to pay attention to
gudang warehouse; ***segudang*** a warehouse full
gugup nervous, panicky
gula sugar
gulat wrestling
guling: ***menggulingkan*** to overthrow
guna: ***gunakan*** to use; ***menggunakan*** to use; ***mempergunakan*** to use; ***digunakan*** to be used; ***berguna*** useful; ***penggunaan*** consumption, the use of; ***pengguna*** consumer; ***kegunaan*** use
gunting scissors; to cut with a scissors; ***gunting rambut*** to cut the hair
gunung mountain; ***gunung berapi*** volcano; ***pegunungan*** mountains; ***pergunungan*** mountains
gurami fish (type - *Osphromenus olfax*)
guru teacher; ***guru besar*** headmaster; ***perguruan*** institution, school; ***perguruan tinggi*** tertiary educational institutions; ***keguruan*** educational; ***institut keguruan*** teacher's college

h

haba heat
habis: finished; ***menghabiskan*** to complete, finish; ***dihabiskan*** to be spent; ***penghabisan*** end; ***kehabisan*** to run out of
habitat habitat
habu: ***habuan*** share
had limit; ***menghadkan*** to limit; ***terhad*** limited
hadap: ***hadapi*** to face; ***menghadapi*** to face; ***dihadapi*** to be faced; ***dihadapkan*** to be confronted with; ***berhadapan*** across from, opposite; ***terhadap*** to, toward, against; for; ***hadapan*** front; ***di hadapan*** in front of, before; ***jangka masa hadapan*** a period of time in the future; ***ke hadapan*** for, dear; ***melihat ke hadapan*** to foresee
hadir to be present; to show up; ***menghadiri*** to attend, be present at; ***kehadiran*** presence, attendance
hai hey
haiwan animal
hak rights; ***hak pekerja*** worker's rights
hakim judge; ***hakim agung*** supreme court judge; ***majelis hakim*** judges tribunal
hakis: ***terhakis*** eroded
hal matter, affair, way; regarding; ***hal ehwal*** affairs, interests; ***Hal Ehwal Orang Asli*** Aboriginal Affairs
halaman page; courtyard, patio, yard
halang: ***menghalang*** to obstruct, prevent; ***terhalang*** to be obstructed, blocked; ***halangan*** obstacle
halia ginger
halus fine, refined; ***suara halus*** quiet
hampir almost; ***hampiri*** to approach; ***berhampiran*** adjacent to, in the vicinity of
hanafuda Japanese flower cards
hancur: ***menghancurkan*** to destroy; destructive
handuk towel
hantam to slam into, strike
hantar to send, accompany; ***menghantar*** to send, accompany; ***dihantar*** to be sent; ***dihantar pulang*** to be sent home
hanya only
hapus: ***menghapuskan*** to get rid of; to completely remove; ***dihapuskan*** to be wiped out
haram forbidden, banned, illegal; ***secara haram*** illegally; ***haramkan*** to ban
harap: ***diharapkan*** to be expected; ***berharap*** to hope; to look forward to; ***harapan*** hope, expectations

harga price; *harga beli* buying price; *harga jual* selling price
hari day; *hari jadi* birthday; *hari terang* a clear, sunny day; *harian* daily; *sehari* a day
harimau tiger; *harimau Tasmania* Tasmanian tiger
harus should, must, must be; *mengharuskan* to require, compel; *harusnya* should be; *seharusnya* should, ought to be
hasil result, outcome; products; *menghasilkan* to produce, deliver; *dihasilkan* to be produced; *berhasil* to succeed; *keberhasilan* success
hasrat desire
hati heart; *suasana hati* well-being; *memperhatikan* to observe; *perhatikan* to observe; *perhatian* attention, notice, interest
hati-hati careful; to be careful; *berhati-hati* to be careful
hawa: *berhawa* to be comprised of air
hawar epidemic
hazard hazzard
helikopter helicopter
hemat opinion
hemat to save; *dihemat* to be saved
hendak to want to; *dikehendaki* to be needed, required; *kehendak* wishes, desires; *hendaklah* should
hendap: *diserang hendap* to be ambushed
henti: *menghentikan* to stop; to make redundant, lay off; *memberhentikan* to put a stop to; to make redundant, lay off; *dihentikan* to be stopped; *diberhentikan* to be stopped; to be done away with; *berhenti* to stop; *perhentian* a stop; the making redundant of; the laying off of; *perhentian bas* bus stop; *perhentian bis* bus stop
heroin heroin
hewani animal; *protein hewani* animal protein
hias: *dihiaskan* to be decorated with; *perhiasan* jewellery
hibur: *hiburan* entertainment
hidang: *hidangkan* to serve; *hidangan* dishes
hidro hydro
hidup life; to live; *hidup terus* to survive; survival; *gaya hidup* life style; *dihidupkan* to be brought to life; *kehidupan* life; *hidupan* living things; *hidupan liar* wildlife
hijau green
hijrah to move
hilang lost; to be lost; to disappear; *menghilang* to disappear; *menghilangkan* to remove; *menghilangkan diri* to lose oneself; to disappear; *kehilangan* to lose; the loss of
himpit: *berhimpitan* overlapping
hindar: *hindari* to avoid; *dihindari* to be avoided
hingga up to, until; *sehingga* up to, until, as far as; so that, in order to
hipotesa hypothesis
hipotesis hypothesis
hitam black; *berkulit hitam* blacks, African Americans
hitung: *hitungan* count
hobi hobby
hormat respect, honour; *salam hormat* sincerely; *dihormati* to be respected; *terhormat* respected, honourable; *dengan hormatnya* respectfully
hospital hospital
hostel hostel
hotel hotel
hubung: *menghubungi* to contact; *berhubung* with regard to, regarding; to communicate; *berhubungan* with regard to; to communicate (with one another); *perhubungan* communication, relationship; *hubungan* relationship, connections; *hubungan telefon* telephone lines; *sehubungan* in connection with
hujan rain; *hujan deras* heavy rain
hujung end; *di hujung* at the end of
hukum law, legal studies; *dihukum* to be judged; *hukuman* punishment, sentence
hulu: *berhulu* to have a hilt, handle
hurai: *dihuraikan* to be described
huruf letter
hutan forest, jungle; *hutan asli* primal forest, old-growth forest; *hutan hujan tropika* tropical rain forest; *hutan iklim sederhana* temperate forest; *hutan kering tropika* monsoonal forest; *hutan semula jadi* primal forest, old-growth forest; *perhutanan* forestry

DAFTAR KATA • *Glossary*

i

ia he, she, it
iaitu that is
ialah to be (is, are, was, were)
ibadat religious duty
ibu mother; *ibu bapa* parents; *ibu kota* capital; *ibu negara* capital; *ibu negeri* capital
individu an individual
ijazah degree (academic); *Ijazah Sarjana Muda* Bachelor's Degree
ikan fish; *ikan paus* whale
ikat to tie; *ikat pinggang* belt
ikhlas sincerely; *yang ikhlas* yours sincerely
ikhtiraf: *mengikhtirafkan* to proclaim
iklan advertisement; *diiklankan* to be advertised; *pengiklanan* the advertising of
iklim climate; *iklim sederhana* temperate
ikut: *mengikut* to follow; *mengikut dari* to follow on from; *mengikuti* to follow; to take; according to; *diikuti* to be followed by; *berikut* to follow; *berikutnya* subsequent; *berikutan* following on from, due to; *berikutan dengan* following on from
ilmiah scientific; *ilmu ilmiah dasar* theoretical
ilmu knowledge; *ilmu alam* physics; *ilmu ilmiah dasar* theoretical; *ilmu kedokteran* medical science; *ilmu pasti* mathematics; *ilmu pasti alam* mathematical physics; *ilmuwan* scientist
imigrasi immigration
imperialisme imperialism
implementasi implementation
imuniti immunity; *sistem imuniti* immune system
indah beautiful; *keindahan* beauty
indikator indicators, signals
induk central, main
industri industry; *perindustrian* industrial
inflamasi inflamation
informasi information
ingat: *mengingat* to consider, remember; *diingat* to be remembered, kept in mind; *memperingatkan* to warn; *diperingatkan* to be warned; *peringatan* warning
Inggeris English; *bahasa Inggeris* English
Inggris English, England; *bahasa Inggris* English

ingin to want to; *keinginan* desire
ini this
inisiatif initiative
injak: *diinjak* to be pressed down
insentif incentive
inspektor inspector; *Detektif Inspektor* Detective Inspector
institut institute; *Institut Gempa Bumi* Seismological Institute; *Institut Keguruan* teacher's college
insurans insurance
internet internet
interupsi interruption; *menginterupsi* to interrupt; to cut in
introspeksi introspection; to be introspective
instruksi instructions
intelijen intelligence
interaksi interaction; *berinteraksi* to interact
internasional international
intervensi intervention
Irlandia Ireland
isi contents; to fill up; *diisi* to be filled with; to be filled in; *berisi* to be filled with
isolasi isolation; *mengisolasi diri* to isolate oneself
isteri wife
istilah term
istimewa special; *keistimewaan* speciality, special characteristics, particular features of
istirahat rest; to rest
isu issue; *isu semasa* current affairs
isyarat signal; *lampu isyarat* traffic light, signal light
Itali Italy
Italia Italy
internet internet
itik duck
investasi investment
izin permission; *surat izin* permit; *surat izin usaha* business permit; *mengizinkan* to permit; *diizinkan* to be permitted

j

jabat: *pejabat* office; *Pejabat Pos* Post Office; *jabatan* position; office, department; *Jabatan Buruh* Department of Labour; *Jabatan Pendidikan dan Latihan*

Department of Education and Training

jadi so, thus, therefore, consequently; ***sudah jadi*** ready-made; ***menjadi*** to become; ***jadikan*** to make; ***menjadikan*** to make; to bring into existence; ***dijadikan*** to be made into; ***terjadi*** to happen, occur; ***terjadinya*** the occurrence of; ***kejadian*** occurrence, event

jadual schedule

jadwal schedule

jaga watch out for, care for; ***menjaga*** to watch over, protect; to care for; ***penjaga*** watchman, guard, protector; ***penjaga gol*** goal keeper

jahat bad; ***penjahat*** criminal; ***kejahatan*** crime

jahit to sew; ***dijahit*** to be sewn

jajah: ***penjajahan*** colonial; ***penjajah*** coloniser

jajar: ***sejajar*** parallel

jalan road; to walk; ***jalan besar*** main road; ***jalan induk*** main road; ***jalan raya*** highway; ***jalan terus*** to walk straight ahead ***menjalankan*** to run something; to carry out; ***dijalankan*** to be carried out; ***berjalan*** to walk, travel; to go ahead; ***berjalan kaki*** to walk; to go on foot; ***jalanan*** road; ***perjalanan*** trip, journey

jam watch; o'clock; ***jam 8:00*** eight o'clock; ***jam tangan*** wristwatch

jambak to grab (hair); ***jambak rambut*** to pull, grab the hair

jamin guarantee; ***menjamin*** to guarantee

jana: ***menjana*** to generate (electricity)

jangan don't; ***jangan sampai*** be careful not to; ***jangan sekali-kali*** don't ever

janggal out of place

jangka period (of time); ***jangka masa*** time period; ***jangka masa hadapan*** a period of time in the future; ***dijangka*** to be estimated

jangkau: ***terjangkau*** to be reached, affordable; ***jangkauan*** reach

jangkit: ***berjangkit*** to spread (disease); ***terjangkit*** to become infected by the spread of a disease

janji promise; ***janjikan*** to promise something; ***dijanjikan*** to be promised; ***berjanji*** to promise; ***menepati (tepat) janji*** to keep a promise

jantung heart; ***masalah jantung*** heart problems

jarah: ***penjarahan*** plundering, pillaging

jarak distance; ***jarak dekat*** at a close distance; ***jarak jauh*** long distance; ***pada jarak*** at a distance of; ***jaraknya*** distance

jarang rarely, seldom; rare

jaring net; goal; ***menjaringkan*** to net; to score a goal (in soccer); ***jaringan*** goal; network

jatuh to fall

jauh far; ***jauh lebih*** far more, much more; ***terlalu jauh aktif*** far too active; ***jauhnya*** the distance away from

jawab to answer; ***menjawab*** to answer; ***jawaban*** answer; ***jawapan*** answer

jawat: ***jawatan*** office, position; ***jawatan kosong*** vacancy; ***jawatan kuasa*** commission; ***sumpah jawatan*** oath of office

jaya: ***berjaya*** to succeed; ***kejayaan*** success

jebak: ***terjebak*** to be plunged into

jejak step; setting foot on

jejaka young men

jejas: ***menjejaskan*** to adversely affect; ***terjejas*** to be adversely affected

jelang: ***menjelang*** toward, about

jelas clear, distinct; ***jelaskan*** to explain; ***dijelaskan*** to be explained, described; ***penjelasan*** clarification, explanation

jemaah those people performing a collective pilgrimage

jenayah crime

jendela window

Jeneral General; ***Gabenor Jeneral*** Governor Jeneral

jengkel annoyed

jenis kind, type, species; ***sejenis*** a type of

jentera machine; ***tenaga jentera*** automation

jenuh fed up, sick and tired

Jepang Japan

jepit clip; ***jepit rambut*** hairclip

Jepun Japan

jerami straw

jerih tired, weary; ***jerih payah*** efforts

jerit: ***menjerit*** to shout

Jerman Germany

jeruji bars

jika if, when

jiran neighbour

Jl (Jalan) road

Jln (Jalan) road

jorok lewd, dirty
jual to sell; **menjual** to sell; **jualkan** to make available for sale; **penjualan** the sale of
juara champion
judul title; **berjudul** to be titled
juga also, too
Jumaat Friday
jumlah total number, amount; **berjumlah** to total; **sejumlah** an amount of; **sejumlah besar** a large number of; **sejumlah kecil** a small number of
jumpa: **dijumpai** to be found
juru: **juru cakap** spokesperson
juru: **penjuru** corner (as of a room)
jurus: **jurusan** field of study, department; **jurusan akuntansi** field of accountancy
justru in fact
juta million; **jutaan** millions

k

kabar news; **surat kabar** newspaper
kabinet cabinet
kabupaten (bupati) regency
kabur to bolt, run off, flee
kacau to annoy; **kacau bilau** haphazard, confusing
kad card
kadang-kadang sometimes
kadar rate; **kadar pertukaran** rate of exchange; **sekadar** just enough
kaedah principle, method
kagum astonished; **mengagumkan** to astonish, astonishing
kaidah principle, method
kait: **dikaitkan** to be related to; to be connected to; **berkaitan** to be related to; in connection with; **tidak berkaitan** to be unrelated to; **kaitan** relationship
kaji: **mengkaji** to research; **pengajian** study, education; **pengajian tinggi** higher education; **kajian** study
kakak older sister
kaki foot, feet; **berjalan kaki** to walk; to go on foot
kaki lima sidewalk
kalah: **mengalahkan** to defeat
kalangan: within; **di kalangan** among
kalau if; **kalau tak salah saya** if I'm not mistaken; **kalau saya tidak salah** if I'm not mistaken
kali river
kali occurrence, occasion; times; **sekali** once; **sekali gus** at the same time; **sekali pun** whatsoever, whatever; **sekali-kali** at all; **jangan sekali-kali** don't ever; **berkali-kali** repeatedly
kalimat sentence; **kalimat pembukaan** topic sentence
kalung necklace
kamar room; **kamar mandi** washroom, bathroom
Kamboja Cambodia
Kamis Thursday
kampanye campaign
kempen campaign
kampung (Kp) village; **ayam kampung** free-range chicken
kampus campus
kamu you, your
kamus dictionary
Kanada Canada
kanak-kanak child, children
kanan right; **di sebelah kanan** on the right side
kandung: **mengandung** to contain; **mengandungi** to contain; **kandungan** contents
kangkung leafy vegetable (type- grown in flooded fields, *Ipomoea reptans*)
kanser cancer
kantin canteen
kantor office; **Kantor Listrik** Electricity Board; **Kantor Pos** Post Office
kantuk: **mengantuk** sleepy
kantung pocket; **kantung udara** air bags
kapak axe
kapal ship, boat; **kapal layar** sailboat, sailing ship; **kapal terbang** airplane
kapan when
kapsul capsule
karang: **perkarangan** yard, playground; **karangan** essay
karbon carbon; **karbon dioksida** carbon dioxide
karena because
karet rubber
kartu card
karung sack
kasar rough, coarse; roughly; **garis kasar**

outline
kasus case (legal); **dalam kasus jika** in the case of
kata word; **kata pembuka** opening remarks; **kata penutup (tutup)** closing remarks; **kata-kata** words; **kata-kata pengenalan (kenal)** introductory statement, opening; **kata-kata penutup (tutup)** closing remarks; **kata-kata tujuan** term of address; **katakan** to say; **katakanlah** let's say, let's assume; **mengatakan** to say, state; **dikatakan** to be said; **berkata** to say; **perkataan** word
kategori category
katil bed
Katolik Catholic
kaum group; **kaum muda** youth; **berbilang kaum** multicultural
kawal: **mengawal** to keep watch; to keep guard; to control; **pengawal** guard; **kawalan** guard
kawan friend
kawasan region, area
kawin: **perkawinan** marriage
kaya rich; **kaya raya** very rich, wealthy; **terkaya** richest
kayu wood; **perkayuan** timber, lumber
ke- prefix forming ordinal numbers; **ke-11** eleventh
ke to; **ke hadapan** for, dear
keadaan situation, condition, state
keamanan safety, security
keanggotaan membership
kebahagiaan happiness
kebaikan benefit
kebajikan welfare; **kebajikan am** public welfare
kebakaran fire; to be burnt; **pasukan pemadam kebakaran** firemen
kebangsaan national; **bahasa kebangsaan** national language
kebanyakan majority, most; a majority of
kebebasan freedom
kebenaran reality, actuality
keberhasilan success
kebersihan cleanliness
kebiasaan customary, commonplace
kebiasaannya usually
kebijaksanaan policy
kebolehan ability

kebrutalan brutality
kebudayaan culture, cultural
keburukan drawbacks
kecaman criticism
kecamatan subdistrict
kecanduan addicted
kecanggihan sophistication
kecap soy sauce
kecelakaan accident
kecewa resentment
keciciran dropout
kecil small; **terkecil** smallest
kecocokan compatibility
kecut: **pengecutan** contraction
kedai shop, store; **kedai barang-barang runcit** retail store, shop; **kedai kopi** coffee shop; **kedai gunting rambut** barber shop, hairdresser
kedatangan arrival
kedelapan eighth
kediaman residence
kedokteran medicine; **ilmu kedokteran** medical science
kedoktoran medicine
kedua second, secondary; both; **kedua-dua** both
kedudukan position, state, status
keemasan golden
kegagalan failure
kegemaran hobby
kegemukan being fat, overweight
kegiatan activities; **kegiatan lanun** piracy
kegunaan use
keguruan: **institut keguruan** teacher's college
kehabisan to run out of
kehadiran presence, attendance
kehendak wishes, desires
kehidupan life
kehilangan to lose; the loss of
keindahan beauty
keinginan desire
keistimewaan speciality, special characteristics, particular features of
kejadian occurrence, event
kejahatan crime
kejar: **mengejar** to chase after
kejayaan success
kejut: **mengejut** sudden; **terkejut** surprised
kekal: **mengekalkan** to perpetuate

DAFTAR KATA • Glossary

kekerasan violence
kekhususan specifics
kekotoran dirt
kekuasaan strength, power
kekuatan strength, power, might
kekurangan faults, deficiencies; the lack of
kelak sometime later
kelancaran smooth running
kelanjutan further action, follow-up
kelapa coconut
kelapan eighth
kelas class; ***kelas atasan*** upper class; ***kelas bawahan*** lower class; ***kelas pertengahan*** middle class; ***dikelaskan*** to be classified
kelayakan qualifications
keletihan tiredness
kelezatan taste
kelihatan clear, clearly seen; ***kelihatannya*** it seems to be, appears to be
keliling: ***mengelilingi*** to go around, orbit; ***sekeliling*** around; ***alam sekeliling*** environment
kelip-kelip: ***berkelip-kelip*** to flicker; to blink
keliru wrong, erroneous; ***mengelirukan*** to be confusing
kelola: ***mengelola*** to manage; ***pengelolaan*** management; ***pengelola*** manager
kelompok group, category; ***kelompok kerja*** working group; ***kelompokkan*** to classify; ***dikelompokkan*** to be grouped, classified
keluar to go out; ***keluarkan*** to remove; ***mengeluarkan*** to remove; to produce, dispense; ***dikeluarkan*** to be produced; ***pengeluaran*** production, exports; expenditure, expenses; ***keluaran*** production
keluarga family; ***sekeluarga*** a family
kelucuan humour
keluh: ***mengeluh*** to complain
kelulusan educational qualifications
kelumpuhan paralysis
kelurahan district, village (administered by a ***Lurah***)
kemajuan progress, development
kemalangan accident
kemampuan ability
kemandirian survival, self reliance
kematian death
kembali again, back; to return; ***putar kembali*** to turn back; to turn around; ***kembalikan*** to return something

kembang: ***dikembangkan*** to be developed; ***berkembang*** to develop; ***pengembangan*** development, the development of; ***perkembangan*** the development of; developments
Kemboja Cambodia
kemenangan victory
kemerdekaan independence, freedom
kemerebakan the spread
kemis: ***pengemis*** beggars
kemiskinan poverty
kempen campaign
kempes deflated, flat (a tyre)
kemudahan facilities
kemudi: ***dikemudikan*** to be driven, controlled
kemudian afterward, next, later
kemukakan to present
kemunculan appearance
kemungkinan possibility; ***kemungkinan besar*** there is a good possibility that
kena: ***mengenakan*** to impose; ***mengenai*** about; ***berkenaan*** in question, respective; ***berkenaan dengan*** with regard to; ***terkena*** to be struck, hit, exposed
kenaikan rise
kenal to know, be acquainted with; ***mengenalkan pasti*** to determine; ***dikenal*** to be known, identified; ***dikenali*** to be recognised; to be acknowledged; ***memperkenalkan*** to introduce; ***diperkenalkan*** to be introduced; ***berkenalan*** to meet someone; to get to know one another; ***terkenal*** famous; ***pengenalan*** introductory, introduction; ***kenalan*** acquaintance
kenang: ***mengenang*** to remember, recall
kenapa why
kencan date, partner
kendali: ***mengendali*** to run, oversee
kendara: ***mengendara*** to drive; ***pengendara*** driver; ***kendaraan*** vehicle
kendera: ***kenderaan*** vehicle
kental strong, staunch
kentara clear, distinct
kenyataan statement; truth, reality; evidence
kepada to, into
kepadatan density
kepala head, leader
kepayang: ***mabuk kepayang*** head over heels in love

kepentingan interests; importance
kepercayaan belief
keperluan needs, necessities, requirements
kepulauan islands, archipelago
kepung: *kepungan* encirclement
kepupusan extinction
keputusan decision, outcome, result; position; *mengambil keputusan* to come to a conclusion
kerajaan kingdom, government
kerana because
kerang cockle (typ- shellfish)
kerap frequently, often
keras hard, loud; *minuman keras* alcoholic beverages; *kekerasan* violence; *sekeras mungkin* as loud as possible
keresahan unrest, uneasiness
kereta car, cart; *kereta api* train; *kereta bomba* fire engine; *kereta kuda* horse cart; *lumba kereta* car racing
kering dry
keris sword
kerja to work; *kerja sama* cooperation; *kelompok kerja* working group; *mengerjakan* to work on, carry out; *dipekerjakan* to be employed; *bekerja* to work; *pekerjaan* work, employment; *pekerja* worker; *sekerja* united in work
keropos to collapse
kerosakan damage
kertas paper
kerugian loss
kerusi chair; *pengerusi* chairperson
kes case
kesalahan error, mistake
kesan effect; *mengesan* to track, trace; *dikesan* to be traced, tracked; *berkesan* effective; *secara berkesan* effectively
kesatuan union, unity; *Kesatuan Sekerja* Labour Union
kesedihan sadness
kesehatan health
kesejukan cold
keselamatan safety, security
keselarasan (selaras) consistency
keseluruhan the whole of, totality of; *pada keseluruhannya* on the whole
kesembilan ninth
kesempatan opportunity
kesenangan pleasure, contentment
kesenian arts
kesepakatan agreement
kesibukan business, activity
kesihatan health
kesilapan mistake, error
kesimpulan conclusion, result, decision, deduction, solution; *mengambil kesimpulan* to come to a conclusion
kesohoran fame, renown
kesuburan fertility
kesudahan result, outcome
kesulitan difficulty
kesultanan sultanate
kesusahan difficulty
ketakutan to be afraid
ketat tight, strict; *perketat* to tighten
ketentuan specifics
keterangan information, explanation
ketetapan consistency
ketiadaan the lack of
ketidakadilan (tidak + adil) injustice
ketidaksetujuan (tidak + setuju) opposition
ketiga third; the three; *ketiga-tiga* these three, the three of
ketik to type; *mesin ketik* typewriter
ketika when, during, whenever; *seketika* on the spot, at that moment
ketinggian height
ketua leader, head
keturunan descendant, descent; hereditary
keuangan finances
kewajiban requirement, necessity
kewangan finances
kewartawanan (wartawan) press
keyakinan belief, conviction
Kg kilogram
Khamis Thursday
khas special
khasiat qualities, attributes, properties
khatulistiwa equator
khawatir to be worried; *kekhawatiran* worry, concern
khawin: *perkhawinan* marriage
khianat: *mengkhianati* to betray
khidmat: *perkhidmatan* service; *perkhidmatan awam* public service
khuatir worried
khusus special; specific, specially made; *kekhususan* specifics; *khususnya* in particular, especially

DAFTAR KATA • Glossary

kian increasingly; **se*kian*** in conclusion
kiat way, method
kicap soy sauce
kilang factory
kilogram *(kg)* kilogram
kilometer *(km)* kilometre; **kilometer per segi** *(km²)* square kilometer; **per kilometer** per kilometre; **se*kilometer*** per kilometre, one kilometre; **se*kilometer* per segi** per square kilometre
kini now, currently
kipas fan; **kipas angin** electric fan
kira to think; to predict; **tidak kira** without considering; whether or not; **me*ngira*** to consider; **memper*kira*kan** to foresee; **di*per*kira*kan*** to be predicted; **per*kiraan*** inference, prediction, estimate; **di luar per*kiraan*** beyond expectations; **kira*nya*** they think; **se*kira*nya** in the case of
kira-kira about, approximately
kiri left; **di sebelah kiri** on the left side
kirim: **me*ngirim*** to send; **kirimkan** to send; **me*ngirim*kan** to send out; **di*kirim*kan** to be sent; **pe*ngirim*an** the sending of; **pe*ngirim*** sender
kisah narrative, story
kisar: **ber*kisar* dari** to range from
kita we, us, our (inclusive of the listener)
kitab book; **kitab sejarah** historical records
klasifikasi classification; **di*klasifikasi*kan** to be classified
kloning cloning; **meng*kloning*** to clone
km *(kilometer)* kilometre
km² *(kilometer per segi)* square kilometre
kobar: **ber*kobar*** to flare up
kobis cabbage
kohesi cohesion
kokain cocaine
koki chef
kokpit cockpit
kolej college
komedi comedy
komet comet
komik comic strip
kompak compact
komputer computer
komputerisasi computerised; **non-komputer-isasi** not computerised
komunikasi communication
komunis communist

komunisme communism
komunitas community
kondisi condition, conditions
konflik conflict
konon: **konon*nya*** purportedly, supposedly
konsentrasi concentration; **ber*konsentrasi*** to concentrate; **ter*konsentrasi*** to concentrate
konser concert
konsumen customer
konsumerisme consumerism
konsumsi consumption; **di*konsumsi*** to be consumed
kontrol control
konvensyen convention
koordinasi coordination
kopi coffee
koran newspaper
korban victim; **ter*korban*** killed
korek api matches
koreksi: **me*ngoreksi*** to correct; to make a correction
koronari coronary
korporasi corporation
korporat corporate
kosong vacant, empty
kota city; **kota besar** major city; **ibu kota** capital; **wali kota** mayor; **per*kota*an** urban
kotor dirty; **ke*kotor*an** dirt
Kp *(kampung)* village
kriminalitas criminality
Kristen Christian
Kristian Christian
kritis critical
kronik chronic
kuali wok
kualitas quality; **ber*kualitas*** possessing the quality of
kuasa power, force, might; **kuasa militer** military forces; **jawatan kuasa** commission; **me*nguasai*** to control, dominate; **ber*kuasa*** to be in power; to have power; **ke*kuasaan*** strength, power
kuat strong; **orang kuat** right-hand man; **me*nguat*** to strengthen; **me*nguat*kan** to enforce, maintain; strengthen; **di*per*kuat*** to be strengthened; **ber*kuatan*** to have a strength of; **ke*kuatan*** strength, power, might
kuatir to worry; **ke*kuatir*an** worry, concern

260

kubik cubic
kubis cabbage
kuda horse; ***kereta kuda*** horse cart
kuil Hindu temple
Kuiper see ***Sabuk Kuiper***
kukuh strongly, strongly
kukus to steam; to boil in a small amount of water
kuliah lecture
kulit skin, hide, leather; shell; ***kulit muka*** complexion; ***but kulit*** leather boots; ***tali kulit*** leather ties; ***berkulit hitam*** black-skinned, dark-skinned
kumpul: ***berkumpul*** to gather; ***terkumpul*** to collect, gather; ***kumpulan*** group
kunci key; ***terkunci*** locked; to be locked
kuning yellow, browned
kunjung: ***mengunjungi*** to visit; ***dikunjungi*** to be visited; ***pengunjung*** visitor
kuno old, ancient
kurang less, lacking, short of; to lack; ***kurang dari*** less than; ***kurang lebih*** about, approximately, more or less; ***kurang penting*** minor, insignificant; ***kurang stabil*** unstable, insecure; ***tidak kurang dari*** not less than; ***mengurangkan*** to reduce; ***mengurangi*** to reduce; ***berkurang*** to lessen, decline, decrease, lack; ***berkurangan*** to continue to shrink, decrease; ***kekurangan*** faults, deficiencies; the lack of; ***sekurang-kurangnya*** at least
kurs exchange rate
kursi chair
kursus course; ***kursus pengajian (kaji)*** course of study
kutat: ***berkutat*** to be busy with
kutip: ***dikutip*** to be chosen, selected; ***kutipan*** pick-up; ***kutipan tiket*** ticket sales

l

labuh: ***pelabuhan*** port
ladang fields
lagi still, more, again; ***lagi pula*** furthermore; ***lagi pun*** furthermore
lagu songs
lahan: ***perlahan-lahan*** slowly
lahir to be born; ***dilahirkan*** to be born
lain other; ***lain-lain*** others; different; ***di sebelah lain dari*** on the other side of; ***berlainan*** contrasting, differing; ***selain dari*** besides, in addition to, apart from
laju fast
lajur line, lane
lakon: ***pelakon*** actor
laksana: ***dilaksanakan*** to be implemented; ***pelaksanaan*** implementation
laku to be in demand; ***gerak laku*** movements; ***berlaku*** to happen, occur; ***lakukan*** to do, carry out; ***melakukan*** to carry out; ***dilakukan*** to be carried out; to be done; ***berlaku*** to happen, occur; to be valid; ***berlakunya*** the occurrence of; ***pelaku*** perpetrator; ***selaku*** in the role of, as
lalai lax, negligent
lalu afterward, next, then, later; ago, last; ***lalu lintas*** traffic; ***melalui*** via, through; to go by way of; ***dilalui*** to be traversed, passed; ***berlalu*** to pass (as 'time'); to occur; ***terlalu*** so, too; ***selalu*** always
lama a long time, old; ***lamanya*** the length of time; ***beberapa lama*** for some time; ***selama*** for a particular length of time, during, throughout; as long as
lambai: ***lambaikan*** to wave
lambat late, slow; ***lambat-laun*** sooner or later, eventually; ***terlambat*** late
lampau: ***melampaui*** to go beyond; to overshoot
lampu lamp, light; ***lampu hazard*** hazzard light, warning lights; ***lampu isyarat*** traffic light; ***lampu lalu lintas*** traffic light; ***lampu neon*** neon lights
lancar fluent; smooth, going along well; to launch; ***melancarkan*** to launch something; ***kelancaran*** smooth running
lancong: ***pelancongan*** tourism; ***pelancong*** tourist
landa: ***melanda*** to strike; ***dilanda*** to be struck
landas: ***landasan*** pathway, right-of-way; ***landasan kereta api*** railway line, train line
langgan: ***pelanggan*** customer
langgar: ***melanggar*** to break (laws); ***pelanggaran*** infringement; violation; ***pelanggaran wilayah*** regional incursions
langkah step; ***orak langkah*** to take a step; ***orak langkah seterusnya*** to take the next step

langsung direct, directly; at all; ***se****cara* ***langsung*** directly, straightaway; ***ber-langsung*** to take place
lanjur: *ter****lanjur*** irreversibly
lanjut advanced; *lanjut usia* advanced age, old; *me****lanjut****kan* to continue, extend; *di****lanjut****kan* to be continued, extended; to be followed by; *ke****lanjut****an* further action, follow-up; *ber****ke****lanjutan* sustainable; *se-****lanjut****nya* next, subsequent, subsequently
lanun pirate; *ke****gi****atan lanun* piracy
lapan eight; *ke****lapan*** eighth
lapang: *****lapang****an* field, opening; *****lapang****an pe****kerj****aan* opportunities for employment; *****lapang****an terbang* airport
lapis layer; *****lapis****an* layer
lapor to report; *me****lapor****kan* to report on; *di****lapor****kan* to be reported; *****lapor****an* report
larang: *me****larang*** to forbid; *di****larang*** to be banned, forbidden
laras: *se****laras*** in accordance with, parallel to; *kese****laras****an* consistency
lari: *me****lari****kan* to escape, run off with; *me****lari****kan diri* to escape; *ber****lari****an* to escape, run off; *pe****lari****an* refugee; *se****lari*** parallel; in accordance with
latar belakang background
latih: *****latih****an* exercise, training; *pe****latih****an* training
lauk main dishes; *lauk-pauk* a variety of main dishes, food; *ber****lauk****kan* with a main dish of
laut ocean, sea; *Laut Jepun* Sea of Japan; *****laut****an* ocean, sea; *****Laut****an Pasifik* Pacific Ocean
lawan: *ber****lawan****an* to be in opposition; to be contrary to; *per****lawan****an* contest, match
layak suitable, reasonable; qualified; *tidak layak* unqualified; *ke****layak****an* qualifications; *****layak****nya* just like; as if it were
layan: *layan diri* self-service; *me****layan****i* to service; *****layan****an* service; *pe****layan****an* service, welfare, *pe****layan****an umum* public welfare
layar sail, screen; *kapal layar* sailboat, sailing ship; *ber****layar*** to go sailing; *ber****layar*** *lebar* widescreen
LCD liquid crystal display
lebar wide
lebih more; *lebih baik* better; *lebih dari* greater than; *lebih dulu* ahead, beforehand; *lebih kurang* about, approximately; *ber-****lebih****an* excessive, excessively; *me****lebih****i* to go beyond
lebuh avenue
ledak: *me****ledak****kan* to being about
lekat: *me****lekat*** to be stuck
lelah tired; to tire
lelaki man
lelang tender, auction; *pada lelang* by tender, auction
leleh to melt (wax, lard); to drip; *nasi leleh* rice dish (type); *me****leleh****kan* to calm down, reduce
lemak fat; *lemak tepu* saturated fats
lemas to drown, suffocate; *naik lemas* to end up suffocating
lembab humid, moist; *pe****lembab*** moisturiser
lembaga body, board; *Lembaga Elektrik* Electricity Board
lembap humid, moist
lembar page, sheet; numerical classifier for flat items such as paper, plastic
lembu cow
lengah: *me****lengah****kan* to slow down, hinder, inhibit
lengan arm
lenggang free
lengkap complete; *di****lengkap****kan* to be furnished with; to be equipped; *di****lengkap****i* to be equipped with
lensa lens
lepas last, past; *angkasa lepas* outer space; *me****lepas****i* to go beyond; to slip through; *me****lepas****kan* to set free; to set off; to fire (dismiss from work); *di****lepas****kan* to be fired; *se****lepas*** after; *se****lepas*** *itu* after that
lesap to disappear; *me****lesap*** to disappear
leset: *me****leset*** to decline
lestari sustainable
letak to put, place; *me****letak****kan* to put, place; *ter****letak*** is located, to be placed; *****letak****nya* location
letih tired; *ke****letih****an* tiredness
letus: *me****letus*** to explode; *****letus****an* eruption
lewat via, through; *me****lewat****i* via, through; to go by way of; *di****lewat****i* to be traversed, passed
lezat: delicious; *ke****lezat****an* taste
liar wild (animals); *hidupan liar* wildlife

DAFTAR KATA • Glossary

Libanon Lebanon
libat: *me<u>libat</u>kan* to involve; *ter<u>libat</u>* to be involved; *ke<u>libat</u>* involvement
Libia Lybia
libur: *<u>libur</u>an* holiday
lidah tongue, tastes
lihat: *me<u>lihat</u>* to look at, watch; watching; *memper<u>lihat</u>kan* to show; *di<u>lihat</u>* to be seen; *ter<u>lihat</u>* to be seen; *ke<u>lihat</u>an* clear, clearly seen; *ke<u>lihat</u>annya* it seems to be, appears to be
lima five; *ke<u>lima</u>* the five, all five
lincah agile
lindung: *me<u>lindung</u>i* to protect; *me<u>lindung</u>i diri* to protect oneself; *per<u>lindung</u>an* protection
lingkung: *<u>lingkung</u>an* surroundings
lingkup scope, range
lintas: *me<u>lintas</u>* to cross (a road, river)
lipstik lipstick
lisan oral; *bahasa lisan* spoken language
listrik electricity; *Kantor Listrik* Electricity Board
loceng bell
logam mineral, metal
logik logic; *se<u>cara</u> logik* logical
logika logic; *se<u>cara</u> logika* logical
logistik logistics
logo logo
lokasi location; *ber<u>lokasi</u>* to be located
lombong: *me<u>lombong</u>* to mine
londar path (as of something in orbit)
longgar loose; shaky
lori truck
lorong lane
lotere lottery
loteri lottery
luang: *<u>luang</u>kan* to make time for; to set aside time to
luap: *me<u>luap</u>* to overflow
luar: *luar negeri* overseas, international; *angkasa luar* outer space; *bagian luar* exterior; *bahagian luar* exterior; *di luar* outside, beyond; *di luar sana* out there; *negeri luar* overseas; *ke<u>luar</u>an* production
luas wide; *me<u>luas</u>* to spread, widespread; *memper<u>luas</u>* to widen; *per<u>luas</u>an* expansion
Lubnan Lebanon
lucu funny; *ke<u>lucu</u>an* humour
luka wound
lukis: *seni lukis* art; *di<u>lukis</u>kan* to be illustrated, described; *pe<u>lukis</u>* artist
lulus: to pass; *<u>lulus</u>an* a graduate; *ke<u>lulus</u>an* educational qualifications
lumay: *<u>lumay</u>an* moderate, middle, modest, average
lumba race; *lumba kereta* car racing; *lumba motorsikal* motorcycle racing; *per<u>lumba</u>an* race; *per<u>lumba</u>an kuda* horse race
lumpuh paralysed; *ke<u>lumpuh</u>an* paralysis
lumpur mud
lumur: *ber<u>lumur</u>an* to be covered with
luncur: *me<u>luncur</u>kan* to launch; *pe<u>luncur</u>* launcher
lupa to forget; *di<u>lupa</u>kan* to be abandoned; to be forgotten about
Lurah head, leader; *ke<u>lurah</u>an* district, village (administered by a *Lurah*)
luru: *pe<u>luru</u>* bullet
lurus straight

m

MA (Mahkamah Agung) Supreme Court
mabuk drunk; *mabuk kepayang* head over heels in love
macam type, kind; like; *se<u>macam</u>* a type, kind of
mahal expensive
maha<u>siswa</u> university student
Mahkamah Agung (MA) Supreme Court
mahu to want; would like; *baik ... mahupun* both ... and; *<u>mahu</u>pun* as well as
main to play; *main potret* to take photographs; *ber<u>main</u>* to play; *per<u>main</u>an* game; *<u>main</u>an* toys
majalah journal, magazine
majelis council, tribunal; *majelis hakim* judges tribunal
majlis council; *Majlis Ke<u>satu</u>an Pe<u>kerja</u>* Worker's Union Council
maju: *me<u>maju</u>kan* to advance something; *ke<u>maju</u>an* progress, development
maka then; so, consequently
makalah article
makan to eat; *makan pagi* to eat breakfast; *di<u>makan</u>* to be eaten; *<u>makan</u>an* food; *<u>makan</u>an cepat saji* fast food, junk food;

DAFTAR KATA • *Glossary*

*m*a*kanan remeh* junk food
makhluk creature
makin to increase; *sem*a*kin* to become more and more; increasingly
maklumat information
makna meaning, purpose; *berm*a*kna* to mean
maksimal maximum, at your limit
maksud meaning, intention, implication; *maksudkan* to mean, intend, imply; *dimaksudkan* to be meant, intended, implied
maktab college; *maktab perguruan* teacher's college
malam evening, night
malang unfortunate; *malangnya* unfortunately; *kem*a*langan* accident
mampan sustainable
mampu to be capable of; *kem*a*mpuan* ability
mana where; *mana ada* where can one find; who ever heard of; *dari mana* from where, from which; *di mana* where; *di dalam mana* in which; *ke mana* to where; to which; *yang mana* which; *mana-mana* any
manajemen management
manakala whereas; but
mandiri: *kem*a*ndirian* survival, self reliance
manfaat: *dim*a*nfaatkan* to be made use of; *permanfaatan* the use of
mangsa victim
manik bead
manis sweet; attractive, nicely done; *asam manis* sweet and sour
mantan the former
mantap steady, solid
manusia human; *tenaga manusia* human workforce
maneuver manoeuvre
mari let; *mari saya* let me
Marikh Mars
marjinal marginal
markah grade
markas headquarters
Mars Mars
masa when, during, time; *masa akan datang* future; *masa depan* the future; *masa hadapan* the future; *masa ini* at the present time; *masa mendatang* the future, the coming; *masa lalu* the past; *pada masa yang sama* at the same; *sem*a*sa* when, during, current; *sem*a*sa itu* at the same time as, during that time
masak to cook; *mem*a*sak* to cook; *dim*a*sak* to be cooked; *m*a*sakan* cooking, foods
masalah problem; *masalah jantung* heart problems
masih still
masing-masing each, respective; respectively
masjid mosque
massa mass, masses; *media massa* mass media
masuk to enter; to go in, come in; *m*a*sukkan* to put something inside; *dim*a*suki* to be entered by; *term*a*suk* including, includes; to be included; *pem*a*sukan* income
masyarakat society; the people
mata eye; blade, barb, head (as of an arrow); *mata pelajaran* school subject, course of study; *mata uang* currency; *mata wang* currency
matahari sun
matematika mathematics
mati dead; to die; *bulan mati* new moon; *matinya* death; *kem*a*tian* death
mau to want; would like; *baik ... maupun* both ... and; *maupun* as well as
maut dead
mayat body, corpse
mayoritas majority
medan court, plaza; field; *medan selera* food court
media media; *media massa* mass media
meja table, desk; *meja tulis* desk
megah great, famous, renowned
mekanikal mechanical
mekanisme mechanism, means
mekap makeup
Meksiko Mexico
mel mail
*mel*a*kukan* to carry out
*mel*a*lui* via, through; to go by way of
*mel*a*mpaui* to go beyond; to overshoot
*mel*a*ncarkan* to launch something
*mel*a*nda* to strike
*mel*a*nggar* to break (laws)
*mel*a*njutkan* to continue, extend
*mel*a*porkan* to report on
*mel*a*rang* to forbid
*mel*a*rikan* to run off with; *mel*a*rikan diri* to escape
*mel*a*yani* to service

Melayu Malay
m*elebihi* to go beyond
m*eledakkan* to being about
m*elekat* to be stuck
m*elelehkan* to calm down; to reduce
m*elengahkan* to slow down, hinder, inhibit
m*elepasi* to go beyond; to slip through
m*elepaskan* to set free; to set off; to fire (dismiss from work)
m*elesap* to disappear
m*eleset* to decline
m*eletus* to explode, erupt
m*elewati* via, through; to go by way of
m*elibatkan* to involve
m*elihat* to look at, watch; watching
m*elindungi* to protect; m*elindungi diri* to protect oneself
m*elintas* to cross (a road, river)
m*elombong* to mine
m*eluap* to overflow
m*eluas* to spread; widespread
m*eluncurkan* to launch
m*emadai (pada)* to be sufficient
m*emahami (paham)* to understand
m*emajukan* to advance something
m*emakai (pakai)* to wear, use
m*emaksa (paksa)* to force
m*emaksakan (paksa)* to force; to impose something (on someone else)
m*emandangkan (pandang)* to consider, view
m*emandu (pandu)* to drive
m*emang* indeed
m*emanjang (panjang)* to be elongated
m*emantau (pantau)* to monitor
m*emasak* to cook
m*emasarkan (pasar)* to market
m*emastikan (pasti)* to determine
m*emasuki (pasuk)* to enter
m*embaca* to read
m*embahaskan* to argue
m*embahayakan* to endanger
m*embaik* to get better
m*embakar* to burn
m*embalak kayu* timber processing; *perusahaan* m*embalak kayu* timber processing industry, lumber industry
m*embandingkan* to compare
m*embangkitkan* to generate (electricity)
m*embangun* to develop; *negara yang* m*embangun* developing countries

m*embantu* to help
m*embatalkan* to cancel
m*embatasi* to limit
m*embawa* to carry, bring, take; to cause; m*embawa kereta* to drive
m*embawakan* to perform
m*embedakan* to distinguish, differentiate
m*embeli* to buy
m*emberantas* to round up, capture
m*emberhentikan* to put a stop to; to make redundant, lay off
m*emberi* to give
m*emberikan* to give
m*emberkas* to round up, capture
m*emberontak* to revolt
m*embersihkan* to clean
m*embetulkan* to correct
m*embicarakan* to discuss
m*embinasakan* to destroy; destructive
m*embincangkan* to discuss
m*embingungkan* to be confusing
m*embolehkan* to enable
m*embongkar* to force open
m*embuahkan* to bear fruit; to produce a result
m*embuat* to make
m*embuka* to open
m*embuktikan* to prove, substantiate; to demonstrate
m*embungkam* to gag, silence
m*embunuh* to kill
m*embutuhkan* to require, need
m*emecahkan (pecah)* to solve, analyse
m*emegang (pegang)* to hold
m*emendam (pendam)* to hide (one's feelings)
m*emenuhi (penuh)* to fulfil
m*emeriksa (periksa)* to examine, check
m*emerlukan (perlu)* to need, require
m*emesan (pesan)* to order
m*emetik (petik)* to strum, play
m*emilah (pilah)* to divide
m*emilih (pilih)* to choose
m*emiliki* to own, possess; to have
m*emimpin (pimpin)* to lead
m*emindahkan (pindah)* to transfer, move
m*eminimumkan* to minimise
m*eminta* to request, ask for; m*eminta perhatian* to bring to one's attention
m*emotong (potong)* to intersect with; to cut across; to cut

DAFTAR KATA • Glossary

*mem**p**amerkan* to put on display; to exhibit
*mem**p**engaruhi* to influence
*memper**b**aiki* to improve
*memper**b**arui* to renew
*memper**c**ayai* to believe it
*memper**g**unakan* to use
*memper**h**atikan* to observe
*memper**k**enalkan* to introduce
*memper**k**irakan* to foresee
*memper**l**ihatkan* to show
*memper**l**uas* to widen
*mem**p**er**s**alahkan* to fault, blame
*mem**p**roklamasikan* to proclaim
*mem**p**unyai* to have, possess
memuaskan (puas) satisfying
memudahkan to facilitate
memukul (pukul) to hit out at
memulihkan (pulih) to restore
memungkinkan to make it possible that; to give rise to the possibility that
memutuskan (putus) to conclude; to decide
*men**a**fsirkan (tafsir)* to interpret
*men**a**han (tahan)* to control, restrain; *men**a**han diri* to control oneself
*men**a**iki* to ride on
*men**a**ja (taja)* to sponsor
*men**a**mbah (tambah)* to increase; to add
*men**a**mbahkan (tambah)* to add to
*men**a**mbang (tambang)* to mine
*men**a**mpan (tampan)* to obstruct, interfere with
*men**a**mpung (tampung)* to patch; to cover
*men**a**nam (tanam)* to plant; to instill
*men**a**namkan (tanam)* to plant; instill
*men**a**nduk (tanduk)* to head (a ball, as in soccer)
*men**a**ng*: *kemenangan* victory
*men**a**ngani (tangan)* to handle; to be in charge of
*men**a**ngkapi (tangkap)* to capture
*men**a**ngkis (tangkis)* to ward off
*men**a**ra* tower
*men**a**rik (tarik)* to pull; attractive; *men**a**rik kembali* to withdraw; *men**a**rik perhatian* to intrigue, interest
*men**a**ruh (taruh)* to place
*men**a**sehatkan* to advise
*men**a**sihatkan* to advise
*men**a**warkan (tawar)* to offer
*men**c**adangkan* to propose

*men**c**akup* to encompass, include
*men**c**apai* to achieve, reach
*men**c**ari* to look for; *men**c**ari tahu* to find out
*men**c**atat* to record
*men**c**ecah* to touch, reach
*men**c**egah* to prevent
*men**c**eritakan* to tell, narrate
*men**c**etuskan* to bring about; to cause a flare-up of
*men**c**icipi* to taste, experience
*men**c**ipta* to produce, create
*men**c**olek* to lightly touch; to tap
*men**c**orong* to be brilliant
*men**c**uci* to clean
*men**d**aftarkan* to register, enrol
*men**d**akwa* to contend, claim, charge
*men**d**apat* to achieve, obtain; to have
*men**d**apatkan* to obtain, receive, get
*men**d**arat* to land
*men**d**atang* to be upcoming, forthcoming; *masa men**d**atang* the future; *waktu men**d**atang* the future
*men**d**atangkan* to cause, bring about
*men**d**engarkan* to listen to
*men**d**esak* to urge
*men**d**esakkan* to demand
*men**d**irikan* to build
*men**d**orong* to influence
*men**d**uduki* to sit for
*men**d**ukung* to support
*men**e**bang (tebang)* to fell trees
*men**e**gakkan (tegak)* to maintain
*men**e**kankan (tekan)* to stress, emphasise
*men**e**lahkan (telah)* to predict
*men**e**liti (teliti)* to examine
*men**e**mbak (tembak)* to shoot
*men**e**mbusi (tembus)* to pierce, piercing; to break through
*men**e**mpatkan (tempat)* to place
*men**e**mukan (temu)* to discover
*men**e**ndang (tendang)* to kick with the toe
*men**e**ngah (tengah)* middle; *men**e**ngah bawah* lower middle
*men**e**ntang (tentang)* to oppose
*men**e**ntukan (tentu)* to determine; to ensure
*men**e**pati (tepat)* to fulfill, keep; *men**e**pati janji* to keep a promise
*men**e**puk (tepuk)* to slap
*men**e**rbitkan (terbit)* to issue
*men**e**rima (terima)* to receive

menerjang (terjang) to strike
menerusi (terus) via, through; to go by way of
menewaskan (tewas) to get the better of, overcome
mengadakan to hold (as a meeting); to organise
mengadukan to complain about
mengagumkan (kagum) to astonish; astonishing
mengajar to teach
mengajarkan to teach something to
mengajukan to plead
mengakibatkan to cause, result in
mengalahkan (kalah) to defeat
mengalami to experience
mengalir to flow
mengamalkan to follow (as a particular course of action); to put into practice
mengamankan to hold in custody
mengambil to take; *mengambil alih* to take over; *mengambil bahagian* to take part; *mengambil berat* to take seriously; *mengambil keputusan* to come to a conclusion; *mengambil kesimpulan* to come to a conclusion; *mengambil tindakan* to take action
mengancam to threaten
mengandung (kandung) to contain
mengandungi (kandung) to contain
menganggap to presume, consider
mengangkut to carry
menganjurkan to propose
mengantisipasi to anticipate
mengantuk (kantuk) sleepy
mengapa why
mengarah to head in the direction of; to head towards
mengarahkan to aim, point
mengasuh to care for, nurse
mengatakan (kata) to say, state
mengatur to arrange
mengawal (kawal) to keep watch, guard; to control
mengawasi to supervise, oversee
mengedar to distribute
mengejar (kejar) to chase after
mengejut (kejut) sudden
mengekalkan (kekal) to perpetuate
mengelakkan to avoid; to protect one from

mengelilingi (keliling) to go around, orbit
mengelirukan (keliru) to be confusing
mengelola (kelola) to manage
mengeluarkan (keluar) to remove; to produce, dispense
mengeluh (keluh) to complain
mengemukakan (kemuka) to present
mengenai (kena) about
mengenakan (kena) to impose
mengenalpasti (kenal + pasti) to determine
mengenang (kenang) to remember, recall
mengendali (kendali) to run, oversee
mengendarai (kendara) to drive
mengenyahkan to drive off; to beat back
mengerikan to be frightening, terrible
mengerjakan (kerja) to work on, carry out
mengesahkan to confirm, affirm
mengesan (kesan) to track, trace
mengesyorkan to suggest
mengetahui to find out
mengetuai (ketua) to head, lead
menggairahkan to become more passionate
menggalakkan to encourage, urge
menggalas to carry on the shoulder
mengganggu to disturb, bother, annoy
mengganti to replace
menggantikan to replace
menggantungkan to depend upon
menggatal to be eager for sex; to be horny
menggegarkan to shake
menggelengkan kepala to shake the head
menggenangi to inundate, flood
menggolongkan to group
menggubah to devise; to come up with
menggubris to pay attention to
menggulingkan to overthrow
menggunakan to use
menghabiskan to complete, finish
menghadapi to face
menghadiri to attend, be present at
menghadkan to limit
menghalang to obstruct, prevent
menghancurkan to destroy; destructive
menghantar to send
menghapuskan to get rid of; to completely remove
mengharuskan to require, compel
menghasilkan to produce, deliver
menghentikan to stop; to make redundant, lay off

DAFTAR KATA • *Glossary*

menghidupkan to bring to life
menghilang to disappear
menghilangkan to remove; *menghilangkan diri* to lose oneself; to disappear
menghubungi to contact
mengikhtirafkan to proclaim
mengikut to follow; according to; *mengikut dari* to follow on from
mengikuti to follow; to take; according to
mengingat to consider, remember
menginterupsi to interrupt; to cut in
mengira (kira) to consider
mengirim (kirim) to send
mengirimkan (kirim) to send out
mengisolasi diri to isolate oneself
mengizinkan to permit
mengkaji to research
mengkhianati to betray
mengkloning to clone
mengoreksi (koreksi) to correct; to make a correction
menguasai (kuasa) to control, dominate
menguat (kuat) to strengthen
menguatkan (kuat) to enforce, maintain; to strengthen
mengubah to change, alter
mengugut to intimidate, threaten
menguji to test
mengumbar to give free rein to; to unleash
mengumpan to pass (a ball to someone who later scores)
mengundurkan to withdraw
mengungkapkan to reveal
mengungsi to take refuge
mengunjungi (kunjung) to visit
menguntungkan to be profitable
mengurangi to reduce
mengurangkan (kurang) to reduce
mengurus to manage
mengusulkan to propose
menikah to be married
menikmati to enjoy
menikung (tikung) to turn, turning
menilai to evaluate, assess
menindas (tindas) to crush, stamp out
meninggal (tinggal) to die
meninggalkan (tinggal) to leave behind
meningkat (tingkat) to rise, increase
meningkatkan (tingkat) to increase
menit minute

menjadi to become; to be
menjadikan to make; to bring into existence
menjaga to watch over, protect; to care for;
menjalankan to run something; to carry out
menjamin to guarantee
menjana to generate (electricity)
menjaringkan to net; to score (in soccer)
menjawab to answer
menjejaskan to adversely affect
menjelang toward, about
menjerit to shout
menjual to sell
menolak (tolak) to refuse
menonton (tonton) to watch (TV, a film)
mensifatkan to characterise
mentah raw; *bahan mentah* raw materials
menteri minister; **Menteri Besar** Chief Minister
menterjemah to translate
mentimun cucumber
menu menu; dish or item on a menu
menubuhkan (tubuh) to establish, set up
menuduh (tuduh) to charge
menuju (tuju) to head toward
menukar (tukar) to change (as a tyre)
menulis (tulis) to write
menunaikan (tunai) to fulfil, carry out
menunggu (tunggu) to wait
menunjukkan (tunjuk) to point out, show, indicate
menurunkan (turun) to lower, reduce
menurut (turut) according to
menuruti (turut) to follow
menyadari (sadar) to be aware of
menyaingi (saing) to complete with
menyajikan (saji) to serve; to offer, serve up
menyakitkan (sakit) to cause hurt; to be painful
menyaksikan (saksi) to witness, see, watch
menyala to light up
menyambungkan (sambung) to continue, extend
menyampaikan (sampai) to present
menyangka (sangka) to suppose
menyanyi to sing
menyapu (sapu) to spread, apply
menyarankan (saran) to suggest
menyatakan to state
menyatukan (satu) to unite
menyebabkan (sebab) to cause

me**ny**eberang *(seberang)* to cross (a river, street)
me**ny**ebutkan *(sebut)* to mention
me**ny**edari *(sedar)* to realise; to be aware of
me**ny**edarkan *(sedar)* to make someone aware, conscious of
me**ny**edihkan *(sedih)* to be saddening
me**ny**egarkan *(segar)* to freshen
me**ny**ehatkan *(sehat)* healthful
me**ny**ekat *(sekat)* to bar
me**ny**elamatkan *(selamat)* to save, rescue
me**ny**elesaikan *(selesai)* to complete, finish, resolve, solve, settle
me**ny**elidiki *(selidik)* to investigate
me**ny**eluruh *(seluruh)* complete, comprehensive; se*cara* me**ny**eluruh overall, on the whole
me**ny**emak *(semak)* to check
me**ny**empurnakan *(sempurna)* to make good on; to take advantage of; to capitalise on
me**ny**enangkan *(senang)* to be gratifying, pleasing; *kurang* me**ny**enangkan unsettling, upsetting
me**ny**entuh *(sentuh)* to touch on
me**ny**erang *(serang)* to attack
me**ny**erbu *(serbu)* to attack, invade; to force one's way
me**ny**erikan to brighten
me**ny**ertai *(serta)* to join
me**ny**erupai *(serupa)* to resemble, bear a resemblance to
me**ny**esuaikan *(sesuai)* to adjust
me**ny**ewa *(sewa)* to rent
me**ny**iapkan *(siap)* to prepare
me**ny**ilangkan *(silang)* to cross
me**ny**impulkan *(simpul)* to conclude, deduce
me**ny**ingkirkan *(singkir)* to sweep aside, push aside; to sideline, exclude
me**ny**uarakan *(suara)* to voice, speak up about; to express
me**ny**ukarkan *(sukar)* to make it difficult to
me**ny**untik *(suntik)* to inject
me**ny**usun *(susun)* to sequence
me**r**agui to be suspicious of; to throw doubt on
me**r**agut to destroy
me**r**ah red
me**r**amalkan to predict, foresee, forecast, foretell
me**r**ancangkan to plan

me**r**angkumi to encompass, comprise
me**r**asa to feel; although feeling
me**r**ata all over; me**r**ata *tempat* everywhere
me**r**atapi to dwell on; to lament
me**r**ayu to appeal, request, plead
me**r**ba**h**a**y**a dangerous
me**r**deka: ke**m**e**r**dekaan independence, freedom
me**r**ebak to spread; ke**m**e**r**ebakan the spread
me**r**eka they, their
me**r**eka to devise, invent
me**r**encanakan to plan
me**r**esap to penetrate
me**r**iah lively
Me**r**kurius Mercury
me**r**okok to smoke; smoking
me**r**ombak to change the composition of
me**r**osot to slip, decline
me**r**ugikan to be unprofitable; to disadvantage
me**r**upakan to be; is, are, was, were
me**r**usak to damage
me**r**usakkan to damage
mesej message
mesin engine; machine; *mesin ketik* typewriter; *mesin layan diri* self-service dispensers; *mesin taip* typewriter
Mesir Egypt
mesjid mosque
meski even though, although; **meskipun** although, even though; **meskipun demikian** nevertheless, still, however, even so
mesti to have to be; should be, must
mesyuarat meeting
meter metre
meteorologi meteorology
metode method, way, manner
mewah luxurious
milik: me**m**i**l**iki to own, possess; to have; *dimiliki* to be owned; pe**m**i**l**ik owner
militer military; *kuasa militer* military force
milyar billion
minat interest; se*barang minat* any interest; pe**m**i**n**at those interested
minggu week; se**m**i**ng**gu a week; se**m**i**ng**gu *sekali* once a week; be**rm**i**ng**gu-**m**i**ng**gu for weeks
minimal minimal
minimum minimum; me**m**i**n**imumkan to minimise

DAFTAR KATA • *Glossary*

minit minute
minoritas minority
minta to request; *minta maaf* to ask for forgiveness; to say you are sorry; *meminta* to request, ask for; *mintakan* to demand; *diminta* to be requested; *dimintai* to be requested from; *permintaan* demand
minum to drink; *minuman* drinks; *minuman keras* alcoholic beverages
minyak oil, petrol; *minyak sapi* ghee
miokarditis myocarditis
mirip like, similar to
misal: *misalnya* for example, for instance; *misalan* example, instance
miskin poor; *kemiskinan* poverty
misterius mysterious
MMS Multimedia Messaging Service
mobil car; *mobil pemadam (padam) kebakaran* fire engine
modal capital
mode fashion
moden modern
modern modern
mogok strike; *pemogokan* strikes
mohon: *permohonan* request, appeal, petition
motivasi motivation
motor motor; *sepeda motor* motorcycle
motorsikal motorcycle; *lumba motorsikal* motorcycle racing
muda young; *kaum muda* youth; *pemuda* youth
mudah easy, easily; *lebih mudah* easier, more expedient; *memudahkan* to facilitate; *dipermudahkan* to be oversimplified; *kemudahan* facilities
mudi: *pemudi* young man
muka face; surface; *muka surat* page; *kulit muka* complexion; *kemukakan* to present; *mengemukakan* to present; *terkemuka* famous; *permukaan* surface
mula the beginning, start; *mula-mula* firstly, to begin with; *mulai* to begin; *dimulakan* to be begun; *bermula* to begin; *permulaan* beginning; *pada mulanya* firstly; to begin with; *semula* again; *semula jadi* from the very beginning; original, primal
mulut mouth, opening
muncul to appear, emerge; *kemunculan* appearance

mundur to retreat
mungkin possibly, probably, might; *memungkinkan* to make it possible that; to give rise to the possibility that; *kemungkinan* possibility; *kemungkinan besar* there is a good possibility that
muntah to vomit
murah cheap
museum museum
musik music; *ahli musik* musician; *pemusik* musician
musim season
musnah destroyed; *dimusnahkan* to be destroyed
mustahak important
mustahil impossible; *bukan mustahil* it is not impossible that
mutlak absolute, unconditional; *secara mutlak* absolutely, unconditionally
mutu quality; *bermutu* to be of high quality
muzik music; *ahli muzik* musician
muzium museum

n

nafas breath; *bernafas* to breathe
naib vice; *naib cancelor* vice chancellor; *naib presiden* vice president; *naib presiden kanan* senior vice president
naik to get on, climb up; *naik lemas* to end up suffocating; *naik pangkat* promotion; *menaiki* to ride on; *dinaikkan* to be raised up; to be put up; *kenaikan* rise
nak like; to intend to; *baru nak* to be about to become
nama name; *atas nama* on behalf of; *ternama* famous, well-known
nampak to see; *nampaknya* to appear to be, seem to be
namun nevertheless
nanti later
nasehat advice; *menasehatkan* to advise
nasi rice; *nasi leleh* rice dish (type)
nasib fate, future; *mencuba nasib* to try one's luck
nasihat advice; *menasihatkan* to advise
nasional national, domestic
nasionalisme nationalism
NATO North Atlantic Treaty Organisation

negara country, state; national; *negara bagian* state; *negara yang membangun* developing countries; *ibu negara* capital

negatif negative

negeri state, country; national; *ibu negeri* capital; *luar negeri* overseas, international

nelayan fishermen

neon neon

Neptunus Neptune

ngeri terrible, frightening; *mengerikan* to be frightening, terrible

ni this

niaga: *berniaga* to trade; to engage in business; *perniagaan* business, trade; *ahli perniagaan* business person; *peniaga* business person, merchant, trader

nikah: *menikah* to be married

nikmat enjoyable; *menikmati* to enjoy

nilai grade, value; *menilai* to evaluate assess; *penilaian* assessment

nirkabel wireless

nombor number

nongkrong (tongkrong) to hang around

non-komputerisasi not computerised

normal normal; *tidak normal* abnormal

Norwegia Norway

novel novel

nuansa nuance

nuklear nuclear

nuklir nuclear

nyala: *menyala* to light up

nyanyi: *menyanyi* to sing; *penyanyi* singer

nyata: *nyatakan* to state; *menyatakan* to state; *dinyatakan* to be mentioned, stated; *ternyata* clearly, obviously; *pernyataan* statement; *kenyataan* statement; truth, reality; evidence

nyawa life; *bernyawa* to live

o

obat medicine; *obat oles* lotion; *pengobatan* medical; *obat-obatan* medicines

objek object

Ogos August

olah: *diolah* to be prepared

olah raga sports

oleh by; *oleh karena* because of, owing to; *oleh kerana* because of, owing to; *oleh itu* due to this

oleh: *diperoleh* to be obtained

oles to spread, smear; *obat oles* lotion

olimpiade Olympics

olimpik Olympics

ongkos expense, outlay

operasi operation

oposisi opposition

orang people, person; *Orang Asli* Aboriginals; *orang banyak* the general public; *orang kuat* right-hand man; *orang putih* white people; *orang ramai* the general public; *orang tengah* middleman; *orang tua* parents; *seorang* a; numerical classifier for people; *tidak seorang pun* no one at all; *seseorang* a person

orbit orbit

organisasi organisation; *Organisasi Non Pemerintah* Non-Government Organisation (NGO)

otak brain

otomatis automatic; *secara otomatis* automatically

otonomi autonomy; *otonomi sendiri* individual autonomy

otot muscle

ozon ozone

p

pabrik factory

pacu: *pacuan* race; *pacuan kuda* horse race; *pemacu* a spur, incentive

pada in, at, during; *pada akhir* at the end of; *pada awal* at the beginning of; *pada awalnya* firstly, to begin with; *pada dasarnya* basically, essentially; *pada jarak* at a distance of; *pada masa yang sama* at the same time; *pada mulanya* firstly, to begin with; *pada penghabisan* at the end of; *pada permulaan* at the beginning of; *pada pertengahan* in the middle of; *pada saya* as far as I'm concerned; *pada umumnya* in general, generally speaking; *pada waktu yang sama* at the same time

pada: *memadai* to be sufficient

padam: *mobil pemadam kebakaran* fire engine; *pasukan pemadam kebakaran* firemen; *terpadam* to be put out; to turn off

DAFTAR KATA • Glossary

padan: *padanan* set, pair
padat: *kepadatan* density
padu: *dipadu* to be combined with; *bersatu padu* to unite
pagi morning
paham to understand; *berselisih paham* to have a misunderstanding; *perselisihan paham* misunderstanding; *memahami* to understand
pajak tax; *pajak pendapatan* income tax
Pak *(Bapak)* Mr.
pakai to use, wear; *memakai* to use; to wear; *pemakai* user; *pakaian* clothes; *pakaian seragam* uniform
paket package
paksa: *memaksa* to force; *memaksakan* to force; to impose something (on someone else); *dipaksa* to be forced; *dipaksakan* to be forced; *terpaksa* to have to; must be
paling most; *paling baik* best
pamer: *mempamerkan* to put on display; to exhibit
panah bow; *anak panah* arrow
panas hot; *demam panas* high fever; *pemanasan* the heating of; *pemanasan dunia* global warming
pandang view; to view, observe; *dari sudut pandang* from the viewpoint of; *memandang* to consider, view; *dipandang* to be seen, viewed; *pandangan* view, observation; *dari sudut pandangan* from the viewpoint of; *dari pokok pandangan* from the viewpoint of; *perbedaan pandangan* differing views
pandu: *memandu* to drive; *pemandu* driver; *panduan* guide, guidance
panel panel; *panel kontrol* control panel
panen: *dipanen* to be harvested
panggang to grill
panggil: *dipanggil* to be called; *panggilan* call
panggung theatre; *panggung wayang* movie theatre, cinema
pangkal: *pangkalan* base
pangkat rank, level, status, position; *naik pangkat* promotion
pangsa segment; *rumah pangsa* flat, apartment block
panjang length; *memanjang* to be elongated; *berkepanjangan* lengthy, extended; *panjangnya* the length of; whose length is; *sepanjang* a length of; along; *di sepanjang* throughout
pantai beach, coast; *garis pantai* coastline
pantas should; *sepantasnya* should
pantau: *memantau* to monitor; *dipantau* to be monitored
pantul: *terpantul* to rebound, bounce off
papan sign, wood; *papan lapis* plywood; *papan tanda* signs; *dipapankan* to be made available on signs
papar to explain, relate
para collective plural; *para astronom* astronomers; *para pemimpin (pimpin)* leaders; *para ilmuan* scientists
parade parade
paragraf paragraph
parah serious
paralitik paralytic; *pra-paralitik* pre-paralytic
parang machete, bolo
paras surface; level; *paras laut* surface of the water
pariwisata tourism
partai party (political); *partai oposisi* opposition party
parti party; *parti pembangkang* opposition party
pasang: *dipasangkan* to be installed
pasang pair; *pasangan* pair, partner
pasang to rise; high (the tide)
pasar market; *memasarkan* to market; *dipasarkan* to be marketed; *pemasaran* marketing; *pasaran* market; *pasaran antara bangsa* international markets
pasien patient
pasif passive
pasir sand
paspor passport
pasport passport
pasti certain, definite, sure; *ilmu pasti* mathematics; *ilmu pasti alam* mathematical physics; *pastikan* to be sure of; to make sure; *memastikan* to determine; to ensure; *dipastikan* to be sure of; to be certain to
pasuk: *memasuki* to enter; *pasukan* troops, force; team; *Pasukan Kawalan Kampung* Home Guard; *pasukan bomba* firemen; *pasukan pemadam kebakaran* firemen;

pasukan pemberontak revolutionary forces; ***pemasukan*** income

patah a; numerical classifier for words; to break (stiff objects); ***patah balik*** to turn back; to turn around

patut must be, should be; ***patutlah*** should be; ***patutnya*** should be

paus: ***ikan paus*** whale

pawagam (panggung wayang gambar) movie theatre, cinema

payah difficult, troublesome; ***jerih payah*** efforts

payung umbrella

PBB (Perserikatan Bangsa-Bangsa) UN (United Nations)

pecah to break up, split up; to break out; ***memecahkan*** to solve, analyse

pedagang tracers, merchants

pedal pedal

pedesaan rural areas, villages

pegang to hold; ***pemegang*** holder; ***pemegang saham*** shareholder

pegawai officer

pegunungan mountains

pejabat office; ***Pejabat Pos*** Post Office

peka sensitivity

pekerja worker

pekerjaan work, employment; ***lapangan pekerjaan*** opportunities for employment

pelabuhan port

pelajaran studies, lessons

pelakon actor

pelaksanaan implementation

pelaku perpetrator

pelancong tourist

pelancongan tourism

pelanggan customer

pelanggaran infringement; violation; ***pelanggaran wilayah*** regional incursions

pelarian refugee

pelatihan training

pelayanan service, welfare; ***pelayanan umum*** public welfare

pelbagai various

pelembab moisturiser

pelihara: ***dipelihara*** to be cared for

pelopor pioneer, explorer

peluang opportunity; chance

peluh: ***berpeluh*** to sweat, sweating

pelukis artist

peluncur launcher; ***pesawat peluncur*** glider

peluru bullet

pemacu (pacu) a spur, incentive

pemakai (pakai) user

pemanasan (panas) the heating of; ***pemanasan dunia*** global warming

pemandu (pandu) driver

pemasaran (pasar) marketing

pemasukan income

pembakaran the burning of

pembalakan lumbering

pembalap racer; racing driver

pembangkang opponent; ***parti pembangkang*** opposition party

pembangkangan opposition

pembangunan development; ***pembangunan berkelanjutan*** sustainable development; ***pembangunan mampan*** sustainable development

pembaruan renewal

pembelajaran studies, learning

pembeli purchasers

pembelian the purchase of

pembentukan the formation of

pemberhentian the making redundant of; the laying off of

pemberontak revolutionaries, rebel

pemberontakan revolution

pembikinan production

pembuatan the making of

pembuka opening; ***kata pembuka*** opening remarks

pembukaan opening; ***kalimat pembukaan*** topic sentence

pembuktian proof, authentication

pembunuh killer, murderer

pembunuhan murder, killing; the killing of; ***pembunuhan beramai-ramai*** gang killing

pemburu hunter

pembusukan decaying

pemegang (pegang) holder; ***pemegang saham*** shareholder

pemenjaraan (penjara) imprisonment

pemerintah (perintah) government

pemerintahan (perintah) government

pemerkosa (perkosa) rapist

pemilihan (pilih) the choosing of; ***pemilihan umum (pemilu)*** general election

pemilik owner

pemilu (pemilihan umum) general election

*pem**impin** (pimpin)* leader
*pem**inat*** those interested
*pem**ogokan*** strikes
*pem**uda*** youth
*pem**udi*** young man
*pem**ulihan** (pulih)* rehabilitation; *pem**ulihan** nama baik* rehabilitation
*pem**usik*** musician
pena pen
*pen**ahan**an (tahan)* detention
*pen**ajaa**n (taja)* sponsorship
penalti penalty
*pen**ampil**an (tampil)* appearance, presentation
*pen**ampung**an (tampung)* holding, collection, accommodation
*pen**andus**an (tandus)* becoming infertile; *proses pen**andus**an* desertification
*pen**angan**an (tangan)* handling
*pen**anggulang**an (tanggulang)* coping with, dealing with
*pen**angkap** (tangkap)* captor; *pen**angkap** ikan* fishermen
*pen**angkap**an (tangkap)* arrest, seizures
*pen**cemar**an* pollution, contamination
*pen**cuci*** cleanser
*pen**daki*** climber; *pen**daki** gunung* mountain climber
*pen**dam***: *mem**endam*** to hide (one's feelings)
*pen**dapat*** opinion; *per**bedaan** pen**dapat*** differences in opinion; *ber**pendapat*** to be of the opinion that
*pen**dapat**an* income
*pen**datang*** immigrant
pendek short; *mem**perpendek*** to shorten
*pen**didik**an* education; *pen**didik**an tinggi* higher education
*pen**dirian*** policy
*pen**duduk*** population, inhabitants
*pen**ekan**an (tekan)* placing stress on
*pen**eliti** (teliti)* investigators
*pen**eliti**an (teliti)* investigations
*pen**emu**an (temu)* discovery; the discovery of
*pen**entang**an (tentang)* opposition
*pen**entu**an (tentu)* determining
*pen**erang**an (terang)* illumination, lighting
*pen**erap**an (terap)* application, implementation
*pen**erbang** (terbang)* pilot

*pen**erbang**an (terbang)* flight
*pen**erima** (terima)* addressee
*pen**etrasi*** penetration
*pen**gadilan*** justice
*pen**gaduan*** complaint, accusation
*pen**gairan*** waterworks, irrigation
*pen**gajar*** teacher; *staf pen**gajar*** teaching staff
*pen**gajaran*** teaching
*pen**gajian** (kaji)* study, education; *pen**gajian** tinggi* higher education
*pen**galaman*** experience
*pen**gambilan*** the consumption of
*pen**gamen*** street musicians
*pen**ganggur**an* unemployment
*pen**gangkut**an* transportation; *pen**gangkut**an awam* public transportation
*pen**ganiyaya**an* mistreatment, cruel treatment
*pen**ganut*** follower
*pen**garah*** director
*pen**gartian*** meaning, implication
*pen**garuh*** influence, effect; *mem**pengaruhi*** to influence; *ber**pengaruh*** influential; to have an effect
*pen**gawal** (kawal)* guard
*pen**gawasan*** supervision
*pen**gawetan*** preserving, preservation
*pen**gecutan** (kecut)* contraction
*pen**gedar*** distributor
*pen**gelola** (kelola)* manager
*pen**gelolaan** (kelola)* management
*pen**geluar** (keluar)* producer, manufacturer; *pen**geluar** pakaian* clothing manufacturer
*pen**geluaran** (keluar)* production, exports; expenditure, expenses
*pen**gembangan** (kembang)* development
*pen**gemis** (kemis)* beggars
*pen**genalan** (kenal)* introductory, introduction; *ayat pen**genalan*** topic sentence; *kata-kata pen**genalan*** introductory statement
*pen**gendara** (kendara)* driver
*pen**gereman*** braking
*pen**gertian*** meaning, implication; understanding; *saling pen**gertian*** mutual understanding
*pen**gerusi** (kerusi)* chair, chairperson
*pen**getahuan** (ketahu)* knowledge
*pen**gganas*** terrorist

penggeledahan searching, ransacking
penggolongan classification
pengguna consumer
penggunaan consumption; the use of
penghabisan end; *pada penghabisan* at the end of; *titik penghabisan* end point
pengiklanan the advertising of
pengirim (kirim) sender
pengiriman (kirim) the sending of
pengobatan medical
pengukur surveyor; *pengukur tanah* land surveyor
pengukuran measuring, measurement
pengundi voter
pengungsi refugee
pengunjung (kunjung) visitor
pengurus manager
pengusaha business man, industrialist
pengusiran exiling, banishment
peniaga business man
penilaian assessment
peningkatan (tingkat) the rise of
peninjauan (tinjau) kembali (PK) judicial review
penipisan (tipis) the thinning of
penjaga watchman, guard, protector; *penjaga gol* goal keeper
penjahat criminal
penjajah coloniser
penjajahan colonial
penjara prison; *dipenjarakan* to be imprisoned; *pemenjaraan* imprisonment
penjarahan plundering, pillaging
penjelasan clarification, explanation
penjualan the sale of
penjuru corner (as of a room)
penonton (tonton) viewers
pensyarah lecturer (at a university)
pentadbiran administration; *pentadbiran perniagaan* business administration
penting important; *penting sekali* most important, imperative; *pentingnya* the importance of; *kurang penting* minor, insignificant; *kepentingan* interests; importance; *seperti pentingnya* just as much as
penuh full, fully; *memenuhi* to fulfil; *sepenuhnya* completely, fully
penumpang (tumpang) passenger
penunggang (tunggang) riders (of bicycles, horses)

penuntut (tuntut) student
penurunan (turun) decline, fall
penutup (tutup) covering, cover; closing; *kata penutup* closing remarks; *kata-kata penutup* closing remarks
penutupan (tutup) cover, covering; *penutupan awan* cloud cover
penutur (tutur) speaker
penyakit (sakit) sickness, disease
penyangkalan (sangkal) refutation
penyanyi singer
penyebab (sebab) reason, cause
penyebaran (sebar) the spread
penyelesaian (selesai) resolution
penyelidikan (selidik) investigation, study
penyerang (serang) attacker
penyerangan (serang) aggression, attacking
penyimpangan (simpang) anomaly, deviation
peperangan war
peperiksaan examination; *peperiksaan akhir* final examination
per per; *per segi* square; *satu per satu* one by one
peradaban civilisation
perampok robber
perampokan robbery
peran role; *peranan* role
Perancis France
perang war; *peperangan* war
perangkaan figures, statistics
perangkap trap; *terperangkap* to be trapped
perangkat equipment
perarakan parade
perasaan feelings; *tunjuk perasaan* demonstrations
peraturan rules, regulations
peratus percent
peratusan percentage
perawatan care, maintenance; *perawatan mudah* easy to maintain
perayaan celebration
perbadanan corporation
perbani: *air pasang perbani* neap tide, high tide during the full moon
perbatasan boundary
perbedaan difference, contrast; *perbedaan pandangan* differing views
perbelanjaan costs, expense, expenditure, outlay

DAFTAR KATA • Glossary

perbezaan difference, contrast
percaya to believe; ***percaya diri*** to have confidence in oneself; ***mempercayai*** to believe it; ***dipercayai*** to be believed; ***terpercaya*** trustworthy, reliable; ***kepercayaan*** belief
percobaan attempt, experiment
percubaan attempt, experiment
percuma free; useless, futile
perdagangan trade
perdamaian peace
perdana prime; ***Perdana Menteri*** Prime Minister; ***sukan perdana*** sporting highlights
perebutan struggle
peredaran rotation
perempatan four-way junction, intersection
perencanaan program
perenggan paragraph
perenungan reflection, thought
pergelangan wrist
pergerakan movement
pergunungan mountains
perguruan institution, school; ***perguruan tinggi*** tertiary educational institutions; ***Perguruan Tinggi Negeri (PTN)*** National Institutes of Higher Education; ***Perguruan Tinggi Swasta (PTS)*** Private Institutes of Higher Education; ***maktab perguruan*** teacher's college
perhatian attention, notice, interest; ***atas perhatian Anda*** thanking you for your attention; ***meminta perhatian*** to bring to one's attention; ***menarik (tarik) perhatian*** to interest, intrigue; ***perhatikan*** to observe, examine
perhentian a stop; ***perhentian bas*** bus stop; ***perhentian bis*** bus stop
perhiasan jewellery
perhubungan communication; relationship
perhutanan forestry
periksa: ***memeriksa*** to examine, check; ***pemeriksaan*** examination; ***pemeriksaan akhir*** final examination
perilaku behaviour, conduct
perindustrian industrial
peringatan warning
peringkat stage, level
perintah order; ***diperintahkan*** to be ruled; ***pemerintahan*** government; ***pemerintah*** government
perintis pioneer
perisai shield
perjalanan trip, journey
perkakas tools, implements; apparatus, appliance
perkara subject, matter, thing; regarding
perkarangan yard, playground
perkataan word
perkawinan marriage
perkayuan timber, lumber
perkembangan the development of; developments
perketat to tighten
perkhawinan marriage
perkhidmatan service; ***perkhidmatan awam*** public service
perkiraan inference, prediction, estimate; ***di luar perkiraan*** beyond expectations
perkosa: ***diperkosa*** to be raped; ***perkosaan*** rape; ***pemerkosa*** rapist
perlahan-lahan slowly
perlawanan contest, match
perlindungan protection
perlu needed, necessary, required; to need; ***memerlukan*** to need, require; ***diperlukan*** to be needed, required; ***keperluan*** needs, necessities, requirements
perluasan expansion
perlumbaan race; ***perlumbaan kuda*** horse race
permainan game
permanfaatan the use of
permintaan demand
permohonan request, appeal, petition
permukaan surface
permulaan beginning; ***pada permulaan*** at the beginning of; ***titik permulaan*** starting point
pernah once; have (you) ever; ***tidak pernah*** never
perniagaan business, trade; ***ahli perniagaan*** business person
pernyataan statement
perpisahan separation
perpustakaan library
perputaran rotation
pers press
persahabatan friendship
persamaan similarity, comparison

*per**satu**an* organisation, association
*per**sedia**an* supplies
*per**selisih**an* disagreement, dispute; *per**selisih**an faham* misunderstanding; *per**selisih**an paham* misunderstanding
*per**sendiri**an* individual, private
persentase percentage
*Per**serikat**an Bangsa-Bangsa (PBB)* United Nations (UN)
*Per**seroan Ter**batas** (PT)* Company Limited
*per**setuju**an (se**tuju**)* agreement
*per**siap**an* preparation
*per**siap**kan* to prepare
*per**simpang**an* intersection (of a road)
*per**soal**an* question
personel staff, members
*per**syarat**an* requirements, qualifications
*per**tahan*** to defend
*per**tahan**an* defence
pertama first; *yang pertama* the first
*per**tanding**an* competition
*per**tani**an* agriculture
*per**tanya**an* question
*per**teman**an* companionship
*per**tempur**an* fight, engagement, encounter
*per**tengah**an* middle; *pada per**tengah**an* in the middle of; *titik per**tengah**an* midpoint
*per**tengkar**an* argument
*per**tiga**an* T-junction, intersection
*per**tikai**an* argument
*per**timbang**an* consideration, opinion
*per**timbang**kan* to consider
*Per**tubuh**han Bukan Ke**raja**an* Non-Government Organisation (NGO)
*per**tukar**an* exchange
*per**tumbuh**an* growth
*per**tunjuk**an* show
*per**tutur**an* speaking
*per**ubah**an* changes
*per**ubat**an* medical
*per**umah**an* housing
*per**unding**an* negotiations
*per**unggu*** bronze; *Zaman Perunggu* Bronze Age
*per**untung**an* fortune, luck
*per**usaha**an* industry
perut stomach
*per**wakil**an* delegation, representation
pesan: *me**mesan*** to order; *pesan**an* message; *pesan**an segera* instant messages

pesat quick, rapid; *dengan pesat* quickly, rapidly
pesawat airplane; *pesawat terbang* airplane; *pesawat peluncur* glider
pesisir: *pesisiran* coast
pesta party, festival
peta map
petaka disaster; *petaka alam* natural disaster
petang afternoon, evening
peti box; *peti sejuk* refrigerator
petik: *me**metik*** to strum, play; *di**petik*** to be taken, snapped (a photograph)
*pe**tunjuk*** directions, instructions
pewarna colouring; *pewarna pipi* rouge
phishing an attempt to fraudulently acquire private information about an individual by means of an electronic communication, such as email
piawai: *piawaian* standard
pidana criminal; *ter**pidana*** the convicted
pidato speech
pihak side, faction, section; *pihak berkuasa* those in power; *bagi pihak* on behalf of
pikir to think; *ber**pikir**an* to have thoughts; *di**pikir**kan* to be thought of
pilah: *me**milah*** to divide
pilih to choose; *me**milih*** to choose; *di**pilih*** to be chosen; *pe**milih**an* the choosing of; *pe**milih**an umum (pemilu)* general election; *pilih**an* choice; *pilih**an raya* general election
pilot pilot
pimpin to lead, head; *me**mimpin*** to lead, head; *di**pimpin*** to be led by; *pe**mimpin*** leader; *pimpinan* leadership, management; led by; *pucuk pimpinan* head, leader
pinang betel nut; *Pulau Pinang* Penang
pindah: *ber**pindah*** to move, transfer; *me**mindah**kan* to transfer, move
pinggan plate, dish
pinggang waist; *ikat pinggang* belt
pinggir perimeter, edge; *di pinggir* at the perimeter, edge; *pinggir**an* edge, side; *kedua pinggiran* both sides
pinjam: *di**pinjam*** to be borrowed; *pinjam**an* loan
pintu door
pipi cheek; *pewarna pipi* rouge
piring plate, dish

DAFTAR KATA • Glossary

pisah separated; ***pisahkan*** to divide, separate; ***dipisahkan*** to be divided; ***berpisah*** to split up, separate; ***perpisahan*** separation
pisau knife
pistol pistol
PK (peninjauan kembali) judicial review
planet planet
plastik plastic
pohon tree
pojok corner (as of a room)
pokok tree; main, primary; ***dari pokok pandangan*** from the viewpoint of
pola pattern, shape
polio polio
polis police; ; ***Balai Polis*** Police Station
polisi police; ***Kantor Polisi*** Police Station
politik politics, policy; political; ***ahli politik*** politician
politikus politician
polusi pollution
pondok shed, booth; ***pondok telefon*** telephone booth
ponsel cellphone, mobile phone
popular popular
populer popular
porsi portion
portal portal
Portugis Portuguese
posisi position
positif positive
potong to cut; ***potong rambut*** to cut the hair; ***memotong*** to intersect with, cut across; to cut; ***dipotong*** to be cut
potret picture, photograph; ***main potret*** take photographs
pra pre-; ***pra-paralitik*** pre-paralytic
praktek practice; ***berpraktek*** to practice (as medicine)
praktik practice
praktis practical; ***untuk praktisnya*** in practice
Prancis France
prangko stamp
prasman: ***prasmanan*** buffet; ***secara prasmanan*** buffet style
predikat designation
premi premium
premium premium
presiden president; ***naib presiden*** vice president; ***naib presiden kanan*** senior vice president; ***wakil presiden*** vice president;
prestasi performance, achievement
pria man
pribadi private
prima prime, high; first-rate
pro pro
problem problem
produksi production
produsen manufacturers
profesi professional
program program; ***Program Pembangunan Antara Bangsa Universiti dan Kolej Australia*** International Development Program of Australian Colleges and Universities
proklamasi proclamation; ***memproklamasikan*** to proclaim
promosi promotion
propinsi province
proses process; ***proses penandusan (tandus)*** desertification
protein protein; ***protein hewani*** animal protein
proyek project
psikolog psychologist
psikologi psychology; ***Sarjana Psikologi (S. Psi)*** Bachelor's Degree in Psychology
PT (Perseroan Terbatas) Company Limited
PTN (Perguruan Tinggi Negeri) National Institutes of Higher Education
PTS (Perguruan Tinggi Swasta) Private Institutes of Higher Education
puan Mrs
puas satisfied; ***memuaskan*** satisfying
publisiti publicity
pucuk topmost, summit; a shoot; ***pucuk pimpinan*** head, leader; ***sepucuk*** a; numerical classifier for letters, weapons
pukul o'clock; ***pukul 8:00*** eight o'clock; ***memukul*** to hit out at
pula also, as well
pulang to go home; ***pulangkan*** to return something
pulau island; ***Pulau Pinang*** Penang; ***kepulauan*** islands, archipelago
pulih: ***memulihkan*** to restore; ***pemulihan*** rehabilitation; ***pemulihan nama baik*** rehabilitation
punah extinct
punca source; ***punca utama*** the primary

source of; **berpunca** to derive from
puncak summit, apex
punggung back; backside, rump
punya: **mempunyai** to have, possess
pupus extinct; **kepupusan** extinction
pura Balinese temple
pu*rata* average; **pada pu*rata*** on the average
purnama: **bulan purnama** full moon
pusat centre, central; **Pusat Bimbingan Mangsa Perkosaan** Rape Crisis Centre; **Pusat Penanganan (Tangan) Korban Perkosaan** Rape Crisis Centre; **berpusat** to be centred at; to have its epicentre at; to have its headquarters at
pusing to turn
pustaka: **perpustakaan** library
putar to turn; **putar kembali** to turn around; to turn back; **perputaran** rotation
putih white; **orang putih** white people
putus: **memutuskan** to conclude; to decide; **keputusan** decision, outcome, result; position
puyuh quail

r

racun poison; **beracun** to contain poisons
radio radio
radioaktif radioactive
radius radius
ragam aspects; **beragam** varied; **seragam** uniform, the same
ragu hesitate; **ragu-ragu** to hesitate; **meragui** to be suspicious of, throw doubt on
ragut: **meragut** to destroy
rahsia secrets, confidences
raifal rifle
raih: **diraih** to be found, obtained, achieved
raja king; **raja terbesar** supreme head, king; **kerajaan** kingdom, government
rakan comrades, colleagues
raksasa giant
rakus greedy; **secara rakus** greedily
rakyat citizen, people
ramah friendly
ramai many (people); crowded, busy; **orang ramai** the general public; **ramaikan** to enliven; **seramai** as many as (people); **beramai-ramai** large numbers, gang;

secara beramai-ramai in large numbers
ramal: **meramalkan** to predict, foresee, forecast, foretell; **diramalkan** to be predicted; **ramalan** prediction
rambut hair
rampok: **perampokan** robbery; **perampok** robber
ramu: **ramuan** mixture
rancang: **merancangkan** to plan; **dirancang** to be planned; **rancangan** plan, program
rangka framework; **dalam rangka** in the process of; within the framework of
rangkai: **rangkaian** set; **serangkaian** a set of
rangkum: **merangkumi** to encompass, comprise
rantai chain; **rantai makanan** food chain
ranting branch
rapat meeting
rasa taste; to feel; **merasa** to feel; **rasakan** to feel; **dirasa** to be felt; **yang dirasa** which one feels; **terrasa** to feel; **perasaan** feelings
rata: **merata** all over; **merata tempat** everywhere; **purata** average; **rata-rata** on the whole, on the average
ratap: **meratapi** to dwell on; to lament
ratus: hundred; **beratus-ratus** hundreds; **peratus** percent; **peratusan** hundreds **ratusan** hundreds
rawat: **perawatan** care, maintenance; **perawatan mudah** easy to maintain
raya: **pilihan raya** general election; **perayaan** celebration
rayu: **merayu** to appeal, request, plead
realiti reality, actuality
rebak: **merebak** to spread; **kemerebakan** the spread
rebut: **perebutan** struggle
redaksi editorial
referendum referendum
rehabilitasi rehabilitation
rejim regime
reka: **mereka** to devise, invent
rekening bill, account
rekod: **direkodkan** to be recorded
rekonsiliasi reconciliation
rekonstruksi reconstruction
rekreasi recreation
rektor rector, university head
relatif relative
rem brake; **pengereman** braking

DAFTAR KATA • Glossary

remeh trifling, unimportant; *makanan remeh* junk food
rempah spices
rencana plan; *merencanakan* to plan; *perencanaan* program
rendah low; lower *sekolah rendah* primary school
rendam: *direndam* to be soaked, marinated
renjis: *direnjis* to be sprinkled
renung: *merenungkan* to reflect on; to think about; *perenungan* reflection, thought; *renungan* reflection
Republik Indonesia (RI) Republic of Indonesia
resah: *keresahan* unrest, uneasiness
resap: *meresap* to penetrate
resep recipe
resipi recipe
resmi official
resolusi resolution
restoran restaurant
retaliasi retaliation
RI (Republik Indonesia) Republic of Indonesia
ribu thousand; *ribuan* thousands
rinci: *rincian* detail, item
ringgit Malaysian dollar
ringkas brief; *secara ringkas* briefly; *ringkasan* summary
rintang: *rintangan* obstacles
riset research
risiko risk
riwayat story; *riwayat hidup* life story, biography
RM (rumah makan) restaurant
roda wheel
rogol: *dirogol* to be raped
roket rocket
rokok cigarette; *merokok* to smoke, smoking
roma: *bulu roma* pin feathers
rombak: *merombak* to change the composition of
rompak: *rompakan* robbery
ronda patrol; *meronda* to patrol
rosak to break down; damaged; *merosakan* to damage; *kerosakan* damage
rosot: *merosot* to slip, decline
Rp (rupiah) rupiah (Indonesian currency)
RT (Rukun Tetangga) Neighbourhood Unit
ruang space, cavity; *ruangan* space, cavity
rugi to lose out; *merugikan* to be unprofitable; to disadvantage; *kerugian* loss
rujuk to refer to, make reference to; *rujukan* reference
Rukun Tetangga (RT) Neighbourhood Unit
Rukun Warga (RW) Residential Unit
rumah house; *rumah makan* restaurant; *rumah pangsa* flat, apartment block; *rumah sakit* hospital; *rumah tua uzur* old people's home; *perumahan* housing
rumit complex, difficult
rumus: *rumusan* deduction, conclusion, solution
runding: *perundingan* negotiations
runtuh collapsed; *runtuhan* ruins; *reruntuhan* ruins
rupa appearance, form; *merupakan* to be: is, are, was, were; *serupa* similar; *rupanya* it seems as if
rusak to break down; damaged; *merusak* to damage; *merusakkan* to damage
Rusia Russia
RW (Rukun Warga) Residential Unit

S

saat when, time; moment; *saat ini* at the present time; *saat itu* at that time; *saat sulit* difficult times; *setiap saat* at a moment's notice; *suatu saat* a time when
sabar to be patient
sabuk belt; *Sabuk Kuiper* Kuiper Belt, a belt of space objects, much of it ice-covered rock, orbiting the sun beyond the planet Pluto; *sabuk pengaman* seatbelt
sadar: *menyadari* to be aware of, consciousness of
sah legal; *mengesahkan* to confirm, affirm
sahabat friend; *persahabatan* friendship
sahaja only, just
saham shares (financial)
saing: *menyaingi* to compete with; *bersaing* to compete
sains science; *ahli sains* scientist
saintifik scientific
saji to serve; *makanan cepat saji* fast food, junk food; *menyajikan* to serve; to offer, serve up; *disajikan* to be served
sakit hurt, sick, painful; *sakit kepala* head-

ache; *rumah sakit* hospital; *me**n**yakitkan* to cause hurt; to be painful; *pe**n**yakit* sickness, disease
saksama fair, just
saksi witness; *saksi mata* eye witness; *me**n**yaksikan* to witness, see, watch; *di**s**aksikan* to be witnessed, seen
salah wrong, incorrect; wrongly, incorrectly; *salah satu* one of; *salah sebuah* one of; *kalau tak salah saya* if I'm not mistaken; *kalau saya tidak salah* If I'm not mistaken; *mempersalahkan* to fault, blame; *disalah terjemahkan* to be incorrectly translated; *kesalahan* error, mistake
salam greetings; *salam hormat* sincerely
saling each, respectively; *saling pengertian* mutual understanding
sama same, similar; together with, with; *sama ada* whether; *sama artinya* it is the same as; *sama banyak* just as much; the same number; *sama dengan* corresponds to, is the same as, is like, is similar to; *tidak sama* dissimilar; *tidak sama dengan* is dissimilar to, is unlike; *disamakan* to equalise; equivalent; *bersama* together, joint; *bersama ini* together with this; *persamaan* similarity, comparison
sambal spicy condiment; *sambal kicap* spicy condiment (type made with chillies and soy sauce)
sambil while (one person doing two different things at the same time)
sambung: *me**n**yambungkan* to continue, extend; *disambungkan* to be continued, extended
sambut: *sambutan* reception, welcome
sampai up to, until, as far as; to reach, arrive; *jangan sampai* be careful not to; *sampaikan* to convey; *me**n**yampaikan* to present
sampel sample
samping: *di samping* beside, next to, alongside of; *di samping itu* besides that, in addition to
samseng gangsters
sana there; *di luar sana* out there
sangat very, too
sangka: *me**n**yangka* to suppose; *tersangka* it is suspected that; *sangkaan* inference
sangkal: *me**n**yangkal* to refute; *pe**n**yangkalan* refutation
sangkut: *bersangkutan* involved, under discussion
sanksi sanctions
Sanskerta Sanskrit
santai relaxed; to relax
sapi cow; *minyak sapi* ghee
sapu to wipe, spread; *ubat sapu* lotion; *me**n**yapu* to spread, apply; *disapu* to be spread, applied
saran proposal; *sarankan* to suggest; *me**n**yarankan* to suggest
sarjana scholar; *Ijazah Sarjana Muda* Bachelor's Degree
sasar: *sasaran* wild (shots)
sastra literature
satelit satellite
***Satkorlak** (**Satuan Koordinasi Pelaksanaan Penanggulangan (Tanggulang) Bencana Alam**)* Coordination Unit for the Implementation of Measures to Counteract Natural Disasters
satu one; *satu per satu* one by one; *me**n**yatukan* to unite; *disatukan* to be merged with; *bersatu* to unite; *bersatu padu* to unite; *persatuan* organisation, association; *kesatuan* union, unity; *kesatuan sekerja* labour union; *satuan* unit; *satu-satunya* the only one
Saturnus Saturn
sawat: *pesawat* airplane; *pesawat terbang* airplane; *pesawat peluncur* glider
saya I, me, my
sayur vegetable; *sayuran* vegetables; *sayur-sayuran* vegetables
seadanya as necessary, as fits the situation
seakan as if; *seakan-akan* almost
sebab cause, because; *sebab itu* because of that; *me**n**yebabkan* to cause; *disebabkan* to be due to; *pe**n**yebab* reason, cause
sebagai as; *sebagaimana* just as, such as; *sebagainya* and so on; like that
sebagian a part, section, division; *sebagian besar* majority
sebahagian a part, section, division; *sebahagian besar* majority
sebaiknya should be; it is best to
sebaik sahaja as soon as
sebaliknya on the other hand, on the contrary, otherwise

sebanyak as many as, as much as
sebar: *penyebaran* the spread
sebarang any; *sebarang minat* any interest
sebatang a; numerical classifier for long objects
sebelah: *di sebelah* on the side of (as 'left side', 'right side'); *di sebelah lain dari* on the other side of; *di sebelah sana* on the other side of; *di sebelah sini* on this side; *berat sebelah* biassed
sebelum before, prior to; *sebelum itu* before that, prior; *sebelumnya* previous, previously
sebenarnya in practice, actually, really; real, actual
seberang: *di seberang* on the other side (of rivers, roads); *menyeberang* to cross (rivers, roads)
sebersih-bersihnya as clean as possible
sebesar as big as, as great as
sebetulnya in practice, actually; as a matter of fact
sebilah a, one; numerical classifier for bladed weapons
sebilangan a number of; *sebilangan besar* a majority of, a large number of
sebuah a; numerical classifier for objects of indeterminate shape
sebut: *menyebutkan* to mention; *disebut* to be called; *disebutkan* to be mentioned; *tersebut* mentioned; that
secanggih as sophisticated as
secara in a particular way; *secara benar* properly, accordingly; *secara berkesan* effectively; *secara haram* illegally; *secara rakus* greedily; *secara ringkas* briefly; *secara tepat* effectively, exactly
sedan sedan; *sedan menengah (tengah)* mid-sized sedan
sedang in the process of; whereas; *sedangkan* whereas, while
sedap comfortable, pleasing; delicious
sedar: *menyedarkan* to make someone aware of, conscious of; *menyedari* to realise; to be aware of; *disedarkan* to be made aware of
sederhana moderate, temperate; adequate, basic; *disederhanakan* to be oversimplified
sedia ready, prepared; *sediakan* to prepare; *disediakan* to be prepared; *persediaan* supplies
sedih sad; *menyedihkan* to be saddening; *bersedih* to be sad; *kesedihan* sadness
sedikit a little
seekor one (animal)
segala all
segan shy; *segan silu* shy
segar fresh; *menyegarkan* to freshen
segera immediately
segerombolan a gang, band, an assembly of
segi: *dari segi* from the aspect of; *di segi* with regard to
segmen segment
segudang a warehouse full
sehari a day
seharusnya should, ought to be
sehat healthy; *menyehatkan* healthful; *kesehatan* health
sehingga up to, until, as far as; so that
sehubungan in connection with
sejajar parallel
sejak since; *sejak lama* for a long time
sejarah history; *bersejarah* historic
sejenis a type of
sejuk cold; *peti sejuk* refrigerator; *kesejukan* cold
sejumlah an amount of; *sejumlah besar* a large number of; *sejumlah kecil* a small number of
sekadar just enough
sekali once; *sebulan sekali* once a month; *seminggu sekali* once a week
sekaligus at the same time
sekali pun whatsoever, whatever
sekarang now
sekat: *menyekat* to bar
sekeliling around; *alam sekeliling* natural environment
sekeluarga a family
sekerja united in work; *Kesatuan Sekerja* Labour Union
seketika on the spot, at that moment
sekian in conclusion
sekilometer one kilometre; *sekilometer per segi* per square kilometer
sekiranya in the case of
sekitar around, approximately; *alam sekitar* natural environment; *di sekitar* around, in the area of
sekolah school; *sekolah dasar* primary

school; **sekolah menengah (tengah)** secondary school, high school; **sekolah menengah (tengah) pertama** lower secondary school, junior high school; **sekolah menengah (tengah) rendah** lower secondary school, junior high school; **sekolah rendah** primary school
seks sex
seksi sexy
sektor sector
sekurang-kurangnya at least
sekutu partner, associate
sel cell
selain besides; **selain dari** besides, in addition to, apart from; **selain daripada** besides, in addition to
selaku in the role of, as
selalu always
selama for a particular length of time; during, throughout; as long as
selamat safe, safely; **selamat datang** welcome; **menyelamatkan** to save, rescue; **terselamat** to be saved, rescued, released; **keselamatan** safety, security
Selandia Baru New Zealand
selanjutnya subsequent, subsequently
selaras in accordance with; **tidak selaras** inconsistent with; **keselarasan** consistency
selari parallel; in accordance with
Selasa Tuesday
selatan south
selekoh bend, curve; **berselekoh** curved, winding
selepas after; **selepas itu** after that
selera appetite; **medan selera** food court
selerak: berselerak to be spread about; to be scattered, dispersed
selesa comfortable
selesai: menyelesaikan to complete, finish, resolve, solve, settle; **diselesaikan** to be resolved; **penyelesaian** resolution
selidik: menyelidiki to investigate; **penyelidikan** investigation, study
selisih: berselisih paham to have a misunderstanding; **perselisihan** disagreement, dispute; **perselisihan faham** misunderstanding; **perselisihan paham** misunderstanding
seluar trousers, pants, slacks
seluruh: all; **di seluruh** throughout; **menyeluruh** complete, comprehensive; **seluruhnya** on the whole; **keseluruhan** the whole of, totality of; **pada keseluruhannya** on the whole
semacam a type of
semak: menyemak to check
semakin to become more and more; increasingly
semangat spirit
semasa when, during; current; **semasa itu** at the same time, during that time; **isu semasa** current affairs
sembahyang to pray
sembang: bersembang to talk to, chat to
sembelih: disembelih to be butchered, slaughtered
sembilan nine; **kesembilan** ninth
semenanjung peninsula; **Semenanjung Malaysia** Peninsular Malaysia
sementara whereas, while (two people doing different things); temporarily; **sementara itu** meanwhile
seminggu a week; **seminggu sekali** once a week
sempadan boundary
sempat chance, opportunity; being; **berkesempatan** to have an opportunity to; **kesempatan** opportunity
semprot spray
sempurna perfect, complete; **menyempurnakan** to make good on; to take advantage of; to capitalise on
semua all
semula again; **semula jadi** from the very beginning; original, primal
senam: bersenam to exercise; **senaman** exercise
senang easy; happy; **lebih senang** easier, more expedient; **senangkan** to enjoy; **menyenangkan** to be gratifying, pleasing; **kesenangan** pleasure, contentment
senantiasa always
senat senate
sendiri one's own; himself, herself, itself; alone; **diri (Anda) sendiri** oneself; **secara sendiri** individually; **persendirian** individual, private
sengaja: disengaja to be deliberate, intentional; **disengajakan** to be done deliberately

sengal stiff, numb
seni arts; *seni lukis* art; *ahli seni* artist; *seniman* artists; *kesenian* arts
Senin Monday
senior senior; *wakil direktur senior* senior assistant director
senja dusk, sundown
senjata weapon; *senjata api* firearms; *bersenjata* armed
sentiasa always
sentuh to touch on; *menyentuh* to touch on
seorang a; numerical classifier for people; *tidak seorang pun* no one at all; *seseorang* a person; one
sepak to kick with the side of the foot; *sepak bola* soccer; *sepak takraw* rattan kickball
sepakat: *kesepakatan* agreement
sepanjang a length of; *sepanjang yang saya tahu* as far as I know; *di sepanjang* along, throughout
sepantasnya should
Sepanyol Spain, Spanish
sepasang a pair of
sepatu shoes
sepatutnya should
sepeda bicycle; *sepeda motor* motorcycle
sepenuhnya completely, fully
seperti as, like, such as; *seperti pentingnya* just as much
sepertiga one-third
sepucuk a; numerical classifier for letters, weapons
seragam uniform; the same; *tidak seragam* uneven; *pakaian seragam* a uniform
serai lemon grass
seramai as many as (people)
serang: *menyerang* to attack; *diserang* to be attacked; *diserang hendap* to be ambushed; *penyerangan* aggression, attacking; *penyerang* attacker; *serangan* attack, raid; *serangan udara* air raids
serangkaian a set of
serbu: *menyerbu* to attack, invade; to force one's way
seret sluggish, dragging
seri series
seri: *menyerikan* to brighten
serigala wolf
serikat united, federated; union, company; *Amerika Serikat* USA; *berserikat* to federate, unite, to become associates; *perserikatan* association, confederation; **Perserikatan Bangsa-Bangsa (PBB)** United Nations
sering frequently, often
serius serious
sero share (of a business); *perseroan* company; **Perseroan Terbatas** Company Limited
serta as well as, along with; *berserta* together with; *menyertai* to join
serupa similar; *serupa dengan* is like, is similar to; *tidak serupa* dissimilar; *tidak serupa dengan* is dissimilar to, is unlike; *menyerupai* to resemble, bear a resemblance to
seseorang a person, one
sesetengah some
sesiapa sahaja anyone
sesibuk as busy as
sesuai appropriate; in accordance with; *menyesuaikan* to adjust; *disesuaikan* to be adjusted
sesuatu something
sesudah after; *sesudah itu* after that
sesuka hati as they like, as one wants to
sesungguhnya indeed, really, actually
setahu saya as far as I know
setakat ini up to now
setelah after; *setelah itu* after that
setem stamp
setempat local
setengah some; *sesetengah* some
seterika an iron
seterusnya subsequently, from then on, next
setiap each, every; *setiap saat* at a moment's notice
setuju to agree; *setujui* to agree to; *persetujuan* agreement; *ketidak setujuan* opposition
seumur a span of years (age); *seumur hidup* for a lifetime; for as long as one lives
seutas a; numerical classifier for long, thin, flexible objects like cord, necklaces
sewa: *menyewa* to rent
sewajar in accordance with
sewajarnya appropriate
sewaktu when, during; *sewaktu itu* at the same time, during that time
si particle preceding nouns or pronouns

referring to particular family or gender relationships; *si dia* him, her
siang noontime; daytime; *siang hari* daytime, daylight
siap ready; to be ready; *sudah siap* ready made; *menyiapkan* to prepare; *persiapkan* to prepare; *bersiap* to get ready, prepare; *persiapan* preparation
siapa who; *siapa pun* anyone; *tidak siapa* no one; *sesiapa sahaja* anyone
siar: *disiarkan* to be broadcast; *siaran* broadcast
siasat: investigation, *disoal siasat* to interrogate
siber cyber
sibuk busy; *sesibuk* as busy as; *kesibukan* business, activity
sifat quality, attribute, characteristic, property; attitude, position; *bersifat* has the characteristics of being; *menyifatkan* to characterise; *disifatkan* to be considered
signifikan significant
sih particle showing emphasis, as in expressions such as "You know (he is getting serious)!"
sihat healthy; *kesihatan* health
sikap attitude; *bersikap* to act; to adopt an attitude
siklus cycle
sikut elbow
silam ago, in the past
silang: *menyilangkan* to cross
silap: *kesilapan* mistake, error
silau dazzled, temporarily blinded
silu: *segan silu* shy
simpang: *persimpangan* intersection (of a road); *penyimpangan* anomaly, deviation
simpul: *simpulkan* to conclude; *menyimpulkan* to conclude, deduce; *berkesimpulan* to come to a conclusion; *kesimpulan* conclusion, result, decision, deduction, solution
sinar: *sinaran* ray; *sinaran x* x-ray
sindiket syndicate
sindrom syndrom; *sindrom kematian mengejut (kejut)* Sudden Death Syndrome
singgung: *tersinggung* offended
Singhala: *bahasa Singhala* Singhalese
singkat short
singkir: *menyingkirkan* to sweep aside, push aside; to sideline, exclude; *disingkirkan* to be sidelined
sinyal signals, signs
Siprus Cyprus
siri series; *bersiri* in a series
sisa remnants, residue
sisi side; aspect
sistem system; *sistem imuniti* immune system
situasi situation
skala scale; *skala Richter* Richter scale
slip to slip
SMS Short Message Service
soal: *disoal* to be questioned; *disoal siasat* to be interrogated; *persoalan* question; *soalan* question
sohor: *kesohoran* fame, renown
sokong: *disokong* to be supported; *sokongan* support
solat ritual prayers
sore afternoon
sosial social; *sosial politik* social policy
sosialisasi socialisation
sosialisme socialism
SPAM unsolicited emails
Spanyol Spain, Spanish
spesial special
spesies species
spesimen specimen
S. Psi (Sarjana Psikologi) Bachelor's Degree in Psychology
stabil stable, stabilised; secure *kurang stabil* unstable, insecure
staf staff; *staf pengajar* teaching staf
statistik statistics
status status
stok stock
strategis strategik
struktur structure
studi study; *studi terapan* practical studies, applied studies; *studi ilmu ilmiah dasar* theoretical studies; *studi manajemen* management studies; *studi pembangunan* development studies
suai: *sesuai* appropriate, in accordance with
suara voice; *suara halus* quiet; *menyuarakan* to voice, speak up about; to express
suasana ambiance, milieu, atmosphere; *suasana hati* well-being
suatu a, one; *sesuatu* something

DAFTAR KATA • Glossary

subsidi subsidy
substansial substantial; *se**cara** substansial* substantially
subuh dawn
subur fertile; *ke**sub**uran* fertility
sudah already; *ke**sudah**an* result, outcome; *sesudah* after; *sesudah itu* after that
sudut corner; *dari sudut pandang* from the viewpoint of; *dari sudut pandangan* from the viewpoint of
suka to like; *se**suka** hati* as they like, as one wants to
sukan sports; *sukan perdana* sporting highlights; *ber**sukan** to play sport
sukar difficult; *me**nyukar**kan* to encumber; to make it difficult to
sukarela voluntary; *sukarela**wan*** volunteer
sukses success
suku quarter; *suku pertama* first quarter (of the moon)
sulit difficult, secret; *saat sulit* difficult times; *ke**sulit**an* difficulty
sultan sultan: *ke**sultan**an* sultanate
sumbang: *sumbang**an*** contribution
sumber source, resource; *sumber air* water resources; *sumber alam* natural resources; *sumber utama* the primary source of; *ber**sumber** dari* to derive from
sumpah oath; *sumpah jawatan* oath of office; *angkat sumpah* to take an oath; to be sworn in; *ber**sumpah*** to pledge
sumur well
SUN (surat utang negara) national debt notes
sungai river
sungguh indeed; very *sungguh pun* although, even though; *se**sungguh**nya* indeed; reality, actuality
suntik: *me**nyuntik*** to inject; *suntik**an*** injection
sunyi quiet
supaya so that
supremasi supremacy
suram gloomy
surat letter, mail; *surat izin* permit; *surat izin usaha* business permit; *surat kabar* newspaper; *surat khabar* newspaper; *surat utang negara (SUN)* national debt notes; *muka surat* page
suruh: *di**suruh*** to be asked to

surut to fall; low (the tide); *air surut* low tide, falling tide
surya sun; *tata surya* solar system
susah difficult; *ke**susah**an* difficulty
susul: *di**susul*** to be followed by
susun to sequence; to place in an ordered sequence; *me**nyusun*** to sequence; *di**susun*** to be arranged; *susun**an*** an order, sequential arrangement; *susun**an*** waktu* chronological order; *susun**an*** tempat* spatial relations
swasta private
Swedia Sweden
Swiss Switzerland
syak suspicion, doubt; *syak wasangka* prejudice
syarah: *pen**syarah*** lecturer (at a university)
syarat requirement; *per**syarat**an* requirements, qualifications
syarikat united, federated; company; *Syarikat Amerika* USA
syor: *menge**syor**kan* to suggest; *syor**kan*** to suggest

t

tabiat habit, behaviour
tadbir: *pen**tadbir**an* administration; *pen**tadbir**an perniagaan* business administration
tadi earlier (in the day); that (the one mentioned earlier); *tadi**nya*** before, formerly, last time
tafsir: *me**nafsir**kan* to interpret
tahan to detain, arrest; to withstand; *tahan lama* durable; *tahan**kan*** to defend; *me**nahan*** to control, restrain; *me**nahan*** diri* to control oneself; *di**tahan*** to be detained, kept back; *pe**nahan**an* detention; *per**tahan*** to defend; *per**tahan**an* defence; *tahan**an*** arrest, detention, captivity; *orang tahan**an*** prisoner, detainee
tahap stage, phase; level; *dua tahap* two-stage; *ber**tahap*** to reach a stage
tahu: *di**ketahu**i* to be known; *meng**etahu**i* to find out; *pen**getahu**an* knowledge; *se**tahu*** saya* as far as I know
tahun year; *ulang tahun* birthday
taip to type; *mesin taip* typewriter

taja: me*naja* to sponsor; *penajaan* sponsorship
tajuk title
tak (tidak) no, not; don't, doesn't
takat: se*takat ini* up to now
takluk: di*taklukkan* to be subjugated, overrun
takraw rattan plaited ball; *sepak takraw* game played with such a ball
takut afraid; to be afraid; *ketakutan* to be afraid
tali cord, rope; strand; *tali kulit* leather tie; *talian* line
tamadun civilisation
tamak greedy
taman garden; *taman bunga* flower garden, botanical garden
tambah to add; me*nambah* to increase, add; di*tambah* to be added to; ber*tambah* to increase; *tambahan* extra, additional
tambang: me*nambang* to mine
Tamil Tamil
tampak to appear to be; *tampak*nya to appear to be; to seem to be
tampan: me*nampan* to obstruct, interfere with
tampil to appear; me*nampilkan* to show; *penampilan* appearance, presentation
tampung: *penampungan* collection accommodation, holding
tampung patch; me*nampung* to patch; to cover
tampung: di*tampung* to be accommodated, supported
tanah land, soil; *pengukur tanah* land surveyor
tanam: me*nanam* to plant; di*tanam* to be planted; me*nanamkan* to plant, instill
tanda sign, symptoms; mark; *tanda tangan* signature
tanding: per*tandingan* competition
tanduk: me*nanduk* to head (a ball, as in soccer)
tandus barren, infertile; *penandusan* becoming infertile; *proses penandusan* desertification
tangan hand; *campur tangan* to interfere; *jam tangan* wristwatch; me*nangani* to handle; to be in charge of; *penanganan* handling

tangga: step, position; *tetangga* neighbour
tanggal date
tanggal: ter*tanggal* to come lose
tangguh sturdy
tanggul dike, embankment
tanggulang: *penanggulangan* coping with, dealing with
tanggung: *tanggung jawab* responsibility; *bertanggung jawab* to take responsibility
tangkap: me*nangkapi* to capture; *penangkapan* arrest, seizure; *penangkap* captor; *penangkap ikan* fishermen; *tangkapan* catch
tangkis: me*nangkis* to ward off
tani: ber*tani* to farm; *pertanian* agriculture
tanpa without
tanya: di*tanyakan* to be asked; ber*tanyakan* to ask about something; *pertanyaan* question
taraf level, standard
tari: dance, dancing; *tarian* dance
tarik: me*narik* to pull; attractive; *menarik kembali* to withdraw; *menarik perhatian* to intrigue, interest; ter*tarik* to be interested in; to be attracted by
tarikh date
tarot tarot cards
taruh: me*naruh* to place
tas bag
tasik lake
tata surya solar system
tatatertib discipline
tatu tattoo
taukeh shop owner, employer
tawar: *air tawar* fresh water
tawar: me*nawarkan* to offer; di*tawarkan* to be offered
tayang: *tayangan* showing
tayar tyre
teater theatre
tebal thick
tebang: me*nebang* to fell trees
tegak: me*negakkan* to stress, emphasise
tegas firm, resolute
teh tea
tekad: ber*tekad* to be determined
tekan: me*nekankan* to stress, emphasise; *penekanan* placing stress on; *tekanan* pressure, stress
teknik technology, engineering; *teknik*

DAFTAR KATA • *Glossary*

arsitektur architectural engineering
teknologi technology
telah has (been); already, had already; *se**telah*** after; *se**telah** itu* after that
telah: *me**nelah**kan* to predict; *te**lah**an* prediction
telanjang naked
telefon telephone; *telefon bimbit* mobile phone, cellphone; *pondok telefon* telephone booth
telepon telephone; *telepon umum* public telephone
televisyen television
televisi television
telinga ear
teliti careful; to examine; *dengan teliti* carefully; *me**neliti*** to examine; *pe**nelitian*** investigations; *pe**neliti*** investigators
teluk bay
tema theme; *ber**tema**kan* to have a particular theme; to be based around a particular topic
teman friend; *per**teman**an* companionship
tembak to shoot; *me**nembak*** to shoot; *di**tembak*** to be shot; *di**tembak** mati* to be shot dead; *tembak**an*** shot, shots
tembakau tobacco
tembus to penetrate; *me**nembus**i* piercing; to pierce, penetrate, break through
tempat place, location; *tempat asal* place of origin; *tempat duduk* seats; *tempat tinggal* residence; *tempat**kan*** to place; *me**nempat**kan* to place; *tempat**an*** local; *se**tempat*** local
tempoh time, period of time
tempur: *per**tempur**an* fight, engagement, encounter
temu: *me**nemu**kan* to discover; *di**temu**kan* to be discovered, found; *di**temu**i* to be found; *ber**temu*** to meet; *pe**nemu**an* the discovery of
tenaga energy, power; *tenaga manusia* human work-force; *tenaga jentera* automation
tenang calm; *tenang**kan** diri* to relax; to calm yourself
tendang: *me**nendang*** to kick with the toe
tengah middle, centre; to be in the process of; *tengah jaga* to be on guard duty; *bagian tengah* midpoint; *bahagian tengah* midpoint; *di tengah* in the middle of; *di tengah-tengah* right in the middle; *orang tengah* middleman; *titik tengah* midpoint; *me**nengah*** middle; *me**nengah** bawah* lower middle; *per**tengah**an* middle; *se**tengah*** some
tenggara southeast
tengkar: *per**tengkar**an* argument
tentang about; *me**nentang*** to oppose; *ber**tentang**an* across from, opposite; contradictory, opposing; to be in opposition to; to be at variance with; *pe**nentang**an* opposition
tentara armed forces; armed forces personnel
tentera armed forces
tentu certainly; *me**nentu**kan* to determine; to ensure; *di**tentu**kan* to be determined; *ter**tentu*** specific; *pe**nentu**an* determining; *ke**tentu**an* specifics
tepat exact, precise, appropriate; *secara tepat* exactly, effectively; *me**nepat**i* to fulfill, keep (as a promise)
tepi edge; *di tepi* beside, next to
tepu full; *lemak tepu* saturated fats
tepuk: *me**nepuk*** to slap
teragak to hesitate
terakhir final, last; latest; finally, lastly
terang clear; *hari terang* a clear, sunny day; *di**terang**kan* to be explained, described; *pe**nerang**an* explanation, clarification; *ke**terang**an* information, explanation
terap: *di**terap**kan* to be implemented; *terap**an*** applied, practical; *pe**nerap**an* application, implementation
teratur orderly, nicely arranged
*ter**baca*** read
*ter**baik*** best; high standard
*ter**bakar*** to burn
*ter**bang*** to fly; *kapal terbang* airplane; *pesawat terbang* airplane; *pe**nerbang**an* flight; *pe**nerbang*** pilot
*ter**baru*** newest
*ter**batas*** limited; *Perseroan Terbatas (PT)* Company Limited
*ter**besar*** biggest; supreme, greatest
*ter**biasa*** to be used to
terbit: *terbit**kan*** to issue; *me**nerbit**kan* to issue
*ter**buka*** open

terbunuh to be killed
terbunuhnya the killing of
tercatat recorded
tercerai divorced
tercium can be smelled
terdaftar registered
terdapat is, is found; we find; there were
terdengar to hear; to be heard
terdiri daripada consists of, comprises
terelakkan to be avoided
terganggu disturbed
tergantung pada to depend on
tergelar to be presented
tergolong to be classified
terhad limited
terhadap to, toward, against; for
terhalang to be obstructed, blocked
terhormat respected, honourable
teriak to yell, shout, scream; *berteriak* to yell, shout
terima: *menerima* to receive; *diterima* to be accepted; to be acceptable; *penerima* addressee
terjadi to happen, occur; *terjadinya* the occurrence of
terjang: *menerjang* to strike; *diterjang* to be struck
terjangkau to be reached; affordable
terjangkit to become infected by the spread of a disease
terjebak to be plunged into
terjejas to be adversely affected
terjemah: *menterjemah* to translate; *terjemahan* translation
terkaya richest
terkecil smallest
terkejut surprised
terkemuka (kemuka) famous
terkena to be struck, hit, exposed
terkenal famous
terkonsentrasi to concentrate
terkorban killed
terkumpul to collect, gather
terkunci locked; to be locked
terlalu so, too; *terlalu jauh aktif* far too active
terlambat late
terlanjur irreversibly
terletak is located; to be placed
terlibat to be involved

terlihat to be seen
termasuk including, includes; to be included; *termasuk ke dalam* falls into
terminal terminal
ternak livestock; *ternakan* livestock raising
ternama famous, well-known
ternyata clearly, obviously
terorisme terrorism
terpadam to be put out; to turn off
terpaksa to have to; to be forced to; must be
terpantul to rebound, bounce off
terperangkap to be trapped
terpercaya trustworthy, reliable
terpidana the convicted
terputus to be cut, severed
terrasa to feel
tersangka it is suspected that
tersebut mentioned, that
terselamat to be saved, rescued, released
tersinggung offended
tertanggal to come lose
tertarik to interested in; to be attracted by
tertawa: *ditertawakan* to be laughed at
tertentu specific
tertinggal to be omitted, left behind
tertunda delayed
tertutup closed
teruk worse, serious
terup: *daun terup* playing cards
terurus to be managed, looked after; *tidak terurus* to be neglected
terus straight ahead; continuous; to continue; *hidup terus* to survive, survival; *jalan terus* walk straight ahead; *terus-menerus* constantly; *menerusi* via, through; to go by way of; *berterusan* continual, uninterrupted; *seterusnya* subsequently, from then on
terutama especially
terwujud to be present
tetangga neighbour
tetap consistent, set, fixed; still; *akan tetap* will still be; *ketetapan* consistency
tewas killed, slain; to lose to; *menewaskan* to get the better of, overcome
tiada to not have any; to have none; *ditiadakan* to be done away with; *ketiadaan* the lack of
tiap: *tiap-tiap* each, every; *setiap* each, every; *setiap saat* at a moment's notice

DAFTAR KATA • Glossary

tiba arrive; to arrive
tiba-tiba suddenly
tidak no, not; *ke*tidak *se*tuju*an* opposition; *ke*tidak *adil*an injustice; *tidak layak* unqualified
tiga three; *tiga titik* three-point; *per*tiga*an* T-junction, intersection; *ke*tiga third; the three; *ke*tiga*-tiga* these three, the three of; *se*per*tiga* one-third
tikai: *per*tika*i*an argument
tiket ticket; *kutipan tiket* ticket sales
tikung: *me*nikung to turn, turning
tim team
tim steamed; to steam; *di*tim to be steamed
timbang: *per*timbang*kan* to consider; *per-timbangan* consideration, opinion
timbul to arise
timun cucumber
timur east, eastern; *timur laut* northeast
tindak to act; *ber*tindak to act, behave; *tindak*an action; *mengambil tindak*an to take action
tindas: *me*nindas to crush, stamp out
tindih: *ber*tindih overlapping
tinggal to live, reside, stay; to remain; *tempat tinggal* residence; *me*ninggal to die; *me*ninggal*kan* to leave behind; *di*tinggal*kan* to be abandoned; *ter*tinggal to be omitted, left behind
tinggi high, tall; *perguruan tinggi* tertiary educational institutions; *ke*tinggi*an* height
tingkat level, standard; *me*ningkat to rise, increase; *me*ningkat*kan* to increase; *di-*tingkat*kan* to be raised; *pe*ningkat*an* the rise of
tinjau: *pe*ninjau*an kembali (PK)* judicial review
tinju to punch
tinta ink
tipe kind, type
tipis thin; *pe*nipis*an* the thinning of
titik point; *titik akhir* endpoint; *titik awal* starting point; *titik permulaan* starting point; *titik penghabisan* endpoint; *titik pertengahan* midpoint; *titik tengah* midpoint
toko shop, store; *toko barang-barang eceran* retail shop, store; *toko potong rambut* hairdressers, barber shop
tokoh characters

tokong Chinese temple
tolak: *me*nolak to refuse
tomat tomato
tomato tomato
tombol switches
ton ton
tongkrong: *nongkrong* to hang around
tonton: *me*nonton to watch (TV, a film); *di*tonton to be watched; *pe*nonton viewers; *tonton*an the viewing of
topi hat
topik topic
total total
tradisional traditional
transfer to transfer
transparansi transparency
transportasi transportation
tropika tropical
truk truck
tsunami tsunami
TT telegraphic transfer
tua old; *ke*tua leader, head; senior; *menge-*tua*i* to head, lead
tuai: *di*tuai to be harvested
tuala towel
tuan you; sir, Mr.
tubuh body; *tubuh badan* the entire body; *me*nubuh*kan* to establish, set up; *di*tubuh*kan* to be founded, established; *per*tubuh*an* organisation
tuduh: *me*nuduh to charge; *di*tuduh to be charged; *tuduh*an charge
tugas duty, work; *di*tugas*kan* to be assigned a particular task; to be sent to a particular place to work
tuju: *me*nuju to head toward; *di*tuju to be followed; *tuju*kan to direct something to; to aim for; *ber*tuju*an* to have something as an aim, goal purpose, intent; *tuju*an aim, objective, goal, purpose, intent; heading for; *kata-kata tuju*an term of address; *se*tuju to agree to
tukar: *me*nukar to change (as a tyre); *pe*nukar*an* exchange
tulang bone; *tulang belakang* backbone, spine
tulis to write; *alat-alat tulis* writing implements; *meja tulis* desk; *me*nulis to write; *di*tulis to be written
tumbang: *di*tumbang*kan* to be felled

tumbuh to grow; ***tumbuhan*** plant; ***tumbuh-tumbuhan*** plants; ***pertumbuhan*** growth
tumpang: ***penumpang*** passenger
tumpu: ***tumpukan*** to focus on
tunai: ***menunaikan*** to fulfil, carry out
tunggang: ***penunggang*** riders (of bicycles, horses)
tunggu: ***menunggu*** to wait
tungku stove, fireplace, hearth
tunik tunic
tunjang: ***tunjangan*** allowance, stipend
tunjuk to show; ***tunjuk perasaan*** demonstration; ***menunjukkan*** to point something out; to indicate; ***pertunjukan*** show; ***petunjuk*** directions, instructions
tuntut: ***tuntutan*** demand; ***penuntut*** student
tupang tindih overlapping
turis tourist
Turki Turkey
terlalu jauh aktif far too active
tunda: ***tertunda*** delayed
turun to get off; ***begitu turun*** as soon as (he) got off; ***menurunkan*** to lower, reduce; ***penurunan*** decline, fall; ***keturunan*** descendant, descent; hereditary; ***turunnya*** a drop in, a fall in
turut also; ***menurut*** according to; ***menuruti*** to follow
tutup closed; to close; ***ditutup*** to be closed; ***tertutup*** closed; ***penutup*** covering, cover, closing; ***penutupan*** cover, covering
tutur: ***bertutur*** to speak; ***penuturan*** speaking; ***penutur*** speaker
TV TV

u

uang money; ***uang kuliah*** lecture fees, study fees; ***mata uang*** currency; ***keuangan*** finances
ubah: ***mengubah*** to change, alter; ***diubah*** to be changed; ***perubahan*** changes
ubat medicine; ***ubat-ubatan*** medicines; ***ubat sapu*** lotion; ***perubatan*** medical
udang prawn
udara air, atmosphere; ***kantung udara*** air bags; ***serangan udara*** air raid
ugut: ***mengugut*** to intimidate, threaten
uji: ***ujian*** test, exam; ***ujian akhir*** final exam;
menguji to test
ujung end; ***di ujung*** at the end
ukur to measure; ***pengukur*** surveyor; ***pengukur tanah*** land surveyor; ***pengukuran*** measuring, measurement; ***ukuran*** measurement, means; ***berukuran*** measuring, measured; to have a particular measurement
ulam raw fruits, leaves served with rice
ulang: ***berulang*** to repeat; ***berulang kali*** repeatedly
ulang tahun birthday
ultraviolet ultraviolet
umbar: ***mengumbar*** to give free rein to; to unleash
umpama: ***umpamanya*** for example, for instance
umpan: ***mengumpan*** to pass (a ball to someone who later scores)
umrah brief pilgrimage to Mecca
UMTS Universal Mode Telecommunication System
umum general, public; ***secara umum*** in general, generally speaking; ***telepon umum*** public telephone; ***mengumumkan*** to announce; ***diumumkan*** to be announced, made public; ***umumnya*** in general, generally; ***pada umumnya*** in general
umur age; ***berumur*** to be of a particular age; ***seumur*** a span of years (age); ***seumur hidup*** for a lifetime, for as long as one lives
undang-undang law
undi vote, ballot; ***pengundi*** voter
undur: ***mengundurkan*** to withdraw
unggas bird
ungkap: ***mengungkapkan*** to reveal
ungkit to bring up
ungsi: ***mengungsi*** to take refuge; ***pengungsi*** refugee
unik unique, distinct
Uni Soviet Soviet Union
universitas university
universiti university; ***Universiti Kebangsaan Malaysia*** National University of Malaysia
unsur element
untuk to, for, in order to
untung: ***menguntungkan*** to be profitable; ***peruntungan*** fortune, luck; ***keuntungan*** profit

upacara ceremony
upaya to be able; **berupaya** to have the capacity to
Uranus Uranus
urus: **mengurus** to manage; **terurus** to be managed, looked after; **tidak terurus** to be neglected; **pengurus** manager; **urusan** affair, business, interests
urut in a series, sequentially ordered; **urutan** sequence, ordered sequentially; **urutan waktu** chronological order; **urutan tempat** spatial relations
usah don't
usaha labour, work, effort; business; **surat izin usaha** business permit; **berusaha** to strive to; to make efforts to; to attempt to; **perusahaan** industry, business; **anak perusahaan** subsidiary company; **pengusaha** business person, industrialist
usia age; **lanjut usia** advanced age, old; **berusia** of the age
usir: **pengusiran** exiling, banishment
usul proposal; **usulan** proposal; **mengusulkan** to propose
utama first, primary, main; **punca utama** the primary source of; **sumber utama** the primary source of; **diutamakan** to be given priority
utang debt
utara north; **bagian utara** northern part; **bahagian utara** northern part
Utarid Mercury
utas: string; **seutas** a; numerical classifier for long, thin, flexible objects like cord, necklaces
utus: **berutus** to send; **diutuskan** to be sent
uzur old and infirm

v

vaksinasi vaccination
valuta currency; **valuta asing** foreign exchange
vasal vassal
Venus Venus
video video
vitamin vitamins
vokal vocal

w

wabah epidemic
wajah face
wajar natural, proper; **sewajar** in accordance with; **sewajarnya** appropriate
wajib: **diwajibkan** to be required; **kewajiban** requirement, necessity
wakil representative, delegate; **wakil direktur senior** senior assistant director; **wakil presiden** vice president; **perwakilan** delegation, representation
waktu when; **waktu ini** at the present time; **waktu Malaysia** Malaysian time; **waktu mendatang** the future; **pada waktu yang sama** at the same time; **sewaktu** when, during; **sewaktu itu** at the same time, during that time
walau although, even though; **walau bagaimana pun** nevertheless, still, however, even so; **walau pun** although, even though; **walau pun begitu** nevertheless, be that as it may
wali kota mayor
wang money; **mata wang** currency; **kewangan** finances
wanita women
warga resident
waris: **diwarisi** to be inherited
warna colour; **berwarna** coloured; **pewarna** colouring; **pewarna pipi** rouge
warta report; **wartawan** reporter; **kewartawanan** press
warung stall, shop; **warung kopi** coffee shop
wasangka: **syak wasangka** prejudice
waspada aware
wat Thai Buddhist temple
watak character
wayang film, movie
wayasrles radio
WCDMA Wideband Code Division Multiple Access
wewenang authority; **wewenang otonomi** independent authority; **mempunyai wewenang otonomi sendiri** to have authority to act independently
WIB (Waktu Indonesia Barat) Western Indonesian Time
wilayah region, area, district; **pelanggaran wilayah** regional incursions

wisata: *wisatawan* tourist
wujud to be present; *terwujud* to be present

y

yaitu that is
yakin sure, certain; *keyakinan* belief, conviction
yaman: *keyamanan* comfort
yang who; *yang benar* yours sincerely; *yang ikhlas* yours sincerely; *yang mana* which

Yordania Jordan
yuran fees

z

zaman time, period, era; *Zaman Gangsa* Bronze Age; *Zaman Perunggu* Bronze Age; *zaman ini* nowadays
zat ingredients, elements; *zat galian* minerals
Zuhal Saturn
Zuhrah Venus